Über den Verfasser

BENJAMIN LEE WHORF wurde 1897 in Winthrop (Massachusetts) geboren. 1914 bis 1918 studierte er Chemie am Massachusetts Institute of Technology. Danach arbeitete er hauptberuflich als Brandverhütungsingenieur für eine Versicherung. In seinen späteren Jahren wurden ihm verschiedentlich Forschungsaufgaben auf dem Gebiet der Linguistik und Kulturanthropologie angeboten, die er jedoch ausschlug. 1930 reiste er schließlich nach Mexiko. Dort fand er dank seiner intimen Kenntnis der Schriftkunst der Azteken und Maya eine Inschrift, in deren Folge die erste Reihe von Aufsätzen über Maya-Hieroglyphen entstand. 1928 kam er erstmals mit seinem Lehrer, Edward Sapir, in persönlichen Kontakt. Als Sapir 1931 Professor für Anthropologie in Yale wurde, studierte WHORF dort indianische Linguistik. 1937 bis 1938 war WHORF als Dozent für Anthropologie an dieser Universität tätig. Hinsichtlich der Linguistik im engeren Sinne wurde er durch seine Forschungen auf dem Gebiet der uto-aztekischen Sprachen und vor allem des Hopi bekannt. Seine Bedeutung liegt jedoch auf den Gebieten der Metalinguistik und Sprachphilosophie. 1941 erlag WHORF einer langwierigen Krankheit.

Wichtigste Veröffentlichungen

A central Mexican inscription combining Mexican and Maya day signs, in: American Anthropologist, 34, 1932 / The comparative linguistics of Uto-Aztecan, ibid., 37, 1935 / The punctual and segmentative aspects of verbs in Hopi, in: Language, 12, 1936 / An American Indian model of the universe (geschr. ca. 1936), in: International Journal of American Linguistics, 16, 1950 / A linguistic consideration of thinking in primitive communities (geschr. ca. 1936), in: Language, Thought, and Reality, selected writings of B. L. Whorf, ed. by J. B. Carroll, 1956 / Mit G. L. Trager, The relationship of Uto-Aztecan and Tanoan, in: American Anthropologist, 39, 1937 / Grammatical categories (geschr. 1937), in: Language, 21, 1945 / Discussion of Hopi linguistics (geschr. 1937), in: Language, Thought, and Reality, ed. by J. B. Carroll, 1956 / Some verbal categories of Hopi, in: Language, 14, 1938 / The relation of habitual thought and behavior to language, in: L. Spier (ed.), Language, culture, and personality, 1941 / Gestalt technique of stem composition in Shawnee, in: Prehistoric Research Series (Indiana Historical Soc.), I/9, 1940 / Decipherment of the linguistic portion of the Maya hieroglyphs, in: The Smithsonian report for 1941, Wash. 1942 / Linguistic factors in the terminology of Hopi architecture, in: Intern. Journ. of American Linguistics, 19, 1953 / Science and linguistics, in: Technology Review (M.I.T.), 42, 1940 / Linguistics as an exact science, ibid., 43, 1940 / Languages and logic, ibid., 43, 1941 / Language, mind, and reality, in: The Theosophist (Madras, Indien), 63, 1942.

Benjamin Lee Whorf

Sprache – Denken – Wirklichkeit

Beiträge zur Metalinguistik
und Sprachphilosophie

Herausgegeben und übersetzt
von Peter Krausser

rowohlts enzyklopädie

rowohlts enzyklopädie

Herausgegeben von Burghard König

106.–108. Tausend Januar 1994

Veröffentlicht im Rowohlt Taschenbuch Verlag GmbH,
Reinbek bei Hamburg, April 1984
Copyright © 1963 by Rowohlt Taschenbuch Verlag GmbH,
Reinbek bei Hamburg
Die Originalausgabe erschien 1956 unter dem Titel
«Language, Thought and Reality», ed. by John B. Carroll
Copyright © 1956 by The M.I.T. Press, Massachusetts
Institute of Technology, Cambridge, Massachusetts, USA
Umschlaggestaltung Jens Kreitmeyer
Gesamtherstellung Clausen & Bosse, Leck
Printed in Germany
1090-ISBN 3 499 55403 8

Inhaltsverzeichnis

I. Naturwissenschaft und Linguistik

Die Irrmeinung von der Beziehungslosigkeit
zwischen Sprache und Denken

Jeder normale Mensch in der Welt, der seine ersten Kinderjahre hinter sich hat, kann sprechen und tut es. Dank dieser Tatsache hat jeder, ob zivilisiert oder unzivilisiert, sein Leben lang gewisse naive, aber tief eingewurzelte Auffassungen vom Sprechen und von seinem Verhältnis zum Denken. Diese Vorstellungen pflegen wegen ihrer festen Verbindung mit Sprachgewohnheiten, die unbewußt und automatisch geworden sind, gegen alle Einwände sehr intolerant zu sein. Sie sind keineswegs etwa völlig subjektiv und zufällig; ihre Grundlage ist eindeutig systematisch. Wir sind daher berechtigt, sie als ein System der natürlichen Logik zu bezeichnen — ein Terminus, der mir besser erscheint, als der Begriff des ‹gesunden Menschenverstandes›, den man oft für die gleiche Sache verwendet.

Für die natürliche Logik ist jeder, der seit seiner Kindheit sprechen kann, seine eigene Autorität hinsichtlich des Prozesses, mit dem er seine Gedanken formuliert und weitergibt. Er hat lediglich ein allgemeines Substrat der Logik oder Vernunft zu befragen, von dem angenommen wird, daß er und jeder andere es besitzen. Die natürliche Logik sagt uns, das Sprechen sei nur ein beiläufiger Vorgang, der ausschließlich mit der Weitergabe, aber nichts mit der Formulierung von Gedanken zu tun habe. Im Sprechen oder beim Gebrauch der Sprache wird angeblich nur ‹ausgedrückt›, was im wesentlichen bereits unsprachlich formuliert war. Die Formulierung ist ein unabhängiger Vorgang, genannt Denken, der von der Natur der einzelnen Sprachen weitgehend unbeeinflußt sein soll. Sprachen haben Grammatiken, die als bloße Normen konventioneller und gesellschaftlicher Korrektheit angesehen werden. Der Gebrauch einer Sprache wird nicht so sehr von ihnen als vielmehr durch richtiges, vernünftiges oder intelligentes DENKEN geleitet.

Das Denken hängt nach dieser Ansicht nicht von der Grammatik ab, sondern von Gesetzen der Logik oder Vernunft, die für alle Beobachter des Universums die gleichen sind und etwas Rationales im Universum repräsentieren, das von allen intelligenten Beobachtern ‹gefunden› wer-

An dieser Stelle sei Herrn Dozent DR. GÜNTHER NEUMANN, Göttingen, aufrichtig gedankt für seine fachmännische Durchsicht der Übersetzung und viele nützliche Hinweise und Verbesserungsvorschläge, die ich gern und mit Gewinn für die Sache verwertet habe. Meine Verantwortung für alle Fehler oder Mängel dieser Ausgabe und Übersetzung erfährt hierdurch jedoch natürlich keinerlei Einschränkung. — PK.

den kann, gleichgültig ob sie Chinesisch oder Choctaw[1] sprechen. In unserer eigenen Kultur haben die Formeln der Mathematik und der formalen Logik den Ruf, sich mit dieser Ordnung der Dinge, d. h. dem Bereich und den Gesetzen des reinen Denkens zu beschäftigen. Die natürliche Logik meint, verschiedene Sprachen seien wesentlich gleichgeordnete Methoden, dieses eine und selbe Rationale alles Denkens auszudrücken, sie unterschieden sich daher bloß in unwichtigen Details, die nur dann als bedeutend erscheinen, wenn sie aus großer Nähe betrachtet würden. Mathematik, symbolische Logik, Philosophie usw. seien im Gegensatz zur Sprache Systeme, die sich direkt mit jenem Reich des Gedankens beschäftigen, und nicht etwa selbst spezielle Ausformungen der Sprache. Die Einstellung der natürlichen Logik zeigt sich klar in der alten ironischen Geschichte von einem deutschen Grammatiker, der sein ganzes Leben dem Studium des Dativs widmete. Vom Standpunkt der natürlichen Logik sind der Dativ und die Grammatik überhaupt sehr unbedeutende Dinge. Von den alten Arabern wird uns berichtet, daß sie eine ganz andere Haltung einnahmen: Zwei Prinzen, erzählt uns die Geschichte, stritten sich um die Ehre, die Schuhe des gelehrtesten Grammatikers ihres Reiches anlegen zu dürfen; worauf ihr Vater, der Kalif, bemerkt haben soll, es sei der Ruhm seines Landes, daß man große Grammatiker sogar höher als Könige ehre.

Eine Regel ist nur aufgrund ihrer Ausnahme erkennbar und formulierbar

Der bekannte Ausspruch, die Ausnahme bestätigt die Regel, enthält ein gutes Teil Weisheit. Er wurde allerdings vom Standpunkt der formalen Logik zu einer Absurdität, sobald das ‹bestätigen› nicht mehr den Sinn von ‹auf die Probe stellen› enthielt. Das alte Wort hat, seit es seinen Platz in der Logik verlor, einen tiefen psychologischen Sinn. Was es uns heute sagen kann, ist, daß eine Regel mit absolut keiner Ausnahme nicht als Regel, ja, überhaupt nicht erkennbar wird, weil sie dann Teil eines Hintergrundes[2] unserer Erfahrungen bleibt, dessen wir uns selten bewußt werden. Da wir niemals etwas erfahren haben, das in Gegensatz zu ihr steht, können wir sie nicht abheben und als Regel formulieren — jedenfalls nicht eher, als bis wir unsere Erfahrung und die Basis unserer Vergleichsmöglichkeiten so erweitert haben, daß wir einer Störung der

---

1 Choktau = Indianersprache im südöstlichen Teil Oklahomas. — PK.

2 Dieses Wort spielt auf die Unterscheidung Figur — Grund der Gestaltpsychologie an. Figur ist zum Beispiel in der Wahrnehmung das jeweils aufmerksam Beachtete. Der Rest des Wahrgenommenen ist als Hintergrund des Beachteten zwar ‹da›, wird aber kaum oder gar nicht zur Kenntnis genommen. — PK.

Regelmäßigkeit begegnen. Eine ungefähr analoge Situation liegt vor, wenn uns die Gegenwart und Notwendigkeit des Wassers oder der Luft erst beim Austrocknen des Brunnens bzw. bei beginnender Erstickung bewußt werden.

Nehmen wir zum Beispiel einmal an, es gebe eine menschliche Art, die aufgrund eines physiologischen Defekts nur die blaue Farbe sehen kann. Die Menschen dieser Art würden wohl kaum in der Lage sein, die Regel zu erkennen und zu formulieren, daß sie nur Blau sehen. Der Terminus ‹Blau› hätte für sie keinen Sinn. Ihre Sprache würde gar keine Termini für Farben enthalten. Und die Wörter, mit denen sie ihre verschiedenen Blauempfindungen bezeichnen würden, entsprächen unseren Wörtern ‹hell, dunkel, weiß, schwarz› etc., nicht aber unserem Wort ‹blau›. Um die Regel oder Norm, ‹Wir sehen nur Blau›, erfassen zu können, müßten sie gelegentlich und ausnahmsweise auch Momente haben, in denen sie andere Farben sehen. Das Gesetz der Schwerkraft beherrscht unser Leben als eine Regel ohne Ausnahme, und es bedarf eigentlich keiner besonderen Feststellung, daß ein physikalisch völlig unvorgebildeter Mensch von dieser Tatsache keinerlei Bewußtsein hat. Der Gedanke eines Universums, in dem sich Körper anders verhalten als auf der Oberfläche der Erde, käme ihm gar nicht. Wie die blaue Farbe für jene angenommenen Menschen, so ist das Gravitationsgesetz für den unvorgebildeten Menschen Teil seines Hintergrundes und nicht etwas, das er von diesem isolierend abhebt. Das Gesetz konnte daher erst formuliert werden, als man die fallenden Körper unter dem Aspekt einer weiteren astronomischen Welt sah, in der sie sich auf orbitalen Bahnen oder da- und dorthin bewegen.

Wenn man den Kopf dreht, bewegen sich die Bilder der Gegenstände auf der Netzhaut des Auges ebenso wie bei einer Bewegung der Gegenstände um einen herum. Dieser Effekt ist jedoch Hintergrund und wird nicht bemerkt. Man hat nicht den Eindruck, daß der Raum sich um einen herum dreht, sondern daß man seinen Kopf in einem stillstehenden Raum wendet. Achtet man kritisch auf die Eindrücke beim schnellen Wenden des Kopfes oder der Augen, so sieht man zwar auch keine Bewegung der Umwelt, aber ein Verwischen der Szene zwischen zwei klaren Wahrnehmungen. Normalerweise sind wir uns dieses Verwischens des Wahrgenommenen bei jeder unserer Bewegungen gar nicht bewußt. Obwohl sich das Netzhautbild eines Raumes oder Hauses, wenn wir an ihnen vorbeigehen, genauso wandelt, als drehten sie sich um ihre eigene Achse, haben wir doch bei den gewöhnlichen Geschwindigkeiten nicht den Eindruck, der Baum oder das Haus drehte sich. Schlecht angemessene Brillengläser rufen manchmal den Eindruck merkwürdiger Bewegungen der Umwelt hervor, wenn wir unsere Augen wenden. Aber normalerweise sehen wir die auf unsere Eigenbewegung relative Bewegung der Umwelt nicht. Unser Wahrnehmungsapparat ist darauf eingerichtet, ganze Bereiche von Phänomenen, die so durchgängig sind, daß sie für unser alltägliches Leben und seine Bedürfnisse keine besondere Rolle spielen, zu ignorieren.

Der Hintergrundscharakter der Sprachphänomene

Die natürliche Logik enthält zwei Fehler. Erstens: Sie sieht nicht, daß die Sprachphänomene für den Sprechenden weithin einen Hintergrundscharakter haben und mithin außerhalb seines kritischen Bewußtseins und seiner Kontrolle bleiben. Spricht daher jemand gemäß seiner natürlichen Logik über Vernunft, Logik und die Gesetze richtigen Denkens, so wird er leicht rein grammatikalischen Gegebenheiten folgen, die in seiner eigenen Sprache oder Sprachfamilie einen Hintergrundscharakter haben, die aber keineswegs in allen Sprachen gelten oder gar ein allgemeines Substrat der Vernunft überhaupt sind. Zweitens: Die natürliche Logik verwechselt die Übereinstimmung über einen Gegenstand, die mit Hilfe einer Sprache erreicht wird, mit dem Wissen um den linguistischen Prozeß, durch den diese Übereinstimmung zustande kommt, d. h. mit etwas, das zur Provinz des verachteten (und ihrer Meinung nach überflüssigen) Grammatikers gehört. Zwei Personen, die z. B. fließend Englisch sprechen, können sehr schnell Einigkeit über den Gegenstand ihrer Rede erzielen; sie stimmen in dem überein, worauf sich ihre Sprache bezieht. Der eine, A, kann Anweisungen geben, die von dem anderen, B, zu A's völliger Zufriedenheit ausgeführt werden. Da sie sich so völlig verstehen, nehmen A und B nach ihrer natürlichen Logik an, daß sie selbstverständlich auch wissen wieso. Sie meinen etwa, es sei einfach eine Frage der Wortwahl zum Ausdruck von Gedanken. Würde man A bitten zu erklären, wie er B's Zustimmung erreicht hat, so würde er nur mehr oder weniger umschreibend oder abkürzend wiederholen, was er zu B gesagt hat. Er hat keinen Begriff von dem abgelaufenen Prozeß. Das erstaunlich komplizierte System linguistischer Strukturen und Klassifikationen, das A und B gemeinsam haben müssen, ehe sie sich überhaupt verständigen können, ist für beide unbewußter Hintergrund.

Diese Hintergrundsphänomene bilden die Provinz des Grammatikers — oder des Linguisten, wie sein moderner Name als Wissenschaftler lautet. In der alltäglichen Rede und besonders im Jargon der Zeitungen bedeutet Linguist etwas ganz anderes, nämlich eine Person, die sich mit verschiedenen anderen, die verschiedene Sprachen sprechen, schnell verständigen kann. Eine solche Person bezeichnet man besser als polyglott. Die wissenschaftlichen Linguisten wissen längst, daß die Fähigkeit, eine Sprache fließend zu sprechen, nicht unbedingt deren linguistische Kenntnis mit sich bringt, d. h. ein Verständnis ihrer Hintergrundsphänomene, ihres systematischen Funktionierens und ihrer Struktur. Sie tut das ebensowenig, wie die Fähigkeit, gut Billard zu spielen, irgendein Wissen um die Gesetze der Mechanik voraussetzt oder herbeiführt.

Die Situation unterscheidet sich hier kaum von der im Gebiet irgendeiner anderen Wissenschaft. Alle wahren Wissenschaftler richten ihr Augenmerk primär auf Hintergrundsphänomene, die als solche in unserem täglichen Leben wenig hervortreten. Dennoch pflegen ihre Forschungen einen engen Zusammenhang zwischen jenen unvermuteten Tatsachenbereichen und solchen klaren, vordergründigen Aktivitäten wie dem Transport von Gütern, der Zubereitung von Nahrung, der Behandlung von Kranken oder dem Züchten von Kartoffelsorten herauszubringen. Alle derartigen Tätigkeiten können so mit der Zeit durch rein wissenschaftliche Untersuchungen, die sich selbst gar nicht mit den alltäglichen Gegenständen beschäftigen, stark verändert werden. Für die Linguistik gilt ganz ähnliches. Die Hintergrundsphänomene, die sie behandelt, sind in allem vordergründigen Sprechen und Übereinkommen impliziert, in allem Begründen und Argumentieren, in allem Gesetzgeben, Verhandeln, Entscheiden, Versöhnen, in Verträgen und Pakten, in der öffentlichen Meinung, in der Bewertung wissenschaftlicher Theorien und in der Formulierung wissenschaftlicher Ergebnisse. Wo immer in menschlichen Angelegenheiten Übereinstimmung oder Einwilligung erreicht wird, gleichgültig, ob dabei Mathematik oder andere spezielle Symbolismen herangezogen werden, DA WIRD DIE ÜBEREINSTIMMUNG DURCH LINGUISTISCHE PROZESSE ERREICHT ODER SIE WIRD ÜBERHAUPT NICHT ERREICHT.

Wie wir sahen, ist ein bewußtes Wissen über die ablaufenden linguistischen Prozesse nicht notwendig, um irgendein Übereinkommen zu erreichen; es ist deswegen aber sicherlich nicht überflüssig. Je komplizierter und schwieriger der Gegenstand ist, desto größere Hilfe wird ein solches Wissen bieten, bis schließlich der Punkt kommt, den die moderne Welt — wie ich fürchte — ungefähr erreicht hat, wo das Wissen aus einer Hilfe zu einer Notwendigkeit wird. Wir können hier die Seefahrt zum Vergleich heranziehen. Jedes Schiff bewegt sich im Schoße planetarischer Kräfte; dennoch kann ein Junge mit seinem kleinen Boot in einem Hafen herumfahren, ohne Kenntnis von Geographie, Astronomie, Mathematik oder internationaler Politik zu haben. Für den Kapitän eines Ozeanriesen hingegen sind solche Kenntnisse unentbehrlich.

Die Grammatik formt den Gedanken

Als die Linguisten so weit waren, eine größere Anzahl von Sprachen mit sehr verschiedenen Strukturen kritisch und wissenschaftlich untersuchen zu können, erweiterten sich ihre Vergleichsmöglichkeiten. Phänomene, die bis dahin als universal galten, zeigten Unterbrechungen, und ein ganz neuer Bereich von Bedeutungszusammenhängen wurde bekannt.

Man fand, daß das linguistische System (mit anderen Worten, die Grammatik) jeder Sprache nicht nur ein reproduktives Instrument zum Ausdruck von Gedanken ist, sondern vielmehr selbst die Gedanken formt, Schema und Anleitung für die geistige Aktivität des Individuums ist, für die Analyse seiner Eindrücke und für die Synthese dessen, was ihm an Vorstellungen zur Verfügung steht. Die Formulierung von Gedanken ist kein unabhängiger Vorgang, der im alten Sinne dieses Wortes rational ist, sondern er ist beeinflußt von der jeweiligen Grammatik. Er ist daher für verschiedene Grammatiken mehr oder weniger verschieden. Wir gliedern die Natur an Linien auf, die uns durch unsere Muttersprachen vorgegeben sind. Die Kategorien und Typen, die wir aus der phänomenalen Welt herausheben, finden wir nicht einfach in ihr — etwa weil sie jedem Beobachter in die Augen springen; ganz im Gegenteil präsentiert sich die Welt in einem kaleidoskopartigen Strom von Eindrücken, der durch unseren Geist organisiert werden muß — das aber heißt weitgehend: von dem linguistischen System in unserem Geist. Wie wir die Natur aufgliedern, sie in Begriffen organisieren und ihnen Bedeutungen zuschreiben, das ist weitgehend davon bestimmt, daß wir an einem Abkommen beteiligt sind, sie in dieser Weise zu organisieren — einem Abkommen, das für unsere ganze Sprachgemeinschaft gilt und in den Strukturen unserer Sprache kodifiziert ist. Dieses Übereinkommen ist natürlich nur ein implizites und unausgesprochenes, ABER SEIN INHALT IST ABSOLUT OBLIGATORISCH; wir können überhaupt nicht sprechen, ohne uns der Ordnung und Klassifikation des Gegebenen zu unterwerfen, die dieses Übereinkommen vorschreibt.

Das ‹linguistische Relativitätsprinzip›

Diese Tatsache ist für die moderne Naturwissenschaft von großer Bedeutung. Sie besagt, daß kein Individuum Freiheit hat, die Natur mit völliger Unparteilichkeit zu beschreiben, sondern eben, während es sich am freiesten glaubt, auf bestimmte Interpretationsweisen beschränkt ist. Die relativ größte Freiheit hätte in dieser Beziehung ein Linguist, der mit sehr vielen äußerst verschiedenen Sprachsystemen vertraut ist. Bis heute findet sich noch kein Linguist in einer solchen Position. Wir gelangen daher zu einem neuen Relativitätsprinzip, das besagt, daß nicht alle Beobachter durch die gleichen physikalischen Sachverhalte zu einem gleichen Weltbild geführt werden, es sei denn, ihre linguistischen Hintergründe sind ähnlich oder können in irgendeiner Weise auf einen gemeinsamen Nenner gebracht werden (be calibrated).

Dieser ziemlich überraschende Schluß wird nicht so deutlich, wenn wir nur unsere modernen europäischen Sprachen miteinander vergleichen und vielleicht zur Sicherheit noch Latein und Griechisch dazunehmen.

Unter diesen Sprachen herrscht eine Einstimmigkeit der Grundstrukturen, die auf den ersten Blick der natürlichen Logik Recht zu geben scheint. Die Einhelligkeit besteht jedoch nur, weil diese Sprachen alle indoeuropäische Dialekte sind, nach dem gleichen Grundriß zugeschnitten und historisch überkommen aus dem, was vor sehr langer Zeit eine Sprachgemeinschaft war; weil die modernen Dialekte seit langem am Bau einer gemeinsamen Kultur beteiligt sind; und weil viele der intellektuelleren Züge dieser Kultur sich aus dem linguistischen Hintergrund des Lateinischen und des Griechischen herleiten. Diese Sprachgruppe erfüllt daher die spezielle Bedingung des mit ‹es sei denn› beginnenden Nebensatzes in der Formel des linguistischen Relativitätsprinzips am Ende des vorhergehenden Absatzes. Aus dieser Sachlage ergibt sich auch die Einstimmigkeit der Weltbeschreibung in der Gemeinschaft der modernen Naturwissenschaftler. Es muß aber betont werden, daß ‹alle modernen indoeuropäisch sprechenden Beobachter› nicht das gleiche ist wie ‹alle Beobachter›. Wenn moderne chinesische oder türkische Naturwissenschaftler die Welt in den gleichen Termini wie die westlichen Wissenschaftler beschreiben, so bedeutet dies natürlich nur, daß sie das westliche System der Rationalisierung *in toto* übernommen haben, nicht aber, daß sie dieses System von ihrem eigenen muttersprachlichen Gesichtspunkt aus mitaufgebaut haben.

Deutlicher wird die Divergenz in der Analyse der Welt, wenn wir das Semitische, Chinesische, Tibetanische oder afrikanische Sprachen unseren eigenen gegenüberstellen. Bringen wir gar die Eingeborenensprachen Amerikas hinzu, wo sich einige tausend Jahre lang Sprachgemeinschaften unabhängig voneinander und von der Alten Welt entwickelt haben, dann wird die Tatsache, daß Sprachen die Natur in vielen verschiedenen Weisen aufgliedern, unabweisbar. Die Relativität aller begrifflichen Systeme, das unsere eingeschlossen, und ihre Abhängigkeit von der Sprache werden offenbar. Daß amerikanische Indianer, die nur ihre Eingeborenensprache beherrschen, niemals als wissenschaftliche Beobachter herangezogen werden, ist hier völlig irrelevant. Das Zeugnis auszuschließen, welches ihre Sprachen über das ablegen, was der menschliche Geist tun kann, wäre ebenso falsch, wie von den Botanikern zu fordern, sie sollten nur Gemüsepflanzen und Treibhausrosen studieren, uns dann aber berichten, wie die Pflanzenwelt aussieht.

Die Fragwürdigkeit der Unterscheidung von Haupt- und Zeitwörtern

Betrachten wir einige Beispiele. Im Englischen teilen wir die meisten Wörter in zwei Klassen mit verschiedenen grammatikalischen und logischen Eigenschaften. Die Klasse 1 nennen wir Substantive, z. B. ‹house, man›; die Klasse 2 Verben, z. B. ‹hit, run› (schlagen, rennen). Viele

Wörter der einen Klasse können sekundär als solche der anderen dienen, z. B. ‹a hit, a run› (ein Schlag, ein Lauf) oder ‹to man (the boat)› (das Boot bemannen), primär aber ist die Verteilung unter die Klassen absolut. Unsere Sprache gibt uns eine bipolare Aufteilung der Natur. Die Natur selbst ist jedoch nicht so polarisiert. Wenn man behauptet, ‹schlagen, drehen, rennen› seien Verben, weil sie zeitlich kurzdauernde Vorgänge, d. h. Aktionen bezeichnen, warum ist dann ‹Faust› ein Substantiv? Sie ist auch nur ein zeitlich kurzdauerndes Ereignis. Warum sind ‹Blitz, Funke, Welle, Wirbel, Puls, Flamme, Sturm, Phase, Zyklus, Spasmus, Geräusch, Gefühl› Substantive? Sie sind zeitlich kurze Ereignisse. Wenn ‹Mann› und ‹Haus› Substantive sind, weil sie langdauernde und stabile Vorgänge, d. h. Dinge bezeichnen, was haben dann ‹behalten, anhangen, erstrecken, hervorragen, fortfahren, beharren, wachsen, wohnen› usw. unter den Verben zu suchen? Entgegnet man, ‹besitzen, anhangen› etc. seien Verben, weil sie eher stabile Relationen als stabile Wahrnehmungen sind, warum gehören dann ‹Gleichgewicht, Druck, Friede, Gruppe, Nation, Gesellschaft, (Volks-)Stamm, Schwester› und andere Verwandtschaftsbezeichnungen unter die Substantive? Man wird bemerken, daß ein ‹Vorgang› für uns das ist, ‹was unsere Sprache als ein Verb klassifiziert› oder etwas, das daraus analogisierend abgeleitet ist. Und man wird weiter bemerken, daß es unmöglich ist, ‹Vorgang, Ding, Objekt, Relation› usw. von der Natur der Phänomene her zu definieren. Solche Definitionen involvieren vielmehr stets eine zirkelhafte Rückkehr zu den grammatischen Kategorien der Sprache desjenigen, der die Definition vornimmt.

In der Hopisprache [3] sind ‹Blitz, Welle, Flamme, Meteor, Rauchwolke und Puls› Verben — Vorgänge von notwendig kurzer Dauer können dort nichts anderes als Verben sein. ‹Wolke› und ‹Sturm› stehen etwa an der unteren Grenze der Dauer für Substantive. Hopi hat also, wie man sieht, tatsächlich eine Klassifikation der Ereignisse (oder linguistischen Isolate) nach dem Typus der Dauer, etwas, das unserer Denkweise fremd ist. Andererseits scheinen uns im Nootka, einer Sprache auf der Insel Vancouver, alle Wörter Verben zu sein. Tatsächlich gibt es dort jedoch keine Klassen 1 und 2; die Sprache gibt sozusagen eine monistische Ansicht der Natur, mit nur einer Wortklasse für alle Ereignisse. Man sagt ‹ein Haus erscheint› oder ‹es haust›, genau wie ‹eine Flamme erscheint› oder ‹es brennt›. Die entsprechenden Worte sehen für uns wie Verben aus, weil sie nach Dauer- und Zeit-Nuancen flektiert werden, so daß die Suffixe des Wortes für Haus-Ereignis es als langdauerndes Haus, kurzdauerndes Haus, zukünftiges Haus, gewesenes Haus etc. bestimmen.

Die Hopisprache hat nur ein Substantiv für alles, was fliegt, mit Aus-

---

3 Hopi = nordamerikanischer Stamm der Puebloindianer im Staate Arizona. Die Sprache gehört zur schoschonischen Sprachgruppe. — PK.

nahme der Vögel, deren Klasse durch ein anderes Hauptwort bezeichnet wird. Das erste Substantiv, so können wir sagen, bezeichnet die Klasse (FK-V) — Klasse alles Fliegenden abzüglich der Vögel. Die Hopis nennen Insekten, Flugzeuge und Flieger alle mit dem gleichen Wort und sehen darin keine Schwierigkeit. Natürlich entscheidet bei sehr verschiedenen Gliedern einer so breiten linguistischen Klasse wie dieser (FK-V) immer die Situation. Uns erscheint diese Klasse zu groß und umfassend, aber nicht anders erscheint den Eskimos unsere Klasse ‚Schnee'. Wir haben nur ein Wort für fallenden Schnee, Schnee auf dem Boden, Schnee, der zu eisartiger Masse zusammengedrückt ist, wässerigen Schnee, windgetriebenen, fliegenden Schnee usw. Für einen Eskimo wäre dieses allumfassende Wort nahezu undenkbar. Er würde sagen, fallender Schnee, wässeriger Schnee etc. sind wahrnehmungsmäßig und verhaltensmäßig verschieden, d. h. sie stellen verschiedene Anforderungen an unser Umgehen mit ihnen. Er benützt daher für sie und andere Arten von Schnee verschiedene Wörter. Die Azteken wiederum gehen in der entgegengesetzten Richtung noch weiter als wir. ‹Kalt›, ‹Eis› und ‹Schnee› werden alle durch den gleichen Stamm mit verschiedenen Endungen repräsentiert. ‹Eis› ist die nominale Form, ‹kalt› die adjektivische und für ‹Schnee› steht ‹Eis-Nebel›.

Verschiedene Sprachwelten

Am meisten überrascht die Entdeckung, daß einige große Verallgemeinerungen der westlichen Welt, wie z. B. Zeit, Geschwindigkeit und Materie (oder Material) für den Aufbau eines konsistenten Weltbildes keineswegs wesentlich sind. Die Erfahrungen, die wir unter diesen Titeln klassifizieren, verschwinden deshalb natürlich nicht, vielmehr ist es so, daß Kategorien aus anderen Arten von Erfahrungen ihre Rolle in der Kosmologie übernehmen und offenbar genauso gut funktionieren. Das Hopi kann man als eine Sprache ohne Zeitbegriff bezeichnen. Sie kennt die psychologische Zeit, die der «durée» BERGSONS ähnelt; aber diese ‹Zeit› ist etwas ganz anderes als die mathematische Zeit, t, unserer Physiker. Eine der Eigentümlichkeiten der Hopi-Zeit ist: sie wechselt mit jedem Beobachter, erlaubt keine Gleichzeitigkeit und hat 0 Dimensionen, d. h. man kann ihr keine Zahl zuteilen, die größer als 1 ist. Die Hopis sagen nicht, ‹Ich blieb fünf Tage›, sondern ‹Ich ging am fünften Tage weg›. Für Worte, die sich auf diese Art Zeit beziehen, wie das Wort Tag, gibt es keinen Plural.

An den Bildern der Figur 1 kann man sich orientieren, wie die Hopi-verben ohne Zeitformen auskommen. Tatsächlich haben unsere Zeitformen in Sätzen mit nur einem Verb praktisch nur einen Nutzen. Sie unterscheiden fünf typische Situationen, die in den Bildern der Figur

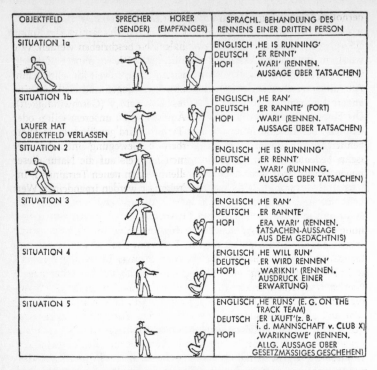

OBJEKTFELD	SPRECHER (SENDER)	HÖRER (EMPFÄNGER)	SPRACHL. BEHANDLUNG DES RENNENS EINER DRITTEN PERSON
SITUATION 1a			ENGLISCH ‚HE IS RUNNING‘ DEUTSCH ‚ER RENNT‘ HOPI ‚WARI‘ (RENNEN. AUSSAGE ÜBER TATSACHEN)
SITUATION 1b LÄUFER HAT OBJEKTFELD VERLASSEN			ENGLISCH ‚HE RAN‘ DEUTSCH ‚ER RANNTE‘ (FORT) HOPI ‚WARI‘ (RENNEN. AUSSAGE ÜBER TATSACHEN)
SITUATION 2			ENGLISCH ‚HE IS RUNNING‘ DEUTSCH ‚ER RENNT‘ HOPI ‚WARI‘ (RUNNING. AUSSAGE ÜBER TATSACHEN)
SITUATION 3			ENGLISCH ‚HE RAN‘ DEUTSCH ‚ER RANNTE‘ HOPI ‚ERA WARI‘ (RENNEN. TATSACHEN-AUSSAGE AUS DEM GEDÄCHTNIS)
SITUATION 4			ENGLISCH ‚HE WILL RUN‘ DEUTSCH ‚ER WIRD RENNEN‘ HOPI ‚WARIKNI‘ (RENNEN. AUSDRUCK EINER ERWARTUNG)
SITUATION 5			ENGLISCH ‚HE RUNS‘ (E. G. ON THE TRACK TEAM) DEUTSCH ‚ER LÄUFT‘ (z. B. i. d. MANNSCHAFT v. CLUB X) HOPI ‚WARIKNGWE‘ (RENNEN. ALLG. AUSSAGE ÜBER GESETZMÄSSIGES GESCHEHEN)

Fig. 1. Vergleich zwischen einer ‹zeitlichen› Sprache (Englisch oder Deutsch) und einer ‹zeitlosen› Sprache (Hopi). Verschiedene Zeiten im Englischen oder Deutschen sind in der Hopisprache verschiedene Arten der Gültigkeit.

wiedergegeben sind. Das zeitlose Hopiverb unterscheidet nicht zwischen Gegenwart, Vergangenheit und Zukunft des Geschehens selbst. Es muß aber immer die Art der Gültigkeit anzeigen, die die Aussage nach der Intention des SPRECHENDEN haben soll: (a) Bericht über ein Geschehen (= Situation 1, 2 und 3); (b) Erwartung eines Geschehens (= Situation 4); (c) generalisierende Aussage oder Aussage über Gesetzmäßigkeit eines Geschehens (= Situation 5). Die Situation 1, in der Sprecher und Hörer mit demselben Objektfeld den gleichen wahrnehmungsmäßigen Kontakt haben, wird in unserer Sprache in zwei Situationen, 1a und 1b, unterteilt, die Gegenwart bzw. Vergangenheit heißen. Diese Unterteilung ist in einer Sprache, die anzeigt, daß die Aussage ein Bericht ist, unnötig.

Die Hopigrammatik macht es durch Formen, die wir Aspekte und Modi nennen, auch leicht, zwischen momentanen, fortgesetzten und wiederholten Vorkommnissen zu unterscheiden und die Folge von berichteten Ereignissen wiederzugeben. Dadurch kann das Universum ohne Rückgriff auf einen Begriff dimensionaler Zeit beschrieben werden. Wie würde nun eine Physik arbeiten, die in dieser Weise, ohne t (Zeit), in ihren Gleichungen, aufgebaut ist? Ausgezeichnet, soweit ich sehen kann. Allerdings würde sie eine andere Ideologie verlangen und vielleicht eine andere Mathematik. Natürlich gäbe es auch kein v (Geschwindigkeit). Die Hopisprache hat kein Wort als Äquivalent zu unserem ‹eilig› oder ‹schnell›. Für die Übersetzung dieser Termini wird gewöhnlich ein Wort benutzt, das in Verbindung mit Verben der Bewegung ‹intensiv› oder ‹sehr› bedeutet. Damit haben wir einen Hinweis auf die Natur dieser neuen Physik. Wir werden in ihr vielleicht einen neuen Terminus i, Intensität, benötigen. Alle Dinge und Ereignisse werden irgendeinen Wert i haben, gleichgültig ob wir sie als bewegt oder ruhend betrachten. Vielleicht wird sich der i-Wert einer elektrischen Ladung als der ihrer Spannung (Volt) oder ihres Potentials erweisen. Einige Intensitäten — und zwar RELATIVE Intensitäten, denn die Rede von einer absoluten Intensität wäre sinnlos — werden wir mit Uhren messen. Unser alter Bekannter, die Beschleunigung, wäre immer noch da, aber sicher unter neuem Namen. Vielleicht würden wir sie v nennen, was dann nicht Geschwindigkeit, sondern Variation hieße. Und vielleicht würde man alles Wachstum und alle Akkumulation als v betrachten. Wir würden keinen Begriff für *ratio* [4] im zeitlichen Sinne haben, denn damit wäre — genau wie bei der Geschwindigkeit — eine mathematische und linguistische Zeit verknüpft. Natürlich sind alle Maße *rationes*, aber wir behandeln Messung von Intensitäten durch Vergleich mit der Richt-Intensität einer Uhr oder eines Planeten genausowenig als *ratio* wie eine Distanz, die durch Vergleich mit einem Metermaß ausgemacht wird.

Ein Naturwissenschaftler aus einer anderen Kultur mit Begriffen von Zeit und Geschwindigkeit würde große Schwierigkeiten haben, uns diese Begriffe verständlich zu machen. Wir würden von der Intensität einer chemischen Reaktion sprechen, er dagegen von ihrer Geschwindigkeit oder *ratio*. Diese Wörter würden wir zunächst einfach für Bezeichnungen der Intensität in seiner Sprache halten. Ebenso würde er auf den ersten Blick meinen, Intensität sei unser Wort für Geschwindigkeit. Anfangs würden wir daher übereinstimmen. Aber später würde das aufhören, und beide Seiten würden vielleicht erkennen, daß sie ganz verschiedene Systeme der Rationalisierung benutzen. Er hätte die größte Schwierigkeit, uns klarzumachen, was ‹Geschwindigkeit einer chemischen Reaktion› wirklich bedeutet, denn wir hätten keinen passenden Begriff. Er könnte versuchen, die Sache durch Vergleich mit einem galoppieren-

---

4 *ratio* hier = Verhältnis; für Geschwindigkeit z. B. das Verhältnis Weg/ Zeit (m/sec.). — PK.

den Pferd zu erklären und durch den Unterschied zwischen einem guten und einem langsamen Pferd. Darauf würden wir ihm mit einem Lächeln erwidern, daß auch diese Analogie eine Angelegenheit verschiedener Intensitäten sei, denn abgesehen davon gäbe es wenig Ähnlichkeit zwischen einem Pferd und einer chemischen Reaktion im Reagenzglas, da das rennende Pferd sich relativ zum Boden bewegt, während das Material im Reagenzglas in Ruhe ist.

Gleichberechtigung der verschiedenen linguistischen Systeme

Ein wichtiger Beitrag zur Naturwissenschaft könnte dabei unter linguistischem Gesichtspunkt in der Förderung unseres Bewußtseins der Perspektiven liegen. Es wird uns nicht mehr möglich sein, einige neuere Dialekte der indoeuropäischen Familie und die aus ihren Strukturen gewonnenen Rationalisierungsformen als den Höhepunkt der Entwicklung des menschlichen Geistes zu sehen. Noch können wir ihre gegenwärtige weite Ausbreitung als Folge eines Gesetzes vom Überleben des Bestangepaßten betrachten. Sie rührt allenfalls aus einigen wenigen historischen Ereignissen — Ereignissen, die nur von dem Gruppenstandpunkt der begünstigten Parteien aus als glücklich bezeichnet werden könnten. Diese Parteien und ihre Denkweisen können nicht länger als die vollkommenen Vertreter von Vernunft und Wissen gelten, sondern nur noch als eine Konstellation in einem Raum von galaktischer Ausdehnung. Wird man sich der ungeheuren Mannigfaltigkeit der linguistischen Systeme bewußt, die es auf diesem Globus gibt, so kann man dem Gefühl nicht entgehen, daß der menschliche Geist unvorstellbar alt ist; daß die paar tausend Jahre schriftlich überlieferter Geschichte nicht mehr sind als die Breite eines Bleistiftstriches auf dem Messband unserer Erfahrung auf diesem Planeten und daß die Ereignisse der jüngsten Jahrtausende nichts im Sinne irgendeiner Entwicklung bedeuten, der Mensch in ihnen keinen plötzlichen Fortschritt, keine gültige Synthese erzielt hat, sondern lediglich ein wenig mit einigen linguistischen Formulierungen und Ansichten der Natur spielte, die er aus einer unsagbar viel längeren Vergangenheit übernahm. Dennoch brauchen weder dieses Gefühl noch das Bewußtsein der schwankenden Abhängigkeit all unseres Wissens von großenteils unbekannten linguistischen Werkzeugen die Naturwissenschaft zu entmutigen. Sie sollten vielmehr die Demut fördern, die den wahrhaft wissenschaftlichen Geist auszeichnet, und die geistige Arroganz zerstören, die die echte wissenschaftliche Neugier und Gelassenheit behindert.

II. Die Linguistik als eine exakte Wissenschaft

Die Bedeutung neuer Weisen des Redens für den
wissenschaftlichen Fortschritt

Die revolutionären Veränderungen in der Welt der Naturwissenschaft
— insbesondere der Physik, aber auch der Chemie und Biologie sowie
der Wissenschaften vom Menschen — sind nicht so sehr neuen Tatsachen
zu verdanken, als vor allem neuen Weisen des Auffassens von Tatsachen. Allerdings hat man auch viele und bedeutsame neue Tatsachen
gefunden. Noch wichtiger aber waren folgende Momente: das Versagen
der mechanischen Weltansicht, die in der großen klassischen Periode der
Naturwissenschaft unangefochten herrschte; das Suchen nach Erklärungen, nach Beseitigung von Widersprüchen und nach Neuformulierungen;
und das nie zuvor in diesem Ausmaß geschehene Aufkommen radikal
neuer Auffassungen in den Forschungsbereichen der Relativitätstheorie,
der Quantentheorie, der Elektronik, der Katalyse und Kolloidchemie, der
Theorie der Gene, der Gestaltspsychologie, der Psychoanalyse, der un-
voreingenommenen Kulturanthropologie[1] und anderer Gebiete.

Ich sagte: neue Weisen des AUFFASSENS von und des DENKENS über
Tatsachen. Noch treffender könnte man sagen: neue Weisen des REDENS
über Tatsachen. Es ist der GEBRAUCH DER SPRACHE MIT BEZUG AUF GEGEBENE
PHÄNOMENE, der für den wissenschaftlichen Fortschritt eine zentrale Rolle spielt. Wir müssen das Wort ‹Rede› von dem vage abwertenden Un-
terton lösen, den es in Aussprüchen wie ‹bloßes Gerede› hat. Und wir
müssen uns frei machen von der in unserer englisch sprechenden Welt
so verbreiteten Annahme eines Gegensatzes zwischen Reden und Tun.
Das Reden bedarf keiner Entschuldigung. Es ist die menschlichste aller
Tätigkeiten. Tiere mögen denken, aber reden tun sie nicht. ‹Reden› SOLLTE
ein edleres, würdigeres Wort sein als ‹denken›. Wir müssen uns auch
mit der Tatsache abfinden, daß die Wissenschaft mit reden beginnt und
endet; darin liegt nichts Unwürdiges. Solche Wörter wie ‹analysieren,
vergleichen, deduzieren, begründen, erschließen, postulieren, Theorien
aufstellen, nachprüfen, beweisen› usw. bedeuten, daß der Wissenschaftler, wann immer er etwas tut, über das spricht, was er tut. Wie LEON-
HARD BLOOMFIELD[2] gezeigt hat, beginnt jede wissenschaftliche Forschung
mit einer Reihe von Sätzen, die uns den Weg zu gewissen Beobachtun-

---

1 In den Vereinigten Staaten umfaßt der Begriff der Kulturanthropologie
etwas mehr als bei uns der Begriff der Ethnologie (Völkerkunde), nämlich etwas, was man ungefähr als biologisch-psychologisch-soziologisch-ethnologische
vergleichende Verhaltensforschung (Ethologie) der Kulturen umschreiben kann.
— PK.

2 L. BLOOMFIELD, *Language.* New York 1933. — PK.

gen und Experimenten weisen. Deren Resultate wiederum sind erst wirklich wissenschaftliche Resultate, wenn sie in Sprache rückübertragen worden sind, also in eine Reihe von Sätzen, die dann die Basis weiterer Erforschung des Unbekannten werden. Dieser wissenschaftliche Gebrauch von Sprache unterliegt den Prinzipien oder Gesetzen, die die Wissenschaft von den Sprachen — die Linguistik — erforscht.

Die Strukturverschiedenheit der Sprachen und ihre Folgen

Im vorhergehenden Artikel über ‹Naturwissenschaft und Linguistik› habe ich auf eine Täuschung über das Sprechen hingewiesen, der wir alle unterliegen. Es ist die Annahme, das Sprechen geschehe völlig frei und spontan, es ‹drücke lediglich aus›, was immer wir es gerade ausdrükken lassen wollen. Diese Illusion resultiert aus der folgenden Tatsache: die zwingenden Formen in unserem scheinbar freien Redefluß herrschen so völlig autokratisch, daß Sprecher und Zuhörer von ihnen unbewußt gebunden sind wie von Naturgesetzen. Die Strukturphänomene der Sprache sind Hintergrundsphänomene[3], die man gar nicht oder bestenfalls sehr ungenau wahrnimmt — so wie die winzigen Stäubchen in der Luft eines Raumes. Besser noch kann man sagen, alle Sprechenden unterliegen linguistischen Strukturen ungefähr so, wie alle Körper der Schwerkraft unterliegen. Die automatischen, unwillkürlichen Strukturschemata der Sprache sind nicht für alle Menschen die gleichen, sondern in jeder Sprache andere. Sie bilden die formale Seite der jeweiligen Sprache oder ihre ‹Grammatik› — ein Begriff der allerdings hier viel mehr einschließt als die Grammatik, die wir in der Schule aus den Büchern lernten.

Aus der Tatsache der Strukturverschiedenheit der Sprachen folgt, was ich das ‹linguistische Relativitätsprinzip› genannt habe. Es besagt, grob gesprochen, folgendes: Menschen, die Sprachen mit sehr verschiedenen Grammatiken benützen, werden durch diese Grammatiken zu typisch verschiedenen Beobachtungen und verschiedenen Bewertungen äußerlich ähnlicher Beobachtungen geführt. Sie sind daher als Beobachter einander nicht äquivalent, sondern gelangen zu irgendwie verschiedenen Ansichten von der Welt. (Eine etwas formalere Fassung des Prinzips habe ich auf S. 12 gegeben.) Aus jeder solchen unformulierten und naiven Weltansicht kann durch eine höher spezialisierte Anwendung der gleichen grammatischen[4] Strukturen, die zu dem naiven und impliziten

---

3 Siehe meine Anmerkung auf S. 8. — PK.

4 Ich gebrauche (nach Möglichkeit) das Adjektiv ‹grammatisch› da, wo von Grammatik als dem Inbegriff aller tatsächlichen Formen einer Sprache die Rede ist, das Adjektiv ‹grammatikalisch› da, wo von Grammatik als der Wissenschaft von diesen Formen gesprochen wird. — PK.

Weltbild führten, eine explizite wissenschaftliche Weltansicht hervorgehen. So geht zum Beispiel die Weltansicht der modernen Naturwissenschaft aus der höher spezialisierten Anwendung der grundlegenden
Grammatik der westlichen indoeuropäischen Sprachen hervor. Natürlich
wurde die Naturwissenschaft durch die Grammatik NICHT VERURSACHT,
sondern nur sozusagen gefärbt. Sie entstand im Bereich dieser Sprachgruppe, das heißt, sie entstand im Zuge von historischen Ereignissen,
die Handel, Messung, Industrie und technische Erfindungen in einem
Teil der Welt anregten, in dem diese Sprachen herrschten.

Die Teilhaber an einer gegebenen Weltansicht sind sich der idiomati-
schen [5] Natur der Bahnen, in denen ihr Sprechen und Denken verläuft,
nicht bewußt. Sie sind völlig mit ihnen zufrieden und betrachten sie als
logische Notwendigkeiten. Kommt aber ein Außenseiter, ein Mensch,
der an eine ganz andere Sprache und Kultur gewöhnt ist, oder etwa ein
Wissenschaftler aus einer späteren Epoche, die eine etwas veränderte
Sprache des gleichen Grundtyps benutzt, so erscheint ihm nicht alles,
was für die Teilhaber an jener gegebenen Weltansicht logisch und notwendig ist, ebenfalls als logisch und notwendig. Die gängigen Auffassungen mögen in ihm den Eindruck erwecken, sie bestünden vornehmlich aus stark sprachbedingten ‹façons de parler›. Betrachten wir einmal
die Antworten, die zu einer Zeit selbst von Gelehrten auf gewisse Fragen über die Natur gegeben wurden: Warum steigt das Wasser in einer
Pumpe? Weil die Natur einen *horror vacui* hat. Warum löscht Wasser
das Feuer? Weil es naß ist oder weil die Prinzipien des Feuers und des
Wassers antithetisch sind. Warum steigen Flammen nach oben? Weil
das Element Feuer leicht ist. Warum kann man einen Stein mit Hilfe
eines Ledersaugnapfes heben? Weil das Saugen den Stein hochzieht.
Warum fliegt eine Motte zum Licht? Weil die Motte neugierig ist oder
weil das Licht sie anzieht. Wenn diese Sätze einmal logisch befriedigend
erschienen, heute aber als Eigenheiten eines merkwürdigen Jargons an-
muten, dann kam dieser Wandel nicht zustande, weil die Naturwissenschaft neue Fakten entdeckt hat. Die Wissenschaft hat neue sprachliche
Formulierungen der alten Fakten gewonnen, und nun, da wir uns an den
neuen Dialekt gewöhnt haben, sind gewisse Züge des alten nicht mehr
bindend für uns.

Wir Heutigen sind noch nicht in einer Position, von der aus wir uns
über jene alten Weisen lustig machen dürften, die verschiedene Eigenschaften des Wassers durch seine Nässe erklärten. Die Terminologie, die
wir für sprachliche und kulturelle Phänomene verwenden, ist oft nicht
besser als die von der Naßheit des Wassers oder dem *horror vacui*
der Natur. Wir bedürfen der linguistischen Erforschung vieler und verschiedener Sprachen, um zum richtigen Denken zu kommen und den Irr-

---

5 Idiomatisch = einer Sprache oder Sprechweise eigentümlich. — PK.

tümern zu entgehen, die ein unbewußtes Hinnehmen unseres Sprachhintergrundes sonst nach sich zieht. Die neuen Denkweisen in den eingangs zitierten Wissenschaften fordern eine zunehmende Mitarbeit der Linguistik an der allgemeinen Philosophie der Naturwissenschaft. Diese Mitarbeit ist für den nächsten großen Schritt der Naturwissenschaft in das Unbekannte notwendig.

Der zwingende Charakter sprachlicher Strukturschemata

In unserer Lage wird es uns kaum viel nützen, wenn Philosophen und Mathematiker ohne gründliche Kenntnisse der Linguistik versuchen, das Feld der höheren sprachlichen Symbolismen zu erforschen. Unglücklicherweise leiden die Versuche der meisten modernen Autoren auf unserem Gebiet unter diesem Mangel an linguistischer Ausbildung und Übung. Nach höheren mathematischen Formeln für linguistische Bedeutungszusammenhänge zu suchen, während man nichts Genaues über die elementaren Dinge der Sprache weiß, heißt geradezu den Mißerfolg heraufbeschwören. Die Naturwissenschaft beginnt nicht mit Atomstrukturen und kosmischen Strahlen, sondern mit Bewegungen gewöhnlicher makroskopischer Objekte und mit symbolischen (mathematischen) Ausdrücken für diese Bewegungen. Genauso beginnt die Linguistik weder mit der Bedeutung noch mit der Struktur logischer Aussagen, sondern mit den obligatorischen Strukturschemata der groben hörbaren Laute einer gegebenen Sprache und mit gewissen symbolischen Ausdrücken für diese Schemata. Aus den relativ einfachen Termini für die groben Strukturschemata der Laute werden die höheren analytischen Verfahren der Linguistik entwickelt, ganz so wie aus den einfachen Experimenten mit fallenden und gleitenden Blöcken und ihrer einfachen Mathematik all die höheren mathematischen Zusammenhänge der Physik bis hinauf zur Quantentheorie entwickelt werden. Übrigens sind selbst die Strukturschemata der Laute nicht gerade einfach. Aber sie illustrieren den unbewußten, obligatorischen Hintergrund des Sprechens wie kaum irgend etwas anderes.

So sieht zum Beispiel die Strukturformel für einsilbige Wörter der englischen Sprache (s. Fig. 2, S. 25) ziemlich kompliziert aus, und doch ist sie unter den linguistischen Formeln eine sehr einfache. Das durch diese Formel ausgedrückte Schema lernt in der englisch sprechenden Welt jedes Kind zwischen dem zweiten und fünften Lebensjahr — und viele andere Schemata dazu. Wenn das Kind sechs ist, ist das Schema schon eingewurzelt und automatisch geworden. Selbst die kleinen Phantasiewörter, die das Kind erfindet, entsprechen ihm, probieren sozusagen alle Möglichkeiten des Schemas durch, gehen aber nicht über es hinaus. So wird das Schema schon in frühem Kindesalter für das Kind, was es für den Erwachsenen ist; keine Lautfolge, die von ihm abweicht, kann ohne die größten Schwierigkeiten auch nur ausgesprochen werden. Neue Wörter wie ‹blurb›, Phantasiewörter wie Lewis Carrolls [6] ‹mome raths›, Lautverbindungen, die Sprachen von Wilden oder Tierschreie vorstellen sollen, wie ‹glub› und ‹squonk› — alle kommen aus der Gußform dieses Schemas. Wenn der Jugendliche beginnt, eine fremde Sprache zu erlernen, versucht er unbewußt, die Silben diesem Schema entsprechend zu konstruieren. Das geht natürlich nicht. Die fremden Wörter sind nach einer ihnen eigenen Strukturformel gebaut. Der Schüler macht gewöhnlich eine schwere Zeit durch. Da er nicht einmal weiß, daß der Grund der Schwierigkeit ein Strukturschema ist, denkt er, die Schuld liege bei ihm selbst. Die Enttäuschung und die Hemmungen, die dadurch gleich am Anfang entstehen, bilden dann ständige Hindernisse für seine Versuche, fremde Sprachen zu gebrauchen. Manchmal hört er sogar entsprechend der Strukturformel, so daß die englischen Lautkombinationen, die er von sich gibt, ihm als richtiges Französisch erscheinen. In dem Falle leidet er meist weniger unter Hemmungen und kann sehr wohl lernen, ‹fließend› französisch zu sprechen — ein schlechtes Französisch!

Hat er dagegen das Glück, seinen elementaren Unterricht in Französisch durch einen geschulten Linguisten zu erhalten, dann werden ihm zunächst die Strukturschemata des Englischen so erklärt, daß sie ihm wenigstens halb bewußt werden. Dadurch verlieren sie die bindende Macht, die sie als unbewußte Gewohnheiten über ihn ausüben, ohne freilich ihre automatische Funktion einzubüßen, soweit es sein Englisch betrifft. Dann lernt er die französischen Strukturschemata ohne innere Opposition, und die Zeit bis zur Beherrschung der Sprache wird erheblich abgekürzt. Allerdings — wahrscheinlich wird kein elementares Französisch jemals in dieser Weise gelehrt, wenigstens nicht in öffentlichen Unterrichtsstätten. Viel Zeit und Millionen Dollar für verschwendete Anstrengungen könnten durch die Einführung solcher Methoden gespart werden. Aber Lehrer mit einer entsprechenden Ausbildung in theoretischer Linguistik sind heute noch viel zu selten und finden sich fast nur an Hochschulen.

Interpretation einer einfachen sprachlichen Strukturformel

Betrachten wir einmal die Formel für die englischen einsilbigen Wörter (Fig. 2). Sie sieht mathematisch aus, ist es aber nicht. Sie ist das Ergebnis einer Struktursymbolik. Das ist eine in der Linguistik entwickelte

---

6 Charles L. Dodgson (1832—98), ein Mathematikprofessor, schrieb unter diesem Pseudonym die weithin bekannten Kinderbücher ‹Alice in Wonderland› (1865, deutsch 1946), ‹Through the looking glass› (1871, deutsch 1948) u. a. — PK.

analytische Methode, die für die Linguistik ungefähr dieselbe Rolle spielt wie die höhere Mathematik für die Physik. Mit solchen Strukturformeln können mannigfaltige Operationen vorgenommen werden, vergleichbar den Operationen der Addition, Multiplikation usw., die man an mathematischen Ausdrücken vollzieht. Nur sind die Operationen hier andere, und sie beziehen sich auf Bedeutungen linguistischer Zusammenhänge. Mit Hilfe dieser Operationen können Schlüsse gezogen werden. Ferner bieten sie der Forschung eine rationelle Hilfe bei dem Aufsuchen der wirklich entscheidenden Punkte in der Fülle des Materials, das an jeder Sprache zu bearbeiten ist. Meist hat der Linguist es nicht nötig, seine symbolischen Operationen an den Formeln schriftlich zu vollziehen. Er tut das nur gedanklich und kommt dann etwa zu solchen Schlüssen: ‹Der Bericht des Forschers X über das Paradigma der Verben der Klasse A kann nicht richtig gewesen sein›. Oder: ‹Sieh da, diese Sprache muß alternierende Silbenbetonung haben, obgleich ich das zunächst nicht heraushörte.› Oder: ‹Merkwürdig, aber *d* und *l* müssen in dieser Sprache Varianten des gleichen Lautes sein› usw. Dann stellt er Versuche mit einer Person an, die die betreffende Sprache als Muttersprache spricht, und verifiziert[7] seinen Schluß. Strukturformeln dieser Art sind exakt wie mathematische, aber sie sind nicht quantitativ. Sie beziehen sich nicht letztlich auf Zahlen und Dimensionen, wie es die Mathematik tut, sondern auf Zusammenhangs-Schemata und Strukturen[8]. Sie sind auch nicht mit den Formeln der Gruppentheorie oder der symbolischen Logik zu verwechseln, obwohl sie mit beiden in gewissen Weisen verwandt sein mögen.

Doch zurück zu der Formel. Ihr einfachster Teil ist der achte Term[9]. (Die Terme sind am unteren Rand numeriert.) Er besteht aus einem V zwischen Pluszeichen. Dies besagt, jedes englische Wort enthält einen Vokal. (Das ist eine Bestimmung, die nicht für alle Sprachen zutrifft.) Da das V durch kein anderes Symbol qualifiziert wird, kann jeder englische Vokal in einem einsilbigen Wort vorkommen. (Ein Gleiches gilt nicht für alle Silben in mehrsilbigen englischen Wörtern.) Nun wenden wir uns dem ersten Term zu. Es ist eine Null. Das besagt, es sei möglich, daß vor dem Vokal nichts steht: das Wort kann mit einem Vokal beginnen — eine Struktur, die in vielen Sprachen unmöglich ist. Die

---

7 ‹Verifizieren› = methodologischer Fachterminus mit der Bedeutung: die Wahrheit eines Satzes nachprüfen. — PK.

8 ‹Struktur› = eine angebbare und beschreibbare Ordnung von Zusammenhängen. — PK.

9 Linguistische Strukturformeln, wie die hier behandelte, ähneln algebraischen Formeln in der Mathematik. Daher übernimmt WHORF aus der Sprache der Mathematik passend den Begriff ‹Term, -e› mit seiner dort eingeführten Bedeutung: Glied einer zusammengesetzten Formel (wie z. B. *ab* oder *cd* in der Formel *ab ± cd*). — PK.

Kommata zwischen den Termen haben die Bedeutung ‹oder›. Der zweite Term ist C minus η. Das besagt, ein einsilbiges Wort könne mit jedem englischen Einzelkonsonanten beginnen, ausgenommen der eine, den die Linguisten durch das langschwänzige *n* bezeichnen und den man gewöhnlich *ng* schreibt, wie in ‹hang› (hängen). Dieser *ng*-Laut ist an den Enden englischer Wörter sehr häufig, erscheint aber niemals an ihrem Anfang. In vielen Sprachen, wie im Hopi, in der Eskimo- und der Samoa-Sprache, ist er ein häufiger Wortanfang. Unsere Strukturschemata

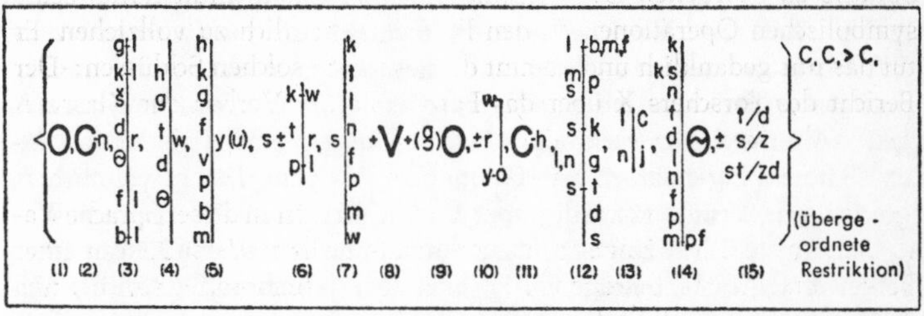

Fig. 2. Strukturformel der einsilbigen Wörter im Englischen (Standardamerikanisch des mittleren Westens d. USA). Die Formel kann durch spezielle Symbole für gewisse Buchstabengruppen vereinfacht werden (s. S. 55). Ihre Erklärung wird dadurch schwieriger. Die einfachste mögliche Formel für ein einsilbiges Wort ist C + V. Sie gilt tatsächlich für manche Sprachen. Das Polynesische hat die nächst einfachste Formel O,C + V. Vergleiche damit die dargestellte komplizierte Struktur englischer Wörter.

setzen der Aussprache dieser fremden, mit *ng* beginnenden Wörter ungeheuren Widerstand entgegen. Sobald uns jedoch der Mechanismus zum Hervorbringen des *ng* erklärt worden ist und wir lernen, daß unsere Unfähigkeit nur durch eine eingewöhnte Struktur bedingt ist, können wir das *ng* an jede beliebige Wortstelle setzen und das betreffende Wort mit der größten Leichtigkeit aussprechen. Die Buchstaben in der Formel sind — wie das Beispiel η für *ng* zeigt — nicht immer den Buchstaben gleich, mit denen wir gewöhnlich unsere Wörter buchstabieren. Sie sind vielmehr unzweideutige Zeichen von einer Art, wie sie ein Linguist den Sprachlauten in einem regelmäßigen und wissenschaftlichen Buchstabiersystem [einem sogenannten phonetischen Zeichensystem — PK] zuordnet.

Nach dem dritten Term der Formel, der aus zwei Zeichenlisten besteht, kann das Wort mit jedem Konsonanten der ersten Liste, gefolgt von einem *r*, oder mit *g, k, f* oder *b*, gefolgt von einem *l*, beginnen. Das š steht für *sh* (das deutsche *sch*). So ist ‹shred› möglich, aber nicht *shled*.

Die Formel gibt die Tatsache wieder, daß *shled* ein unenglisches Wort ist und dem Engländer wie die chinesische Aussprache von ‹shred› oder die deutsche Aussprache von ‹sled› vorkommt (*sl* ist nach Term 7 möglich). Das griechische Theta Θ steht für *th*. Es gibt also ‹thread›, aber nicht *thled*. Dieses käme dem Engländer wie ein chinesisch ausgesprochenes ‹thread› oder ein kindlich gelispeltes ‹sled› vor. Aber warum werden im dritten Term nicht auch *tr, pr,* und *pl* aufgeführt? Weil ihnen ein *s* vorangehen kann und sie also in den Term 6 gehören. Der vierte Term besagt, das Wort könne mit einem Konsonanten seiner ersten Liste, gefolgt von einem *w*, beginnen. *Hw* erscheint nicht in allen englischen Dialekten. Nach der gewöhnlichen Schreibweise wird es umgekehrt, *wh*, geschrieben. Wenn ein Dialekt kein *hw* hat, spricht man in ihm das geschriebene *wh* einfach als *w* aus. *Thw* erscheint nur in wenigen Wörtern, wie ‹thwack› und ‹thwart›. Und *gw* gibt es merkwürdigerweise nur in Eigennamen wie ‹Gwen› oder ‹Gwynn›. *Kw*, gewöhnlich *qu* geschrieben, kann *s* vor sich haben und gehört daher zum Term 6.

Der fünfte Term zeigt an, das Wort könne mit einem Konsonanten seiner ersten Liste, gefolgt von *y*, beginnen, jedoch nur, wenn der Vokal des Wortes *u* ist. So gibt es also Wörter wie ‹hue› (*hyuw*), ‹cue, few, muse›. Einige Dialekte haben auch *tyu, dyu* und *nyu* (z. B. in ‹tune, due› und ‹new›); ich habe jedoch hier die Formel für die typischen Dialekte im Norden der USA hergesetzt, die bei diesen Wörtern einfach *tu, du, nu* sagen. Der sechste Term zeigt Paare, *kr, tr* oder *pr* und auch *kw* und *pl*, die ein Wort entweder allein oder nach vorangehendem *s* beginnen können. (Man denke an ‹train, strain; crew, screw; quash, squash; play, splay›.) Der siebente Term besagt, das Wort könne mit einem *s*, gefolgt von irgendeinem Konsonanten seiner zweiten Liste, beginnen. Damit haben wir alle Teile des Wortes, die vor dem Vokal stehen können.

Die Terme nach dem achten zeigen, was nach dem Vokal kommen kann. Dieser Teil ist erheblich komplizierter als der Anfang des Wortes, und es würde hier zuviel Platz in Anspruch nehmen, alles im einzelnen zu erläutern. Das allgemeine Prinzip des verwendeten Symbolismus dürfte durch die eben gegebenen Erläuterungen klar geworden sein. Der neunte Term zeigt mit seiner Null, das Wort könne mit einem Vokal enden, falls dieser Vokal *a* ist. Das schließt ein: (1) den Vokal des unbestimmten Artikels ‹a› und den Ausruf ‹huh?› sowie (2) den Vokal von ‹pa, ma› und die Ausrufe ‹ah!› und ‹bah!› Außerdem kann dieser Vokal das Wort beschließen, wenn er klingt wie *aw* in ‹paw, thaw›. In einigen Dialekten (im östlichen Neuengland, im Süden der Vereinigten Staaten und in Südengland) enden Wörter mit dem Vokal, die *ar* geschrieben werden, wie ‹car, star› (*kā, stā* in diesen Dialekten). Aber in den meisten Dialekten der USA sowie in den irischen und schottischen enden diese Wörter auch gesprochen mit einem *r*. In Dialekten des östlichen Neuengland und des südlichen Britannien, jedoch nicht im Süden der USA, wird am Ende dieser Wörter ein verbindendes *r* gesprochen, wenn das nächstfolgende Wort mit einem Vokal beginnt. So sagt jemand aus dem Süden der USA für ‹far off› *fa of*; jemand aus Boston oder Britannien *fa rof*, mit einem fließenden initialen *r*; die meisten Leute aus den USA aber sagen *far of* mit einem rollenden *r*. Für einige Dialekte müßte Term 9 anders sein, einen weiteren möglichen Vokal zeigen, nämlich jenen besonderen Laut, den ein Mann aus dem mittleren Westen in der Aussprache von ‹fur, cur› (*fə, kə*) bei einem Mann aus Boston bemerkt und ohne Zweifel sehr merkwürdig findet. Dieser komische Laut ist im Kymrischen, im Gaelischen und Türkischen, im Ute[10] und Hopi häufig, aber ich bin sicher, daß ihn Boston nicht aus irgendeiner dieser Quellen hat.

Können einsilbige Wörter mit *e, i, o* oder *u* enden? Nein, nicht im Englischen. Wörter, die so geschrieben werden, enden gesprochen mit einem Konsonanten, *y* oder *w*. Also lautet ‹I› (Ich) nach der Formel ausgedrückt *ay*, ‹we› (wir) lautet *wiy*, ‹you› (du) *yuw*, ‹how› (wie) *haw*, usw. Ein Vergleich des spanischen *no* mit dem englischen ‹No!› (Nein!) zeigt, daß das spanische Wort auch gesprochen mit einem *o*-Laut endet, während bei dem englischen Äquivalent ein *w*-Laut den Beschluß bildet. Die Strukturen, an die wir gewöhnt sind, zwingen uns, nach den meisten Vokalen mit einem Konsonanten abzuschließen. Wenn wir Spanisch lernen, sagen wir daher leicht statt *como no* ‹kow mow now› und statt *si* ‹see› (*siy*). Im Französischen sagen wir gern statt *si beau* ‹see bow›.

Term 10 sagt, man könne an diesem Punkt *r, w* oder *y* interpolieren, es sei denn, dies führe zu einer Verbindung von *w* und *y*. Term 11 bedeutet, das Wort kann mit jedem englischen Einzelkonsonanten außer *h* enden. Diese Ausnahme unterscheidet das Englische sehr von gewissen anderen Sprachen, wie zum Beispiel Sanskrit, Arabisch, Navaho[11] und Maya, in denen viele Wörter mit *h* enden. Der Leser kann sich, nachdem er so weit gefolgt ist, die Terme 12, 13 und 14 selbst erklären. Ein kleines *c* steht für *ch* wie in ‹child›; *j* klingt wie in ‹joy›. Der Term 13, in dem diese Buchstaben vorkommen, zeigt die Möglichkeit von Wörtern wie ‹gulch, bulge, lunch, lounge›. Term 14 gibt das Muster von Wörtern wie ‹health, width, eighth› (*eytΘ*), ‹sixth, xth› (*eksΘ*). Obgleich wir ‹nth power› (nte Potenz) oder ‹fth power› sagen können, kostet uns die Aussprache des nicht vorgesehenen ‹sth power› oder ‹hth power› Anstrengung. ‹Hth› würde durch *eycΘ symbolisiert werden, wobei der Stern andeutet, daß diese Lautverbindung nicht vorkommt. Dagegen erlaubt Term 14 sowohl *mΘ* als auch *mpf*, dieses zum Beispiel in Wörtern wie ‹humpf› oder dem neumodischen ‹oomph› (*umpf*). Die Elemente des Terms 15 können an alles angefügt werden — die *t* und *s*

---

10 Sprache der Indianer in der Südwestecke des Staates Colorado. — PK.
11 Sprache der Indianer in der Nordostecke des Staates Arizona. — PK.

nach stimmlosen Lauten, die *d* und *z* nach stimmhaften Lauten. So lautet ‹towns› *tawnz,* wobei das *wnz* durch 10 plus 11 plus 15 zustande kommt, während ‹bounce› *bawns* klingt, mit *wns* durch 10 plus 12. Einige der so resultierenden Kombinationen sind im Englischen häufig, andere sehr selten, aber doch möglich. Sollte Charlie McCarthy [12] in seiner gezierten Weise ein ‹Thou oomphst, dost thou not?› flöten oder ein Schauspieler in einem Stück von SHAKESPEARE ‹Thou triumphst!› donnern, so läge der Grund darin, daß die Formel durch 14 plus 15 jenes unirdische Geräusch *mpfst* ergibt. Weder Mr. BERGEN [13] noch Mr. SHAKESPEARE haben die Macht, die Formel zu ändern.

Ein übergeordneter Faktor, der für die ganze Formel in allen ihren Teilen gilt, ist die Ausschließung von Verdoppelungen. Was immer die Formel sagt, zwei gleiche Konsonanten können nicht nebeneinanderstehen. Während nach Term 15 *t* zu ‹flip› treten kann, was ‹flipt (flipped)› ergibt, kann es nicht zu ‹hit› treten und *hitt* hervorbringen. An dem Punkt des Strukturschemas, wo man *hitt* erwarten könnte, finden wir statt dessen einfach ‹hit› (I hit it yesterday, I flipt it yesterday). Manche Sprachen, wie z. B. das Arabische, haben Wörter wie *hitt, fadd* usw., in denen beide Konsonanten distinkt hörbar sind. Die Sprache der Creek-Indianer läßt drei Konsonanten nebeneinander, z. B. *nnn,* zu.

Das Ausmaß, in dem die in dieser Formel zusammengefaßten Strukturen die Formen der englischen Wörter beherrschen, ist wirklich außerordentlich. Ein neues einsilbiges Wort, sei es nun von WALTER WINCHELL [14] geprägt oder von einem Reklameagenten als Name für ein neues Frühstücksmus ausgeheckt, ist so sicher nach dieser Schablone gestanzt, als zöge ich den Hebel und ließe die Stanzform auf ihre Gedanken niedergehen. So gibt uns die Linguistik, wie die Naturwissenschaften, die Macht der Voraussage. Ich kann — in Grenzen — voraussagen, was WINCHELL tun oder nicht tun wird. Er wird vielleicht das Wort ‹thrub› prägen, aber nicht *srub;* denn die Formel ergibt kein *sr.* Eine andere Formel zeigt für den Fall, WINCHELL erfände ein Wort, welches mit *th* beginnt, wie *thell* oder *thery,* daß dann dies *th* wie in ‹thin› klingen wird und nicht wie in ‹this› oder ‹there›. WINCHELL wird kein Wort erfinden, das mit dem letztgenannten Laut beginnt.

Wir können die härtesten Reihen von Konsonanten ausstoßen, wenn sie nur dem Strukturschema entsprechen, das die Formel wiedergibt. Mit Leichtigkeit sagen wir ‹thirds› und ‹sixths›, obgleich ‹sixths› die sehr harte Folge der vier Konsonanten $ks\Theta s$ enthält. Aber das einfachere

12 Satirische Figur des Vaudeville-Schauspielers und Alleinunterhalters ED-GAR J. BERGEN. — PK.

13 Siehe Anm. 12. — PK.

14 Bekannter Kritiker und Kommentator in Zeitungen, Rundfunk und Fernsehen der USA. — PK.

sisths verstößt gegen das Schema und fällt uns daher schwerer. ‹Glimpst (glimpsed)› hat sein *gl* nach Term 3, das *i* nach Term 8 und *mpst* nach 12 plus 15. Das Wort *dlinpfk* ist dagegen mehrfach ausgeschlossen: Term 3 erlaubt kein *dl*, und es gibt keine Kombination von Termen, durch die man *npfk* bekommen könnte. Und dennoch kann der Linguist *dlinpfk* genau so leicht aussprechen wie etwa ‹glimpsed›. Die Formel erlaubt kein *mb* am Ende, infolgedessen sagen wir nicht ‹lamb›, wie es geschrieben wird, sondern *lam*. Das ganz parallele Wort ‹land› entspricht der Formel und gleitet so wie es geschrieben wird auch von unseren Lippen. Nach all diesen Beispielen ist leicht zu sehen, daß die noch immer in den Lehrbüchern zu findende ‹Erklärung›, eine Sprache enthalte diese oder jene Form ‹des Wohlklangs wegen›, völlig auf einer Stufe steht mit dem sogenannten *horror vacui* der Natur.

Die Exaktheit dieser und Hunderter von anderen Formeln zeigt, wie nicht-mathematische Formeln der Linguistik nichtsdestoweniger präzise sind. Dabei müssen wir beachten, daß die hier gegebene Formel, verglichen mit Formalisierungen einiger anderer grammatischer Strukturschemata des Englischen (oder anderer Sprachen), wie eine einfache Addition, verglichen mit einer Seite voll algebraischen Kalküls, erscheint. Statt den Versuch zu machen, alles in einer sehr komplizierten Formel zusammenzufassen, ist es gewöhnlich bequemer, sehr komplizierte Strukturschemata in eine Reihe von Abschnitten mit präzisen Sätzen und einfacheren (Teil-)Formeln zu zerlegen. Sie werden dann so geordnet, daß jeder folgende Abschnitt die vorhergehenden voraussetzt.

Linguistik als experimentelle Wissenschaft

Die Linguistik ist überdies auch eine experimentelle Wissenschaft. Ihre Feststellungen resultieren aus langen Reihen von Beobachtungen unter kontrollierten Umständen, die systematisch variiert werden und zu bestimmten unterschiedlichen Reaktionen führen. Die Experimente werden wie bei der Physik oder Chemie unter Leitung der Theorie angestellt. Sie erfordern meist keine mechanischen Apparate. Statt solcher Apparate benutzt und entwickelt die Linguistik gewisse TECHNIKEN. ‹Experimentell› heißt nicht nowendigerweise ‹quantitativ›. Messen, Wiegen und Ablesen von Zeigerstellungen werden in der Linguistik selten gebraucht; denn Quantität und Zahl spielen eine geringe Rolle im Reich der Strukturschemata, wo es keine kontinuierlichen Variablen, sondern abrupte Änderungen von einer Konfiguration zur anderen gibt. Die mathematischen Naturwissenschaften erfordern exakte Messung, die Linguistik dagegen erfordert exakte Strukturformeln — genaue Feststellung von Beziehungen ohne Dimensionen. Quantität, Dimension und Größe sind hier Metaphern, denn sie haben eigentlich in dieser unräumlichen

Beziehungswelt keinen Platz. Vielleicht hilft ein Gleichnis: Exakte Messung von Linien und Winkeln ist notwendig, um exakte Quadrate oder andere regelmäßige Polygone zu zeichnen; aber noch so genaue Messung gibt uns keine Hilfe für die Zeichnung eines exakten Kreises. Dagegen ist es nur notwendig, das Prinzip des Zirkels zu entdecken, um mit einem Schlage einen vollkommenen Kreis zeichnen zu können. In ähnlicher Weise hat die Linguistik Techniken entwickelt, die ihr, wie Zirkel, ohne jede eigentliche Messung erlauben, diejenigen Strukturen EXAKT zu bestimmen, mit denen sie es zu tun hat. Vielleicht kann man auch die Zustände im Atom zum Vergleich heranziehen. Auch dort treten Änderungen mehr als Sprünge von Konfiguration zu Konfiguration denn als meßbare Bewegungen von einer meßbaren Position zur anderen auf. Als Alternanten müssen die quantenphysikalischen Phänomene mit einer analytischen Methode behandelt werden, die einen Punkt in einer Struktur unter einer Gruppe von Bedingungen für einen Punkt in einer Struktur unter einer anderen Gruppe von Bedingungen substituiert — eine Methode ähnlich der, welche man bei der Analyse linguistischer Phänomene braucht.

Die ‹Apparate› der Linguistik

Die Physik und die Chemie benutzen als Wissenschaften der unbeseelten Materie vornehmlich unbeseelte Apparate und Substanzen für ihre Experimente. Auf ihrem heutigen Entwicklungsstand machen sie bei jedem Schritt hochkomplizierte physikalische Einrichtungen und enorme Investitionen erforderlich. Ihre Experimente sind teuer, und zwar sowohl absolut gesehen, als auch relativ zur Zahl der Wissenschaftler. Die experimentelle Biologie benutzt ebenfalls viele technische Apparate, doch das Wichtigste sind ihre Versuchstiere und -pflanzen, deren Futter und Unterbringung sowie Treibhäuser etc. Auch das ist alles in den heute benötigten Mengen teuer. Niemand aber knausert mit den Ausgaben für die biologische, physikalische und chemische Forschung, solange ein Fortschritt des Wissens und der allgemeinen Wohlfahrt in Aussicht steht.

Der Apparat der Linguistik ist erheblich billiger, kostet aber auch Geld. Der experimentelle Linguist benutzt und benötigt Versuchstiere. Nur sind seine ‹Tiere› Menschen. Sie sind seine Informanten und müssen für ihre Zusammenarbeit mit ihm bezahlt werden. Gelegentlich muß er in die Reservate von Indianern oder in afrikanische Dörfer reisen, wo seine Informanten leben. Manchmal ist es auch billiger, umgekehrt diese zu ihm reisen zu lassen. Die Informanten sind es, an denen die experimentelle Untersuchung vor sich geht. Sie sind ‹Apparate›, nicht Lehrer. Es ist genauso wichtig, in dieser Weise die Sprachen der Indianer, Afrikaner usw. zu studieren, wie englische Dialekte von Brooklyn, Boston, Richmond oder London.

Die Informanten sind sozusagen der fundamentale ‹Apparat›. Der Linguist kann aber seine Arbeit auch mit Hilfe mechanischer Werkzeuge verbessern und beschleunigen, geradeso wie ein Biologe seine Studien an Tieren und Pflanzen mit Hilfe von Mikroskopen, Röntgenapparaten und anderen teuren Instrumenten verbessert. Zum Beispiel hat für den Linguisten der kluge Gebrauch guter phonographischer Geräte hohen Wert, und vieles könnte mit Hilfe der sogenannten Elektronengehirne erreicht werden.

Obwohl die Linguistik eine sehr alte Wissenschaft ist, könnte man sie in ihrer modernen experimentellen Phase, deren Schwerpunkt in der Analyse der ungeschriebenen Sprache liegt, als eine der neuesten bezeichnen. Soviel wir zur Zeit wissen, wurde die Wissenschaft der Linguistik einige Jahrhunderte vor Christus durch einen gewissen PĀNINI [15] in Indien begründet. Ihre früheste Form nahm die allerneueste vorweg. PĀNINI arbeitete viel mit einer Algebra, das heißt mit einer Struktur-Symbolik. Er verwendete in recht moderner Weise Formeln zum Ausdruck der obligatorischen Strukturschemata des Sanskrit. Bei den Griechen sank das Niveau dieser Wissenschaft dann ab. Sie erwiesen sich darin den Hindus gegenüber als unendlich unterlegen, und die Nachwirkungen ihres Herumtappens hielten zweitausend Jahre an. Die moderne wissenschaftliche Linguistik begann mit der Wiederentdeckung von PĀNINI durch die westliche Welt im frühen neunzehnten Jahrhundert.

Und doch steckt die Linguistik hinsichtlich der Bereitstellung des von ihr benötigten Instrumentariums, des Minimums an Werkzeugen, Büchern und Informanten noch in ihren Kinderschuhen. Geld für instrumentelle Hilfen der oben genannten Art ist zur Zeit nur ein Wunschtraum. Vielleicht rührt dieser Zustand aus einem Mangel an jener Publizität her, welche die Naturwissenschaften haben und schließlich auch verdienen. Wir alle wissen heute, wie machtvoll und bedeutend die von Physik, Chemie und Biologie erforschten Kräfte sind. Die Menschen wissen aber im allgemeinen noch nicht, daß die Kräfte, die die Linguistik erforscht, ebenfalls mächtig und bedeutungsvoll sind, daß ihre Prinzipien jede Art von Übereinkommen und Verständnis zwischen menschlichen Wesen beherrschen und daß die Linguistik früher oder später in die Rolle eines Richters geraten wird, dem die anderen Wissenschaften ihre Resultate vorlegen, damit er untersuche, was sie bedeuten. Wenn diese Zeit kommt, dann wird es große, gutausgerüstete Laboratorien der Linguistik geben, wie es sie heute schon für die anderen exakten Wissenschaften gibt.

---

15 PĀNINI (etwa 5. oder 4. Jahrhundert v. Chr.), *Siddhānta kaumudī*. Grammatica Sanscrita. Calcutta 1811; deutsch: Acht Bücher grammatische Regeln. Hrsg. u. erläutert von O. Böhtlingk, Bonn 1839/40 (2. Aufl. Leipzig 1887). — PK.

III. Sprachen und Logik

Im Englischen haben die Sätze ‹I pull the branch aside› (Ich ziehe den Zweig beiseite) und ‹I have an extra toe on my foot› (Ich habe eine überzählige Zehe an meinem Fuß) wenig Ähnlichkeit. Sehen wir ab von dem Pronomen für das Subjekt und von dem Zeichen für das Präsens, den gemeinsamen Zügen, die für beide Sätze aus Erfordernissen der englischen Syntax stammen, so können wir sagen, es gebe keine Ähnlichkeit. In alltäglicher und selbst in wissenschaftlicher Ausdrucksweise würde man sagen, die Sätze seien verschieden, weil sie sich auf wesentlich verschiedene Sachverhalte beziehen. So etwa würde Herr Jedermann, der natürliche Logiker, argumentieren, und die formale Logik älteren Typs würde ihm vielleicht zustimmen.

Wir wenden uns nun an einen unparteiischen englisch sprechenden Wissenschaftler. Wir bitten ihn, er möge konkrete Fälle der beiden Arten darauf untersuchen, ob sie nicht doch ein von uns übersehenes Moment der Ähnlichkeit aufweisen. Höchstwahrscheinlich wird der Wissenschaftler die Urteile des Herrn Jedermann und des Logikers bestätigen. Dabei mag es durchaus sein, daß der Wissenschaftler in vielen Dingen nicht der Ansicht des Logikers der alten Schule ist und gar nicht enttäuscht wäre, wenn er jenem einen Fehler nachweisen könnte. Er muß jedoch zugeben, daß er es nicht kann. ‹Ich würde Ihnen gern einen Gefallen tun›, sagt er zu uns, ‹aber so sehr ich auch danach suche, ich kann zwischen diesen Sachverhalten keine Ähnlichkeit entdecken.›

Wir bestehen darauf, uns noch nicht geschlagen zu geben, und fragen uns, ob wohl ein Mensch vom Mars auch keine Ähnlichkeit sehen würde. Da weist uns ein Linguist darauf hin, es sei keineswegs nötig, bis zum Mars zu fliegen. Wir seien ja noch nicht einmal um diese Erde gewandert, um zu sehen, ob alle ihre vielen Sprachen diese beiden Sachverhalte ebenso verschieden klassifizieren, wie es die unsere tut. Wir finden nun im Shawnee [1] für unsere beiden Aussagen *ni-l'Θ awa-' ko-n-a* und *ni-l'Θ awa-'ko-Θ ite* (Θ steht für das englische *th* wie es in ‹thin› gesprochen wird, und das Apostroph zeigt einen Atemstop an). Diese Sätze sind sehr ähnlich. Sie unterscheiden sich nur am Ende, während gerade der Anfang einer Konstruktion im Shawnee allgemein der wichtige und betonte Teil ist. Beide Sätze beginnen mit *ni-* (Ich), das hier ein bloßes Präfix ist. Dann kommt das wirklich wichtige Schlüsselwort *l'Θ awa*, ein im Shawnee häufiger Begriff, der eine Gabelung, wie sie in der Figur 3, Nr. 1 verbildlicht ist, bezeichnet. Über das nächste Element, -'*ko*, können wir keine gesicherten Aussagen machen, aber es stimmt der Form nach mit einer Variante des Suffixes —*a'kw* oder —*a'ko*

---

1 Shawnee, im Deutschen auch Shoni: Indianersprache aus der zentral-algon-quinschen Sprachgruppe im Staate Oklahoma. — PK.

überein, das Baum, Busch, Baumteil, Zweig und alle Dinge der gleichen allgemeinen Gestalt bezeichnet. In dem ersten Satz bedeutet -*n*- ‹durch Tätigkeit der Hand›, und zwar entweder im Sinne einer Verursachung des Hauptsachverhalts (Gabelung) oder im Sinne einer Verstärkung oder in beiderlei Sinn. Das -*a* am Schluß zeigt an, daß das Subjekt (‹Ich›) die Handlung an einem geeigneten Objekt vollzieht. Der erste Satz sagt also ‹Ich ziehe es (etwas von der Art eines Zweiges am Baum) da, wo es sich gabelt, weiter auf oder auseinander›. Im zweiten Satz bedeutet das Suffix-*Θite* ‹zu den Zehen gehörig›, und die Abwesenheit weiterer Suffixe bedeutet, daß der Zustand sich an der eigenen Person des Subjekts zeigt. Dieser Satz kann daher nur besagen, ‹Ich habe einen überzähligen Zeh, der sich von einer normalen Zeh abgabelt wie ein Zweig›.

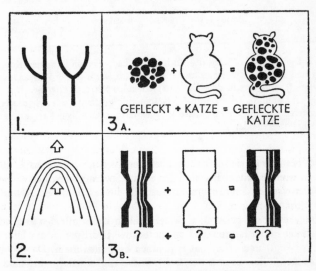

Fig. 3. Bildliche Andeutung einiger sprachlicher Auffassungen, die — wie im Text erläutert wird — nicht leicht definierbar sind.

Logiker und Wissenschaftler der Shawnees würden die beiden Sachverhalte als wesensmäßig ähnlich klassifizieren. Unser eigener Wissenschaftler, dem wir dies alles erzählen, richtet seine Untersuchungsinstrumente erneut auf die beiden Phänomene und entdeckt zu seiner Freude sofort eine deutliche Ähnlichkeit. Die Figur 4 illustriert eine ähnliche Lage: ‹Ich stoße seinen Kopf zurück› und ‹Ich werfe es ins Wasser und es schwimmt› sind zwei im Englischen sehr verschiedene und im Shawnee sehr ähnliche Sätze. Unter dem Gesichtspunkt der linguistischen Relativität ändert Herr Jedermann sein Urteil. Statt zu sagen, ‹Sätze sind

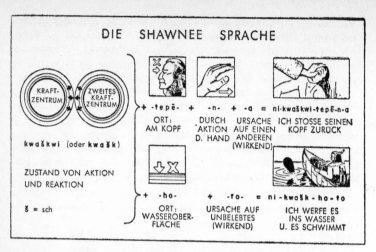

DIE SHAWNEE SPRACHE

KRAFT-ZENTRUM ⟷ ZWEITES KRAFT-ZENTRUM

kwaškwi (oder kwašk)

ZUSTAND VON AKTION UND REAKTION

š = sch

+ -tepē- + -n- + -a = ni-kwaškwi-tepē-n-a

ORT: AM KOPF — DURCH AKTION D. HAND — URSACHE AUF EINEN ANDEREN (WIRKEND) — ICH STOSSE SEINEN KOPF ZURÜCK

+ -ho- + -to- = ni-kwašk-ho-to

ORT: WASSEROBER-FLÄCHE — URSACHE AUF UNBELEBTES (WIRKEND) — ICH WERFE ES INS WASSER U. ES SCHWIMMT

Fig. 4. Die englischen Sätze ‹I push his head back› (Ich stoße seinen Kopf zurück) und ‹I drop it in water and it floats› (Ich werfe es ins Wasser, und es schwimmt) sind verschieden. Die entsprechenden Sätze in Shawnee sind einander sehr ähnlich. Dies zeigt: die Grammatik bestimmt, wie wir die Natur analysieren und ob wir Ereignisse als gleichartig (zur selben Kategorie gehörig) klassifizieren oder nicht.

verschieden, weil sie Aussagen über verschiedene Sachverhalte sind›, sagt er nun, ‹Sachverhalte sind für solche Sprecher verschieden, deren Sprachen verschiedene Formulierungen für die betreffenden Sachverhalte vorsehen›.

Umgekehrt wie bei obigen Beispielsfällen ist es mit den englischen Sätzen ‹The boat is grounded on the beach› (Das Boot ist am Ufer auf Grund gelegt) und ‹The boat is manned by picked men› (Das Boot ist mit ausgewählten Leuten bemannt). Diese englischen (und deutschen) Sätze scheinen uns ziemlich ähnlich. Beide sind Aussagen über ein Boot und über die Beziehung des Bootes zu anderen Objekten — so jedenfalls sieht es für UNS aus. Der Linguist würde den Parallelismus der grammatischen Struktur durch die für beide Sätze geltende Formulierung: ‹The boat is $x$ed preposition y› (Das Boot ist ge..x..t Präposition y) ausdrücken. Der Logiker würde die Analyse des Linguisten in die Form ‹A is in the state x in relation to y› (A ist im Zustand x in Relation zu y) bringen und dann vielleicht in die Formel $fA = xRy$ fassen (lies: f von $A = x$ Relation y, d. h.: Die Funktion von $A = x$ in Relation zu y. - PK). Solche symbolischen Methoden führen zu fruchtbaren Techniken rationaler Ordnung, regen unser Denken an und erbringen wertvolle Einsichten. Wir sollten uns aber klar sein, daß die Ähnlichkeiten und

Verschiedenheiten in den ursprünglichen Sätzen, die in der letztgenannten Formel formalisiert wurden, von der Wahl der Muttersprache abhängen und daß die Eigenschaften der gewählten Sprache sich am Ende als Eigenheiten der Struktur in der Matrix derjenigen symbolischen Logik oder Mathematik wiederfinden, die wir aufbauen.

In der Sprache der Nootka auf der Insel Vancouver lautet der erste der beiden Sätze über Boote *tlih-is-ma* und der zweite *lash-tskwiq-ista-ma*. Der erste hat also die Konstruktion *I-II-ma*, der zweite *III-IV-V-ma*, und die beiden sind ganz verschieden, denn das *ma* am Schluß ist nur das Zeichen für die dritte Person Indikativi. Keiner der beiden Sätze enthält irgendeine Bedeutungseinheit, die unserem ‹Boot› oder selbst ‹Kanu› verwandt wäre. Der Teil I des ersten Satzes bedeutet ‹punktweise sich bewegend› (moving pointwise) oder eine Bewegungsweise, wie sie die Figur 3, Nr. 2 andeutet. Er bezeichnet also etwa ‹fahren in einem oder als ein Kanu› oder ein Ereignis wie eine Position einer solchen Bewegung. Es handelt sich nicht um einen Namen für etwas, das wir als ein ‹Ding› bezeichnen würden, sondern eher um etwas wie einen Vektor in der Physik. Teil II sagt ‹auf dem Ufer›. *I-II-ma* bedeutet also ‹Es ist auf dem Ufer als punktweises Ereignis von Kanubewegung› und würde sich normalerweise auf ein Boot beziehen, das ans Land gekommen ist. In dem anderen Satz bedeutet Teil III ‹auswählen› und IV ‹Überrest, Resultat›, so daß III-IV den Sinn von ‹ausgewählt› hat. Teil V sagt ‹in einem Kanu (Boot) als Mannschaft›. Das Ganze *III-IV-V-ma* meint also entweder ‹Sie sind im Boot als Mannschaft ausgewählter Männer› oder ‹Das Boot hat eine Mannschaft ausgewählter Männer›. Und es bedeutet, daß das ganze Ereignis, bestehend aus Ausgewählten und Bootsmannschaft, als Prozeß vor sich geht (is in process).

‹Chemische› und ‹mechanische› Satzkombinationen

Infolge meiner Ausbildung als Chemie-Ingenieur ziehe ich gelegentlich gern Vergleiche zur Chemie. Vielleicht werden die Leser mich verstehen, wenn ich sage, die Art und Weise, in der die Kombinationen der Sätze in den Sprachen der Shawnee und Nootka zusammengesetzt sind, entspricht etwa einer chemischen Verbindung. Die Kombination im Englischen ähnelt dagegen mehr einer mechanischen Mischung. Die Mischung eines Eintopfessens kann aus allem Möglichen zusammengewürfelt sein und verändert die einzelnen Bestandteile äußerlich nicht wesentlich. Eine chemische Verbindung dagegen kann nur aus passenden Ingredienzien hergestellt werden, und das Ergebnis wird vielleicht nicht nur eine Suppe sein, sondern Kristalle oder eine Rauchwolke. Ähnlich scheinen die typischen Kombinationen im Shawnee oder Nootka mit einem Vokabular von Termen zu arbeiten, die nicht im Hinblick auf ihre einzelne unmittelbare gegenständliche Bedeutung (reference) [2] gewählt sind, sondern im Hinblick auf ihre Fähigkeit, sich in mannigfaltigen sinnreichen Weisen so verbinden zu lassen, daß sie neue und brauchbare Vorstellungen hervorrufen. Dieses Prinzip einer Terminologie und einer Art, Ereignisse zu analysieren, scheint den uns vertrauten Sprachen unbekannt zu sein.

Gerade diese Art, die Natur bis auf ein Grundvokabular zu analysieren, das vielfältige be-deutende und an-deutende Verbindungen zuläßt, ist das hervorragende Kennzeichen polysynthetischer Sprachen wie Nootka und Shawnee. Ihr typischer Charakter ist also nicht — wie einige Linguisten gemeint haben — eine Angelegenheit der Festigkeit oder Unauflöslichkeit ihrer Kombinationen. Der Shawnee-Term *l' Θ awa* kann wahrscheinlich auch für sich allein geäußert werden. Er würde dann aber bedeuten ‹Es (oder irgend etwas) ist gegabelt›, eine Aussage, die kaum die neuen Bedeutungen, die aus seiner Verbindung mit anderen Termini hervorgehen, ahnen läßt — jedenfalls für unser Denken oder unsere Art von Logik.

Shawnee und Nootka machen nicht ausschließlich von der chemischen Art der Synthese Gebrauch. Sie benutzen weithin auch eine mehr äußerlich verbindende Syntax, die allerdings als Struktur keine grundsätzliche Priorität hat. Selbst unsere indoeuropäischen Sprachen lassen die chemische Methode nicht ganz vermissen. Sie konstruieren jedoch selten Sätze mit ihr, zeigen kaum eine Andeutung ihrer Möglichkeiten und geben einer anderen strukturellen Methode die Priorität. Es war daher ganz natürlich, daß ARISTOTELES unsere traditionelle Logik gänzlich auf diese andere Methode begründete.

Ungenügen der mechanischen Denkweise

Lassen Sie mich noch eine andere Analogie heranziehen. Diesmal handelt es sich nicht um eine Analogie mit der Chemie, sondern mit der Kunst, der bildenden Kunst. Wir betrachten etwa ein gutes Stilleben und glauben, eine schimmernde Porzellanschale und einen flaumigen Pfirsich zu sehen. Analysieren wir das Bild aber, indem wir durch ein kleines Loch in einem Pappschirm blicken, der uns nicht gestattet, das ganze Bild auf einmal zu sehen, dann sehen wir nur noch merkwürdig geformte Farbkleckse und erhalten keinen Eindruck der Schale mit der Frucht. Die Synthesis, die das Bild als Ganzes zeigt, ist vielleicht der chemischen Art von Syntax verwandt, und das mag auf fundamentale psychologische Sachverhalte hinweisen, die sowohl in der Kunst als auch in

---

2 Vgl. zum richtigen Verständnis dieses Terminus meine zeichentheoretische Skizze auf Seite 146. — PK.

der Sprache eine Rolle spielen. Die mechanische Kombinationsmethode in Kunst und Sprache könnte hingegen etwa durch das Bild 3A in der Figur 3 (s. o. S. 33) gekennzeichnet werden. Das erste Element, ein Feld von Flecken, entspricht dem Adjektiv ‹gefleckt›, das zweite dem Substantiv ‹Katze›. Durch ihre Zusammensetzung erhalten wir ‹gefleckte Katze›. Man vergleiche die Technik von Nr. 3B in Figur 3. Die der ‹Katze› korrespondierende Figur hat in sich selbst nur eine vage Bedeutung — ‹sparrenartig› könnte man sagen —, und das erste Element ist noch unbestimmter. Verbunden erzeugen die beiden jedoch den Eindruck eines zylindrischen, schaftartigen Objektes.

Beiden Techniken ist ein systematischer synthetischer Gebrauch von Struktur gemeinsam. Und dies ist auch den Kombinationstechniken aller Sprachen gemeinsam. Ich habe unter die Elemente von Nr. 3B in der Figur 3 Fragezeichen gesetzt, um die Schwierigkeit einer parallelen Formulierung in englischer Sprache und die Tatsache anzudeuten, daß die Methode wahrscheinlich in der traditionellen Logik nicht vorgesehen ist. Und doch lassen die Untersuchungen anderer Sprachen und die von modernen Logikern selbst vorgetragenen Möglichkeiten neuer Typen der Logik vermuten, diese Sache könne für die moderne Naturwissenschaft von Bedeutung sein. Neue Arten der Logik können uns eventuell helfen, dahinterzukommen, wieso die Elektronen, die Lichtgeschwindigkeit und andere Gegenstände der Physik sich scheinbar so unlogisch verhalten. Und sie könnten uns helfen zu erkennen, daß Phänomene, die sich dem hartnäckigen ‹gesunden Menschenverstand› von gestern entziehen, dennoch wirklich sind. Moderne Denker haben schon lange darauf hingewiesen, daß die mechanische Denkweise angesichts der großen neuen Probleme der Naturwissenschaft festgefahren ist. Uns von dieser Denkweise zu befreien, ist jedoch außerordentlich schwierig, wenn wir keine linguistische Erfahrung mit irgendeiner anderen Art des Denkens haben, wenn selbst unsere führenden Logiker und Mathematiker keine andere zu bieten haben und — mangels einer linguistischen Erfahrung — offenbar auch gar nicht bieten können. Die mechanische Denkweise ist vielleicht gerade eine Art von Syntax, die dem alltäglichen Gebrauch der westlichen indoeuropäischen Sprachen durch Herrn Jedermann sozusagen naturgegeben ist, verfestigt und intensiviert durch ARISTOTELES und seine mittelalterlichen und modernen Nachfolger.

Erforschbarkeit der Logik des Verstehens

Wie ich in ‹Naturwissenschaft und Linguistik› (oben S. 7 ff) sagte, verleiten uns die Leichtigkeit des Sprechens und seine unterbewußte frühkindliche Erlernung dazu, Reden und Denken für problemlose und klare Angelegenheiten zu halten. Wir haben natürlicherweise das Gefühl, sie verkörperten nur unmittelbar einleuchtende Denkgesetze, die für alle Menschen gleich sind. Wir sprechen, um über Sachverhalte Übereinstimmung zu erzielen. Ich sage, ‹Schließe die Tür, bitte›, und der Angesprochene stimmt mit mir darin überein, ‹die Tür› bezeichne einen bestimmten Teil unserer Umgebung und mein Wunsch richte sich auf ein bestimmtes Tätigkeitsergebnis. Unsere Erklärungen, wie wir dieses Einverständnis erreicht haben, sind auf der Ebene alltäglichen gesellschaftlichen Umgangs ganz zufriedenstellend. Sie sind jedoch nur weitere Übereinkünfte (Feststellungen) über denselben Sachverhalt (Tür etc.), ergänzt und ausgeweitet durch Feststellungen über die gesellschaftlichen und persönlichen Bedürfnisse, die uns zur Kommunikation bringen. Dabei gibt es keine Denkgesetze. Aber die regelmäßigen Strukturen unserer Sätze geben uns das Gefühl, es lägen doch IRGENDWO Gesetze dahinter. Erklärungen des Verstehens von der Art: ‹Also ick hoch un saje ihm, sach ick, pass uff, warum machs'te nich ...!› treffen offenbar nicht den wirklichen Prozeß, durch den ‹er› und ‹ich› in Kommunikation stehen. Ebensowenig tun das psychologisch-soziologische Beschreibungen der sozialen und emotionalen Bedürfnisse, die die Menschen zur Kommunikation miteinander veranlassen, so gelehrt und interessant sie auch sein mögen. Ein ähnlich am Problem vorbeiführender Weg ist der des Übergangs von sprachlichen Sätzen über die Physiologie und ‹Stimuli› zur gesellschaftlichen Situation.[3]

Das WARUM des Verstehens mag noch geraume Zeit ein Geheimnis bleiben, aber das WIE, die Logik des Verstehens — der Hintergrund von Gesetzen oder regelmäßigen Zusammenhängen —, ist erforschbar. Es handelt sich um den grammatischen Hintergrund unserer Muttersprache, der nicht nur die Art und Weise einschließt, in der wir unsere Sätze konstruieren. In ihm liegt auch, wie wir die Natur und den Fluß der Erfahrung in diejenigen Gegenstände und Einheiten aufgliedern, über die wir mit den von uns konstruierten Sätzen Aussagen machen. Diese Sachlage ist von Bedeutung für die Naturwissenschaft. Sie bedeutet, die Naturwissenschaft KANN eine rationale oder logische Basis haben, sei diese auch eine relativistische und nicht Herrn Jedermanns natürliche Logik. Die Basis ist vielleicht überall von Sprache zu Sprache etwas verschieden, und wir könnten daher gezwungen sein, die Dimensionen dieses Variierens über die ganze Erde aufzeichnen zu müssen; dennoch handelt es sich um eine logische Basis mit erforschbaren Gesetzen. Die

---

3 Dieser Satz dürfte gegen J. B. WATSON, den Begründer des amerikanischen Behaviorismus in der Psychologie, und überhaupt gegen behavioristische Auffassungen gerichtet sein, die psychische, geistige und kulturelle Zusammenhänge auf physiologische Reiz-Reaktions-Zusammenhänge nach dem Modell des bedingten Reflexes zurückzuführen suchen. Siehe auch Anm. 3. S. 111. — PK.

hier vorgetragene Ansicht von der Wichtigkeit der Sprachen macht also
— wenn sie richtig sein sollte — keineswegs die wissenschaftlichen Denk-
und Forschungs-Methoden zu bloßen Instrumenten sozialer Anpassung und emotionaler Triebe.

Das Problem des ‹Sublinguistischen› oder ‹Superlinguistischen›

Überdies bedeutet nach meiner Meinung die enorme Wichtigkeit der
Sprache nicht notwendig, hinter ihr sei nichts mehr von dem, was man
traditionell ‹Geist› nennt. Meine eigenen Forschungen lassen mich annehmen, Sprache sei, so königlich auch ihre Rolle ist, gewissermaßen
nur ein oberflächliches Muster tieferer Bewußtseinsprozesse, welche die
Bedingung aller Kommunikation, alles Signalisierens und aller Sym-
bolisierungen sind und nötigenfalls auch ohne Sprache und Symbolismen in Kommunikation treten (wenngleich keine eigentliche ÜBEREIN-
KUNFT erreichen) können. Ich verstehe hier ‹oberflächlich› in dem Sinne,
in dem zum Beispiel alle chemischen Prozesse als oberflächlich gegenüber jenen tieferen physikalischen betrachtet werden können, die sich
auf den Ebenen der Atome, der Elektronen oder noch darunter abspielen. Niemand würde wohl aus dieser Aussage herauslesen, die Chemie
sei UNWICHTIG. Die Pointe liegt in der Tat vielmehr darin, daß das Ober-
flächlichere zugleich in einem bestimmten operativen Sinn das Wichti-
gere sein kann. Vielleicht gibt es sogar so etwas wie ‹die Sprache› gar
nicht! Die Aussage, ‹Denken ist eine Angelegenheit der SPRACHE›, ist
eine unkorrekte Verallgemeinerung des schon etwas richtigeren Satzes,
‹Denken ist eine Angelegenheit verschiedener Muttersprachen›. Die verschiedenen Muttersprachen sind die wirklichen Gegebenheiten. Wenn
wir von ihnen aus nach einem Allgemeinen suchen, so wird das vielleicht nicht irgendein Universalbegriff von ‹Sprache› sein, sondern etwas
Besseres — etwas ‹Sublinguistisches› oder ‹Superlinguistisches› — und
etwas, das, so anders es auch sein mag, NICHT etwas VÖLLIG ANDERES als
das ist, dem wir heute das Adjektiv ‹geistig› beilegen. Diese Verallgemeinerung würde die Wichtigkeit zwischen-sprachlicher Studien für unseren Forschungsbereich nicht vermindern, sondern verstärken.

Zukunftweisende Bedeutung einer ‹kontrastiven Linguistik›

Um die Welt der lebenden Arten zu verstehen, mußten die Botaniker
und Zoologen alle Arten in allen Teilen der Welt beschreiben und dieser
Beschreibung noch eine zeitliche Perspektive geben, indem sie die fos-
silen Formen mit aufnahmen. Weiter fanden sie es notwendig, die Ar-

ten zu vergleichen und genauer zu unterscheiden sowie Familien und Klassen, Entwicklungslinien, die Morphologie und die Taxonomie[4] auszuarbeiten. In der Sprachwissenschaft ist eine ähnliche Entwicklung im Gange. Das ferne Ziel, dem sie zustrebt, ist eine neue Technologie[5] der Sprache und des Denkens. Man hat bei dem Versuch, die Sprachen nach genetischen Familien jeweils einheitlichen Ursprungs zu klassifizieren und die Stadien der Entwicklung in diesen Sprachfamilien zurückzuverfolgen, gute Fortschritte gemacht. Das Resultat solcher Forschung ist die sogenannte ‹vergleichende Linguistik›. Für die Zukunft wird vielleicht etwas noch wichtiger sein, was man ‹kontrastive Linguistik› nennen könnte. Sie verfolgt die hervorstechenden Unterschiede zwischen den Sprachen — in der Grammatik, in der Logik und in der allgemeinen Erfahrungsanalyse.

Wie ich oben S. 12 u. 38 sagte, ist die Aufgliederung der Natur ein Aspekt der Grammatik — ein Aspekt, den die Grammatiker bisher wenig erforscht haben. Wir gliedern und ordnen die mit- und nacheinander auftretenden Ereignisse vornehmlich deshalb gerade so, wie wir es tun, weil wir durch unsere Muttersprache an einem Abkommen darüber beteiligt sind, nicht aber weil die Natur selbst etwa in genau dieser Weise und für jedermann gegliedert ist. Sprachen unterscheiden sich nicht nur darin, wie sie ihre Sätze aufbauen, sondern auch darin, wie sie die Natur zerschneiden, um jene Elemente zu bekommen, aus denen sie die Sätze aufbauen. Dieses Zerschneiden ergibt die Wörter im Lexikon. ‹Wort› ist allerdings kein sehr gutes ‹Wort› für sie. Man hat auch den Begriff ‹Lexem› vorgeschlagen. Hier wird uns die Bezeichnung ‹Term› genügen. Durch die mehr oder weniger verschiedenen Terme schreiben wir Teilen der Erfahrung ein halbfiktives isoliertes Dasein zu. Englische Terme wie ‹sky› (Himmel), ‹hill› (Hügel), ‹swamp› (Sumpf) verführen uns dazu, irgendeinen ungreifbaren Aspekt der unendlich mannigfaltigen Natur wie ein abgesondertes DING, ungefähr wie einen Tisch oder einen Stuhl zu betrachten. Wir denken im Englischen und in ähnlichen Sprachen über das Universum so, als sei es eine Kollektion von gesonderten Dingen und Vorgängen, die unseren Worten entsprechen. In der Tat, dies ist das in der klassischen Physik und Astronomie implizierte Weltbild: das Universum ist im wesentlichen eine Kollektion von gesonderten Objekten verschiedener Größe.

Die von den älteren Logikern bei der Behandlung dieser Frage benützten Beispiele sind meist schlecht ausgewählt. Tische, Stühle und Äpfel auf Tischen wurden als Belegstücke bevorzugt, um die objektar-

---

4 griech. *taxis*, Anordnung + *nomos*, Gesetz = jede Klassifikation von Sachen nach den diesen Sachen selbst eigentümlichen Verhältnissen. — PK.

5 Im englischen Text steht *technology*. Vom Kontext her erwartet man jedoch hier eher *taxonomy*. — PK.

tige Natur der Wirklichkeit und ihre genaue Entsprechung mit der Logik aufzuweisen. Die Artefakte des Menschen und die landwirtschaftlichen Produkte, die er von den lebenden Pflanzen trennt, haben einen einzigartigen Grad von Isolierung. Es ist daher ohne weiteres zu erwarten, daß die Sprachen gesonderte Terme für sie enthalten. Die wirklich interessante Frage ist nicht, was verschiedene Sprachen mit solchen künstlich isolierten Objekten tun, sondern: Was tun sie mit der fließenden Natur in ihrer Bewegung, Farbigkeit und wechselnden Form — mit Wolken, Ufern und dem Flug der Vögel? Denn: so wie wir das Antlitz der Natur aufgliedern, so wird unsere Physik des Kosmos sein.

In dieser Hinsicht finden wir Unterschiede der Gliederung und der Wahl der Grundterme. Wir [Europäer] könnten zum Beispiel etwas in der Natur isolieren, indem wir sagen: ‹Es ist eine rieselnde Quelle›. Ein Apache konstruiert die Aussage über einem Verbum *ga*: ‹weiß-sein› (die Bedeutung schließt auch ‹klar›, ‹farblos› usw. ein). Mit dem Präfix *nö-* kommt die Bedeutung einer abwärtsgerichteten Bewegung hinzu und wir haben etwa: ‹weiße Abwärtsbewegung›. Dann kommt das Präfix *tó*, das sowohl ‹Wasser› wie ‹Quelle› bezeichnet. Das Resultat entspricht unserer Form ‹rieselnde Quelle›, aber synthetisch ist der Sinn etwa ‹Wie Wasser oder Quellen, weiße Abwärtsbewegung›. Wie wenig ähnelt das unserer Denkweise! Das gleiche Wort *ga* mit einem Präfix der Bedeutung ‹ein Ort manifestiert den Zustand› wird zu *gohlga* und sagt: ‹Der Ort ist weiß, klar; ein freier Platz, eine offene Ebene›. Diese Beispiele zeigen, daß manche Sprachen Aussagemittel haben — ich nannte sie oben chemische Verbindungen —, in denen die einzelnen Terme nicht so getrennt sind wie im Englischen. Sie fließen vielmehr zu plastisch-synthetischen Gebilden zusammen. Solche Sprachen zeichnen nicht im selben Maße wie das Englische und verwandte Sprachen das Universum als eine Kollektion separater Objekte. Sie verweisen uns damit auf Möglichkeiten neuer Typen der Logik und auf mögliche neue Bilder vom Kosmos.

Beispiele kontrastierender Satztypen

In den indoeuropäischen Sprachen und in vielen anderen spielt ein Satztypus mit zwei Teilen die Hauptrolle. Jeder der beiden Teile wird um eine Wortklasse herumgebaut, um die Substantive und um die Verben, die von diesen Sprachen grammatikalisch verschieden behandelt werden. Wie ich oben S. 12 ff sagte, ist diese Unterscheidung nicht aus der Natur abstrahiert. Sie ist einfach eine Folge der Tatsache, daß jede Sprache irgendeine Art von Struktur haben muß. Unsere Sprachen verwenden eben diese. Die Griechen und ganz besonders ARISTOTELES haben den Gegensatz ‹Substantiv : Verb› noch hervorgehoben und ein Gesetz der Vernunft daraus gemacht. Seitdem hat er in der Logik viele verschiedene

Fassungen gefunden: Subjekt und Prädikat, Täter und Tätigkeit, Dinge und Relationen zwischen ihnen, Objekte und ihre Attribute, Quantitäten und Operationen. Ebenfalls unter dem Einfluß unserer Grammatik wurzelte sich die Auffassung ein, die eine der beiden Klassen, die der Substantive, bezeichne selbständige, an sich existierende Dinge, während die Klasse der Verben sich auf Gegenstände beziehe, die nicht allein für sich existieren können, sondern eines ‹Dinges› (aus der ersten Klasse) bedürfen, an dem sie hängen wie an einen Pflock. ‹Verkörperung ist notwendig›, lautet die Parole dieser Ideologie. Sie wird selten ERNST-HAFT in Frage gestellt. Und doch stellt die ganze Entwicklung der modernen Physik mit ihrer Hervorhebung des ‹Feld›-Begriffs implizite diese Ideologie in Frage. Jene Unterscheidung macht sich in unserer Mathematik in zwei Arten von Symbolen bemerkbar – den Zeichen von der Art 1, 2, 3, 4, x, y, z einerseits und den Zeichen von der Art $+$ $,-$, $\sqrt{\ }$, log. andererseits. Allerdings ist hier wegen der Zeichen 0, $^1/_2$, $^3/_4$, π usw. vielleicht keine strikte Klassifizierung in zwei Gruppen haltbar. Die Trennung zweier Gruppen ist aber im Hintergrund des Denkens stets gegenwärtig, auch wenn sie oft keinen äußerlich faßbaren Ausdruck findet.

Die Indianersprachen zeigen uns, wie man mit einer passenden Grammatik rationale Sätze bilden kann, die nicht in Subjekt und Prädikat auflösbar sind. Jede versuchte derartige Auflösung war bisher eine Auflösung irgendeiner englischen Übersetzung oder Paraphrase des betreffenden Satzes, nicht aber des indianischen Originalsatzes selbst. Wir könnten ebensogut versuchen, ein gewisses synthetisches Harz in Zelluloid und Schlämmkreide zu zerlegen, weil das Harz mit Zelluloid und Schlämmkreide imitiert werden kann. Die Familie der Algonquin-Sprachen, zu denen Shawnee gehört, benützt einen Satztypus von der Art unserer Subjekt-Prädikat Sätze. Daneben spielt jedoch der Typus eine Hauptrolle, der durch unsere Beispiele im Text und in der Figur 3 angedeutet ist. Wir haben allerdings oben *ni-* in unserer Übersetzung durch ein Subjekt wiedergegeben, *ni-* bedeutet aber ebensowohl ‹mein› wie ‹ich›, und jener Satz könnte auch so übersetzt werden: ‹Meine Hand zieht den Zweig beiseite›. Das *ni-* könnte auch fehlen. In dem Falle würden wir leicht ein Subjekt konstruieren, zum Beispiel mit ‹Er, Es, Jemand›, oder wir würden aus irgendeinem der anderen Elemente des Shawnee-Satzes für unseren englischen Satz ein Subjekt machen.

Kommen wir zum Nootka [s. oben S. 35], so ist die einzige Satzart eine solche ohne Subjekt und Prädikat. Etwas unserem Terminus ‹Prädikation› Entsprechendes wird gebraucht, aber es bedeutet ‹Satz›. Im Nootka gibt es keine Satzteile; die einfachste Äußerung ist ein Satz, der von irgendeinem Ereignis oder Ereigniskomplex handelt. Lange Sätze sind Sätze aus Sätzen (komplexe Sätze) und nicht Sätze aus Wörtern. In der Figur 5 haben wir einen einfachen, nicht einen komplexen

Nootka-Satz vor uns. Die Übersetzung ‹Er lädt Leute zu einem Festessen› vollzieht eine Spaltung in Subjekt und Prädikat. Der Originalsatz tut das nicht. Er beginnt mit dem Ereignis *tl'imsh* = ‹kochen›; dann kommt *-ya* (‹Resultat›) = ‹gekocht›, dann *-'is* ‹essen› = ‹essen Gekochtes›, dann *-ita* (‹Agens›) = ‹Gekochtes-Essende›, dann *-'itl* ‹holen›, dann *-ma*, das Zeichen für die dritte Person Indikativ. So erhalten wir *tl'imshya'isita'itlma* und die grobe Paraphrase ‹Er oder jemand holt (lädt ein) Esser von Gekochtem›.

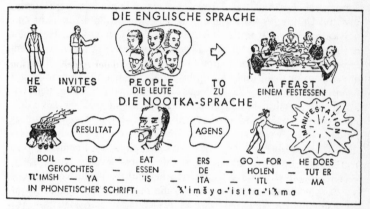

Fig. 5. Die verschiedenen Weisen, in denen der gleiche Vorgang im Englischen und im Nootka formuliert wird. Der englische Satz kann in Subjekt und Prädikat zerlegt werden, der Nootkasatz nicht. Dennoch ist auch dieser vollständig und logisch. Der Nootkasatz ist nur ein Wort, welches aus der Wurzel *tl'imsh* und fünf Suffixen besteht.

Die englische Technik der Aussage stützt sich auf die zwei künstlichen Klassen der Substantive und Verben und auf die zweiteilende Ideologie von der Natur, die wir besprochen haben. Unsere normalen Sätze müssen, wenn es sich nicht um Imperative handelt, irgendein Substantiv vor ihrem Verb haben. Diesem Erfordernis entspricht die philosophische wie auch die alltägliche Auffassung von einem Täter, der eine Tätigkeit ausübt. Diese Auffassung bestünde vielleicht nicht, wenn das Englische Tausende von solchen Verben wie ‹halten› hätte, die Positionen bezeichnen. Aber die meisten unserer Verben fallen unter einen Typus, der aus der Natur etwas isoliert, was wir ‹Tätigkeiten› nennen, also etwas, das sich in Bewegung befindet.

Der Majorität gehorchend lesen wir ein Tun in jeden Satz hinein, selbst in einen solchen wie ‹Ich halte es›. Ein Augenblick der Überlegung kann uns belehren, daß ‹halten› keine Tätigkeit, sondern ein Zustand relativer Positionen ist[6]. Aber wir denken es und sehen es sogar als eine Tätigkeit, weil die Sprache es genauso formuliert wie die viel häufigeren Ausdrücke der Art ‹Ich schlage es›, die sich auf Bewegungen und Änderungen beziehen.

Wir lesen dauernd fiktive Täterwesen in die Natur hinein, nur weil unsere Verben Substantive vor sich haben müssen. Wir müssen sagen, ‹Es blitzt› oder ‹Ein Licht blitzt› und damit einen Täter, ‹Es› oder ‹Ein Licht›, konstruieren, der ausführt, was wir eine Tätigkeit nennen: ‹blitzen›. Das Blitzen und das Licht aber sind ein und dasselbe! Die Hopisprache berichtet das Blitzen mit einem einfachen Verb, *rephi*: ‹blitzen›. Da gibt es keine Teilung in Subjekt und Prädikat, nicht einmal ein Suffix wie -*t* im lateinischen *tona-t* ‹es donnert›. Im Hopi gibt es Verben ohne Subjekte, eine Tatsache, die dieser Sprache als einem logischen System vielleicht große Möglichkeiten zum Verständnis gewisser Aspekte des Universums gibt, Möglichkeiten, die wahrscheinlich nie entwickelt werden. Die moderne Naturwissenschaft ist auf dem Boden unserer westlichen indoeuropäischen Sprachen entstanden, und deshalb geht es ihr sicherlich oft genauso wie uns allen: sie sieht Tätigkeiten und Kräfte, wo es vielleicht besser wäre, Zustände zu sehen. Allerdings ist auch ‹Zustand› ein Substantiv. Als ein solches genießt es das überragende Prestige, das die Klasse der Subjekte oder Dinge traditionell hat. Daher ist die Naturwissenschaft nur zu bereit, von Zuständen zu sprechen — vorausgesetzt, sie kann den Begriff wie ein Substantiv manipulieren. Vielleicht wäre es besser, wenn wir, statt von den ‹Zuständen› eines Atoms oder einer in Teilung befindlichen Zelle zu reden, einen mehr verbalen Begriff mit gleicher Leichtigkeit benutzen könnten — jedoch ohne den verborgenen Hintergrund von Täter und Tätigkeit.

Das falsche Ideal einer Weltsprache

Ich kann diejenigen gut verstehen, die immer fordern: ‹Sage es in klarem, einfachem Englisch›, besonders wenn sie damit gegen den leeren Formalismus einer mit pseudogelehrten Wörtern überladenen Rede

---

6 Dieser Satz wird dem kritischen Leser nur verständlich sein, wenn er beachtet, daß WHORF hier sozusagen von dem *reinen* ‹halten› spricht. Hier ist nicht die Rede von Tätigkeiten wie dem ‹Hochhalten› von etwas (das mir sonst entfallen würde) oder dem ‹Festhalten› z. B. einer Person (die sich von mir zu entfernen trachtet) etc. In allen solchen Fällen liegt natürlich ein Kraft- und Arbeitsaufwand und also eine Tätigkeit i. e. S. des Wortes vor, im ‹bloßen Halten›, dem der Sinn unserer Rede von ‹etwas Behalten› gelegentlich nahekommt, aber nicht. Erst wenn man die Möglichkeit dieses Begriffes des ‹bloßen Haltens› verstanden hat, sollte man sich fragen, ob WHORF mit seiner Argumentation in diesem Absatz recht hat. — PK.

protestieren. Aber — das Denken auf die Strukturschemata des Englischen und insbesondere auf jene Schemata zu beschränken, die die Krone der Einfachheit tragen, heißt Denkmöglichkeiten aufzugeben, die, einmal verloren, nie zurückgewonnen werden können. Gerade das ‹einfachste› Englisch enthält die größte Anzahl unbewußter Annahmen über die Natur. Darin liegt auch der Fehler aller solcher Pläne wie desjenigen für das ‹Basic English›. Damit wird einer vertrauensvollen Welt ein ausgelaugtes britisches Englisch als Substanz der reinen Vernunft aufgeschwätzt, in dem die verdeckten Voraussetzungen stärker denn je wirksam sind. Wir gebrauchen selbst unser einfaches Englisch viel wirkungsvoller, wenn wir das vom Standpunkt eines überlegenen mehrsprachigen Bewußtseins aus tun. Aus diesem Grunde glaube ich, alle, die auf eine zukünftige einheitliche Weltsprache hoffen — sei diese nun Englisch, Deutsch, Russisch oder irgendeine andere Sprache —, laufen einem falschen Ideal nach. Seine Verwirklichung würde der Entwicklung des menschlichen Geistes den schlechtesten Dienst tun. Die westliche Kultur hat durch ihre Sprache eine vorläufige Analyse der Realität geleistet. Wenn es kein Korrektiv mehr für sie gibt, wird sich alle Welt entschlossen an diese Analyse als eine endgültige halten. Die einzigen Korrektive aber liegen in all jenen anderen Sprachen, die durch Äonen einer unabhängigen Entwicklung zu ganz anderen, ebenso logischen und ebenso vorläufigen Analysen gelangt sind.

In einem wertvollen Artikel ‹Modern Logic and the task of the natural sciences› (Die moderne Logik und die Aufgabe der Naturwissenschaften), sagt HAROLD N. LEE: ‹Diejenigen Wissenschaften, deren Gegenstände quantitativ meßbar sind, wurden darum mit dem relativ größten Erfolg entwickelt, weil wir über andere Ordnungssysteme als die in der Mathematik exemplifizierten so wenig wissen. Wir können jedoch mit Sicherheit sagen, daß es andere Arten von Ordnungssystemen gibt. Die Entwicklung der Logik in den letzten fünfzig Jahren hat das deutlich angezeigt. Wir dürfen daher, wenn die fortschreitende Logik uns ein adäquates Wissen anderer Ordnungssysteme verschafft, auf vielen Gebieten bereits bestehender Wissenschaften Fortschritte erwarten. Und wir dürfen außerdem erwarten, daß die Forschungsmethoden in vielen Bereichen, in denen sie zur Zeit nicht den Charakter strenger Wissenschaft haben, diesen Charakter bekommen werden, wenn neue Ordnungssysteme zur Verfügung stehen.›[7] Dem kann man hinzufügen: ein wichtiges Feld für die Ausarbeitung neuer Ordnungssysteme, die mit den mathematischen verwandt, aber nicht identisch sind, liegt in dem Gebiet derjenigen Sprachen, die dem Typus nach von den unseren ganz verschieden sind. Dieses Gebiet muß noch viel nachdrücklicher als bisher erforscht werden.

---

7 Sigma Xi Quarterly, 28 (Herbst 1940), S. 125.

IV. Sprache, Geist und Wirklichkeit

1

Die modernen Fachsprachen als Hindernis
des wissenschaftlichen Fortschritts

Es bedarf heute keines tiefdringenden Blickes mehr, um zu sehen, daß die Naturwissenschaft, die Große Offenbarung der modernen westlichen [1] Kultur, ohne ihren Willen an eine ganz neue Kampffront geraten ist. Sie muß nun entweder ihre Toten begraben, ihre Reihen schließen und in eine Landschaft vordringen, die zunehmend fremdartiger wird und mit Dingen angefüllt ist, die einem kulturbefangenen Verstand anstößig sind, oder sie wird, nach einem treffenden Wort CLAUDE HOUGHTONS, zum Plagiator ihrer eigenen Vergangenheit werden. Im Grunde wurde die neue Front schon in sehr alter Zeit vorausgeahnt. Man gab ihr damals einen Namen, der uns in einer Wolke von Mythen überliefert ist: Babel. Die langen heroischen Bemühungen der Naturwissenschaft, strenge Tatsachenwissenschaft zu sein, haben sie nun endlich mit den ganz unvermuteten Tatsachen der sprachlichen Struktur in Verwicklung gebracht. Die ältere klassische Naturwissenschaft hat diese Tatsachen niemals als solche anerkannt, untersucht oder gar verstanden. Eben deshalb kamen sie unbemerkt durch die Hintertür in ihr Gebäude und wurden für das Wesen der Vernunft selbst gehalten.

Was wir ‹wissenschaftliches Denken› nennen, ist eine spezielle Entwicklung des westlichen indoeuropäischen Sprachtypus, der nicht nur eine Reihe verschiedener Dialektiken, sondern auch eine Menge verschiedener Dialekte oder Fachsprachen entwickelt hat. DIESE FACHSPRACHEN WERDEN SICH HEUTE GEGENSEITIG UNVERSTÄNDLICH. Der Terminus ‹Raum› zum Beispiel wird und kann für einen Psychologen nicht dasselbe bedeuten wie für einen Physiker. Selbst wenn sich die Psychologen entschließen sollten, den Begriff ‹Raum› auf Biegen oder Brechen nur in der Bedeutung zu gebrauchen, die er für den Physiker hat — sie könnten das einfach nicht. Sie könnten es genausowenig, wie ein Engländer das Wort ‹sentiment› im Englischen mit derselben Bedeutung gebrauchen kann, die der ähnlich buchstabierte, funktional aber andere französische Ausdruck ‹le sentiment› im Französischen hat.

---

1 Angesichts des heute üblichen Gebrauchs der Vokabel ‹westlich› ist es nötig, darauf hinzuweisen, daß sie sich bei WHORF nirgends auf den uns geläufigen politischen Ost-West-Zerfall der Welt bezieht. ‹Westlich› bezeichnet bei WHORF die indoeuropäische Kultur- und Sprachfamilie. Diesem ‹Westen› steht nicht ein Osten, sondern die ganze Mannigfaltigkeit der zahlreichen sehr verschiedenen nicht-indoeuropäischen Kulturen und Sprachen (des fernen Ostens, Amerikas, Afrikas, Polynesiens etc.) gegenüber. — PK.

Derartiges führt auch keineswegs etwa nur zu kleinen Verwirrungen, die ein guter Übersetzer beseitigen könnte. Die Verwirrung geht viel tiefer. In jeder Sprache und jeder durchgeformten fachtechnischen Subsprache sind bestimmte Gesichtspunkte und bestimmte systematisch verknüpfte Widerstände gegen stark abweichende Standpunkte eingebaut. Das gilt insbesondere, wenn die Sprachen der Erde nicht in ihrer ganzen Verschiedenheit überschaut werden, sondern, wie üblich, eine — die örtlich beschränkte Muttersprache oder die sachlich beschränkte Fachsprache des individuellen Denkers — als selbstverständlich angenommen und für den Inbegriff von Sprache überhaupt gehalten wird. Die genannten Widerstände isolieren nicht nur künstlich die einzelnen Wissenschaften gegeneinander, sie hindern auch die wissenschaftliche Forschung im ganzen daran, den nächsten großen Schritt ihrer Entwicklung zu tun. Dieser Schritt verlangt ganz neue Gesichtspunkte und eine vollständige Loslösung von gewissen Traditionen. Denn bestimmte linguistische Strukturen, die in den Fachsprachen der Wissenschaften verhärteten, die oft auch in den Mutterboden der europäischen Kultur eingebettet sind, aus dem jene Wissenschaften hervorgingen, und die lange als reine Vernunft *per se* angebetet wurden, sind zu Tode geritten worden. Selbst die Naturwissenschaft spürt das Ungenügen jener Strukturen für die Erfassung mancher vielleicht sehr bedeutsamer Aspekte der Realität, an deren nun fälliger Aufdeckung aller weiterer Fortschritt in unserem Verständnis des Universums hängen könnte.

Die neue Aufgabe:
Überprüfung der sprachlichen Hintergründe des Denkens

Einer der wichtigsten zukünftigen Schritte der westlichen Wissenschaft ist also eine Überprüfung des sprachlichen Hintergrundes ihrer Denkweisen und überhaupt allen Denkens. Wenn ich diese Gedanken hier vor theosophischen Lesern[2] entwickle, so geschieht das nicht, um irgendeine theosophische Lehre zu bestätigen oder zu bejahen. Unter den Gruppen von Menschen, mit denen ich zusammengekommen bin, scheinen jedoch die Theosophen zu denen zu gehören, die am fähigsten sind, sich für neue Gedanken zu begeistern. Und es ist mein Anliegen, einen Gedanken allen zu erläutern, die im Falle des Fortbestehens unserer Kultur über die gegenwärtige Krise hinaus durch die Ereignisse in eine führende Rolle bei der Neuordnung der menschlichen Zukunft gedrängt werden könnten.

---

2 WHORF interessierte sich für indische Philosophien. Dieses Interesse verband ihn mit FRITZ KUNZ, dem Begründer der Zeitschrift ‹Main Currents in Modern Thought›, auf dessen Veranlassung hin er den vorliegenden Artikel für die Zeitschrift ‹Theosophist› (Madras, Indien) schrieb. — PK.

Der Gedanke, um den es mir geht, ist zu einschneidend, um ihn mit einem Schlagwort auszudrücken. Ich möchte ihm lieber keinen Namen geben. Es handelt sich um die Ansicht, daß die Wissenschaften vor der Entdeckung einer rein gedanklichen Welt, einer unräumlichen Welt höherer Dimensionen stehen, durch die sie vereinigt und vereinheitlicht werden. Der wichtigste Aspekt dieser Welt ist der eines Gebietes von STRUKTURIERTEN ZUSAMMENHÄNGEN, die unvorstellbar mannigfaltig sind und dennoch eine erkennbare Affinität zu der reichen und systematischen Ordnung der SPRACHE haben. Unter ‹Sprache› verstehe ich hier auch Mathematik und Musik, die im Grunde gleicher Abstammung mit der Sprache sind. Der Gedanke ist älter als PLATON und zugleich so neu wie unsere revolutionärsten Denker. Er ist in WHITEHEADS Welt der ‹prehensive aspects›[3] impliziert und in der Relativitätstheorie der Physik mit ihrem vierdimensionalen Kontinuum und ihrem Riemann-Christoffel-Tensor, der die EIGENSCHAFTEN DER WELT an jedem beliebigen Punkt-Moment zusammenfaßt. Eine seiner anregendsten modernen Darstellungen und meines Erachtens seine originellste ist das ‹Tertium Organum› von OUSPENSKY. Alles, was ich an vielleicht Neuem dazu zu sagen habe, handelt davon, wie sich die unbekannte größere Welt — jene Welt, zu der sich die physikalische nur wie eine Oberfläche oder Haut verhält und IN DER wir doch sind, ZU DER WIR GEHÖREN — IN DER SPRACHE VORANKÜNDIGT. Denn der Zugang zur Realität, den sich die moderne Naturwissenschaft durch die Mathematik bahnt, ist auch nur der Zugang durch einen speziellen Fall von Sprache.

Die Strukturschichten der linguistischen Phänomene

Nach dieser Ansicht sind die von mir so genannten Strukturschemata in einem wirklich universalen Sinn grundlegend. Sie bilden ganzheitliche Gefüge, die den Gestalten der Gestaltpsychologie verwandt sind und die in kontinuierlicher Progression von immer größeren Ganzheiten umfaßt werden. Das Bild des Kosmos hat so den Charakter einer reihenartigen hierarchischen Ordnung von Stufen oder Schichten. Da die verschiedenen Naturwissenschaften diese Reihenordnung nicht sehen, schneiden sie sozusagen Segmente aus der Welt heraus, die vielleicht quer zur Richtung der natürlichen Schichten liegen. Oder sie halten ein, wenn sie an eine Schichtgrenze stoßen und Phänomene eines ganz anderen Typs auftreten, die sich vielleicht gar den älteren Beobachtungsmethoden völlig entziehen.

---

3 Dieser Terminus ist außerhalb seines Kontextes nicht ohne Irreführung zu übersetzen. Vgl. daher A. N. WHITEHEAD, *Science and the Modern World*. 5. Aufl. New York 1954, S. 71 ff u. 105 ff. — PK. (Herr Werner Schneider, Göttingen, war so freundlich, die Stellen bei Whitehead aufzusuchen.)

In der Sprachwissenschaft dagegen zwingen die Tatsachen ihres Forschungsgebietes zur Anerkennung einer Reihenordnung von Ebenen, deren jede durch ein feststellbares Gefüge von Strukturen definiert ist. Es ist, als ob wir auf eine Wand blicken, die mit einem spitzenartigen feinen Maßwerk bedeckt ist. Dann sehen wir, wie dieses Maßwerk den Grund eines gröberen, aber immer noch sehr feinen Blumenmusters bildet. Während wir dessen gewahr werden, entdecken wir in dem Blumenmuster eine Menge Lücken, die wie Schnörkelwerk angeordnet sind. Und wir finden weiter, daß Gruppen solcher Schnörkel Buchstaben formen, daß die Buchstaben, wenn wir ihnen in der richtigen Reihenfolge nachgehen, Wörter ergeben, daß die Wörter untereinanderstehen wie in Listen, auf denen man Gegenstände registriert und klassifiziert, und so weiter: in kontinuierlicher Überlagerung und Überformung der Muster. Bis wir schließlich finden: diese Wand ist — ein großes Buch der Weisheit!

Die erste Schicht ‹unterhalb› der eigentlich linguistischen Phänomene ist eine physikalisch-akustische. Sie besteht aus Schallwellen. Dann kommt die physiologisch-phonetische Ebene mit den Strukturen für die Bewegung der Muskeln und Sprechorgane; darauf die Ebene der Phoneme mit Strukturen, die für jede Sprache eine systematische Gruppe von Konsonanten, Vokalen, Akzenten, Tönungen etc. festlegen; danach die morphophonemische Ebene, in der die ‹Phoneme› der vorhergehenden Schicht zu ‹Morphemen› (Wörtern und Wortteilen wie Suffixen etc.) kombiniert sind; dann die Ebene der Morphologie; dann die der verwickelten, weithin unbewußten Strukturschemata, die unter den z. Z. zu bedeutungslosen Namen der Syntax fallen; und weitere Ebenen, deren volle Bedeutung uns vielleicht eines Tages aufgehen und uns verblüffen wird.

Analogie zwischen ‹Mantra Yoga›
und mathematischer Formelsprache

Das Sprechen ist die beste Leistung des Menschen. Es ist ganz eigentlich sein ‹Akt› auf der Bühne der Evolution, in welchem er vor die Kulisse des Kosmos tritt und wirklich ‹seine Rolle spielt›. Wir ahnen jedoch: die zuschauenden Götter merken, daß die Ordnung, in der seine erstaunliche Sammlung von Zauberstückchen sich zu einem großen Höhepunkt steigert, gestohlen ist — vom Universum!

Der Gedanke, Natur und Sprache seien innerlich verwandt, ist der modernen Welt ganz fremd. Wohlbekannt war er aber jahrhundertelang bei verschiedenen Hochkulturen, deren historische Dauer auf der Erde sehr viel länger war als die der westlichen europäischen Kultur. In Indien wurde einer seiner Aspekte unter der Idee des MANTRAM oder der MANTRISCHEN KUNST gefaßt. Auf der einfachsten kulturellen Ebene

49

ist ein Mantram nur eine Beschwörungsformel primitiver Magie, wie sie in den rohesten Kulturen gebraucht werden. In der Hochkultur dürfte es eine andere, sehr intellektuelle Bedeutung haben, die sich auf die innere Affinität von Sprache und kosmischer Ordnung bezieht. Auf einer noch höheren Ebene wird es zum ‹Mantra Yoga›. Darin wird das Mantram eine Mannigfaltigkeit bewußter Strukturschemata, die dem Bewußtsein gestatten, in die noumenale Strukturwelt einzudringen und von ihr aus eine beherrschende Rolle zu spielen. Es kann dann den menschlichen Organismus BESTIMMEN, Kräfte zu übertragen, zu kontrollieren und tausendfach zu verstärken, die dieser Organismus normalerweise nur mit unbeobachtbar geringen Intensitäten vermittelt.

Etwas ungefähr Analoges leisten uns die mathematischen Formeln, die es einem Physiker ermöglichen, einige Drahtspulen, Stanniolplatten, Membranen und andere, an sich ganz träge und harmlose Dinge in eine Anordnung zusammenzubringen, in der sie Musik in ferne Länder übertragen. In solchen Fällen heben sozusagen die mathematischen Formeln das Bewußtsein des Physikers auf eine dem Laien fremde, höhere Ebene und ermöglichen es, gewisse Materialien in die entscheidende Konfiguration zu bringen, durch die sich gewisse Kräfte in ungewöhnlicher Weise manifestieren können. Andere Formeln machen es möglich, Magnete und Drähte für eine Kraftstation so anzuordnen, daß sich bei Bewegung der Magnete (oder des Feldes subtiler Kräfte in ihnen und um sie herum) eine Kraft manifestiert, die wir ‹elektrischer Strom› nennen. Wir halten die Konstruktion eines Rundfunksenders oder eines Kraftwerkes gemeinhin nicht für einen sprachlichen Prozeß; nichtsdestoweniger ist sie aber ein solcher. Die erforderliche Mathematik ist ein sprachlicher Apparat, und ohne die genaue und detaillierte mathematische Bestimmung der wesentlichen Strukturen würden die zusammengebrachten Dinge ohne rechte Proportion und Anmessung aneinander sein und träge bleiben. Die in solchen Fällen benutzte Mathematik ist eine SPEZIALISIERTE Formel-Sprache, ausgedacht, um eine spezielle Art von Kraftäußerung durch metallische Körper — die sogenannte Elektrizität — verfügbar zu machen. Die mantrische Formelsprache ist eine andere Spezialisierung mit Rücksicht auf andere Kräfte, die sie durch eine Umstrukturierung von Zuständen des Nerven- und Drüsen-Systems (beziehungsweise der subtilen Kräfte in ihm und um es herum) verfügbar machen soll. Auch die entsprechenden Teile des Organismus sind vor der entscheidenden Strukturierung nur ‹harmlose Instrumente› ohne dynamische Kraft — wie die unzusammenhängenden Magnete und Drähte. IN DER GEEIGNETEN ZUSAMMENORDNUNG dagegen sind sie etwas ganz anderes, etwas, das latente Kräfte aktivieren und verstärken kann — etwas, das aus den Eigenschaften der unverknüpften Teile nicht verstanden werden kann.

In dieser Weise etwa möchte ich die subtilen östlichen Vorstellungen vom Sprachgebrauch in Mantra und Yoga mit dem Struktur- oder Gefüge-Aspekt in Beziehung setzen, der an der Sprache so fundamental ist. Und dies bringt mich zu dem wichtigsten Teil meiner Ausführungen. Wir müssen mehr über die Sprache herausfinden! Schon jetzt wissen wir genug, um uns darüber klar zu sein, daß sie nicht das ist, wofür sie von der großen Majorität aller Menschen, seien es Laien oder Wissenschaftler, gehalten wird. Die Mühelosigkeit, mit der wir sprechen, ohne etwas von dem komplizierten Mechanismus zu ahnen, den wir dabei benutzen, erzeugt eine Täuschung. Wir bilden uns ein zu wissen, wie es gemacht wird und daß nichts Geheimnisvolles daran sei. Wir kennen alle Antworten. Aber — wie falsch sind diese Antworten! Es ist wie mit den unkorrigierten Sinneseindrücken, die dem Menschen ein einfaches sinnfälliges und zufriedenstellendes Bild der Welt geben, aber eines, daß sehr weit von der Wirklichkeit entfernt ist.

Sprachliche Strukturgesetze beherrschen das Denken

Überlegen wir einmal, wie die Welt einem Menschen erscheint, der zwar in Dingen des alltäglichen Lebens sehr erfahren und weise sein mag, der aber nie etwas von dem gehört hat, was die Naturwissenschaften über den Kosmos entdeckten. Für ihn ist die Erde flach; Sonne und Mond sind relativ kleine leuchtende Objekte, die täglich über einen östlichen Rand heraufkommen, hoch durch die Luft wandern, unter einen westlichen Rand versinken und offenbar die Nacht irgendwo unter der Erde verbringen. Der Himmel ist eine umgestülpte Schale aus irgendeinem blauen Material. Die Sterne sind winzige und ziemlich nahe Objekte. Sie sind vielleicht lebendig, denn sie ‹kommen› abends aus dem Himmel ‹heraus› wie Kaninchen oder Klapperschlangen aus ihren Erdhöhlen, und wenn der Morgen dämmert, schlüpfen sie zurück. ‹Sonnen-System› hat keine Bedeutung für ihn. Der Begriff eines ‹Gravitationsgesetzes› ist für ihn unverständlich, ja, unsinnig. Für ihn fallen die Körper nicht aufgrund eines Gravitationsgesetzes, sondern nur ‹weil nichts da ist, was sie hochhält› — das heißt, weil er sich nicht vorstellen kann, sie könnten irgend etwas anderes tun. Raum ohne ein ‹Oben› und ‹Unten› oder selbst ohne ‹Osten› und ‹Westen› kann er sich nicht denken. Für ihn zirkuliert das Blut nicht. Auch pumpt das Herz nicht Blut, sondern es ist ein Ort, an dem Liebe, Güte und Gedanken weilen. Abkühlung ist nicht ein Abfluß von Wärme, sondern eine Zunahme von ‹Kälte›. Blätter sind nicht deshalb grün, weil sie die chemische Substanz Chlorophyll, sondern weil sie ‹Grünheit› enthalten. Es dürfte wohl unmöglich sein, ihm diese Überzeugungen mit Gründen auszureden. Er wird sie als Ergebnisse des klaren, nüchternen, gesunden Menschenverstandes behaupten. Das heißt, er ist mit ihnen zufrieden, weil sie für ein VER-

STÄNDIGUNGSSYSTEM zwischen ihm und seinen Mitmenschen völlig aus-
reichen. Sie sind als SPRACHLICHE Ausdrücke seinen sozialen Bedürfnissen
angepaßt, und das wird so bleiben, bis eine neue Gruppe von Bedürfnissen gefühlt und in der Sprache geformt wird.

So, wie dieser Mensch dem physikalischen Universum gegenübersteht,
von dessen Ausdehnung und Ordnung er nicht das geringste ahnt, so
stehen wir alle, vom rohesten Wilden bis zum Gelehrten, der Sprache
gegenüber. Nur die Sprachwissenschaft hat begonnen, ein wenig in dieses Reich einzudringen. Ihre Ergebnisse sind aber den anderen Wissenschaften zumeist noch unbekannt. Der in natürlicher Einstellung den
Sachen zugewendete Mensch, sei er ein Einfaltspinsel oder ein Wissenschaftler, weiß von den Einflüssen der Sprache, denen er unterliegt, nicht
mehr als der Wilde von der Gravitation. Nach seiner Annahme ist Sprechen eine freie, unbeschränkte, einfache und durchsichtige Tätigkeit, für
die er alle nötigen Erklärungen besitzt. Diese Erklärungen erweisen sich
jedoch als bloße Aussagen über die BEDÜRFNISSE, DIE IHN ZUR KOMMUNI-
KATION ZWINGEN. Sie betreffen nicht den Prozeß der Kommunikation. So
wird er z. B. sagen, wenn er etwas denke, gebe er den Gedanken ‹wie sie
kommen› Worte. Soll er erklären, warum er diese und jene Gedanken
hatte, bevor er sie ausdrückte, enthält seine Erklärung wiederum nur
die Geschichte seiner sozialen Bedürfnisse in jenem Augenblick — eine
Antwort, die nichts erklärt. Nach seiner Meinung bedarf allerdings der
Prozeß des Sprechens keiner Durchleuchtung, da er ihn ja sowieso für
alle seine Bedürfnisse ohne Schwierigkeiten benützen kann. Damit aber
sagt er zugleich — und zu Unrecht —, Denken sei eine ganz KLARE direkte Tätigkeit, sie sei bei allen vernünftigen Wesen gleich und die Sprache ihr direkter Ausdruck.

In Wirklichkeit ist das Denken eine höchst rätselhafte Sache, über die
wir durch nichts soviel erfahren wie durch das vergleichende Sprachstudium. Dieses Studium zeigt, daß die Formen des persönlichen Denkens durch unerbittliche Strukturgesetze beherrscht werden, die dem
Denkenden nicht bewußt sind. Die Strukturschemata sind die unbemerkten komplizierten Systematisierungen in seiner eigenen Sprache, die sich
recht einfach durch unvoreingenommene Vergleiche und Gegenüberstel-
lungen mit anderen Sprachen, insbesondere solchen einer anderen
Sprachfamilie, zeigen lassen. Das Denken selbst geschieht in einer Sprache — in Englisch, in Deutsch, in Sanskrit, in Chinesisch . . .4 Und jede

---

4 Vorwegnehmend sei hier bemerkt: Das ‹Denken in einer Sprache› muß
nicht notwendig WÖRTER verwenden. Ein unkultivierter Choktau (s. S. 8, Fußn.
1) unterscheidet die Tempora oder die Geschlechter von zwei erfahrenen Ereignissen oder Gegenständen ebenso leicht wie der geübteste Literat, obwohl er
von irgendwelchen WÖRTERN wie ‹Tempus› oder ‹Genus› für solche Unterscheidungen nie gehört hat. Das Denken geschieht weithin ohne Wörter und macht

Sprache ist ein eigenes riesiges Struktursystem, in dem die Formen und Kategorien kulturell vorbestimmt sind, aufgrund deren der einzelne sich nicht nur mitteilt, sondern auch die Natur aufgliedert, Phänomene und Zusammenhänge bemerkt oder übersieht, sein Nachdenken kanalisiert und das Gehäuse seines Bewußtseins baut.

Analogien zur indischen Philosophie

Diese Lehre ist der westlichen Wissenschaft neu, sie stützt sich jedoch auf unanfechtbare Tatsachen. Überdies ist sie oder eine ähnliche Lehre den indischen Philosophen und der modernen Theosophie bekannt. Dies wird nur durch den Umstand verdeckt, daß unter den philosophischen Termini des Sanskrit keiner genau meinem Terminus ‹Sprache› in seinem weiten Sinn der sprachlichen Ordnung äquivalent ist. ‹Sprachliche Ordnung› umschließt alle Symbolismen, alle symbolischen Prozesse des Bedeutens und der Logik. Termini wie *Nāma* beziehen sich wohl eher auf niedere Ebenen dieser Ordnung — auf die lexikalische Ebene, die phonetische Ebene. Am nächsten liegt wahrscheinlich *Manas*, dem unser vager Begriff ‹Geist› kaum gerecht wird. *Manas* im weiten Sinne dieses Begriffs bezeichnet eine der höchsten Strukturschichten der Welt — eine ‹Manas-Schicht›, wie sie in der Tat ausdrücklich genannt wird. Wiederum wäre es irreführend, dies im Englischen mit *‹mental plane›* [und im Deutschen einfach mit ‹geistige Ebene› — PK.] zu übersetzen. Das englische ‹mental› ist ein unglückliches Wort. Es dient in unserer Kultur oft nur dazu, eine fehlende vernünftige Erklärung zu vertreten. Der Inhalt dieses Begriffes ist eher ein nebelhaftes Sammelsurium als eine kosmische Struktur, die durch systematische Zusammenhänge gekennzeichnet ist. Manchmal bedeutet *Manas* allerdings einfach die persönliche Psyche. Das ist nach FRITZ KUNZ der Fall in dem berühmten Ausspruch der ‹Stimme der Stille›: ‹Die Seele [5] ist die große Mörderin der Wirklichkeit›.

Man sagt, es gebe in der Schicht des *Manas* zwei große Ebenen: *Rūpa* und *Arūpa*. Die niedrigere ist die von ‹Name und Form›, *Nāma* und *Rūpa*. ‹Form› bedeutet hier Gestalt im Raum (‹unserem› dreidimensionalen Raum). Diese Bedeutung ist bei weitem nicht so umfassend wie die von ‹Struktur› im universalen Sinne. Und *Nāma*, Name, ist nicht die Sprache oder die sprachliche Ordnung, sondern nur eine Ebene in ihr, die des Prozesses der Wortgebung (Lexation), in dem Teilen des Ganzen der Erfahrungsmannigfaltigkeit Wörter (Namen) gegeben und damit diese

---

dennoch Gebrauch von ganzen Paradigmata, Wort-Klassen und anderen grammatikalischen Ordnungen, die überindividuell gelten und der individuellen Person gar nicht deutlich bewußt sind.

5 Siehe dazu unten S. 70. — PK.

Teile in eine semifiktive Isolierung herausgehoben werden. Ein Wort wie ‹sky› (Himmel), das im Englischen [und im Deutschen] wie ‹board› (Brett) behandelt werden kann (der Himmel, ein Himmel, die Himmel, einige Himmel, ein Stück des Himmels etc.), bringt uns dazu, eine bloß optische Erscheinung gedanklich in einer Weise zu behandeln, die nur mit Bezug auf relativ isolierte, feste Körper angemessen ist. ‹Hügel› und ‹Sumpf› verführen uns dazu, lokale Variationen in der Höhe oder im Bodenzustand beinahe wie Tische oder Stühle als deutlich abgesonderte DINGE zu sehen. Jede Sprache vollzieht dieses künstliche Zerschneiden der kontinuierlich ausgebreiteten und fließenden Wirklichkeit in einer anderen Weise. Die Wörter und die Sprache sind nicht dasselbe. Wie wir sehen werden, sind die Schemata der Satzstrukturen, durch die unsere Wörter regiert werden, wichtiger als die Wörter.

Die Ebene von *Rūpa* und *Nāma* — der Aufteilung in räumliche Gestalten und des Wortschatzes — ist zwar ein Teil der sprachlichen Ordnung, aber ein ziemlich rudimentärer und unselbständiger Teil. Sie ist abhängig von einer höheren Organisationsebene, in der das KOMBINATIONS-SCHEMA für *Rūpa* und *Nāma* erscheint. Das ist die *Arūpa*-Ebene — die Welt der Strukturgesetze *par excellence*. *Arūpa*, ‹formlos›, heißt nicht: ohne sprachliche Form oder Ordnung, sondern: ohne Bedeutungs-Bezug (reference) auf räumliche, visuelle Gestalt. Dieser Bezug spielt, wie wir bei ‹Hügel› und ‹Sumpf› sahen, auf der lexikalischen Ebene eine wichtige Rolle innerhalb der Bedeutung i. w. S.[6] *Arūpa* ist ein Reich von Strukturschemata, die räumlich und zeitlich in den Materialien der niedrigeren Ebenen ‹aktualisiert› werden können, die aber in sich selbst gegenüber Raum und Zeit indifferent sind. Solche Strukturschemata sind nicht mit Wortbedeutungen vergleichbar, sondern allenfalls und nur ungefähr mit der Art und Weise, wie Bedeutung in Sätzen erscheint. Sie sind aber nicht individuelle Sätze, sondern SCHEMATA von Sätzen und Muster von Satz-Strukturen. Unser personaler bewußter Geist kann solche Strukturschemata bis zu einem gewissen Grade durch mathematische oder grammatikalische FORMELN erfassen und verstehen, in die Wörter, Werte, Quantitäten usw. eingesetzt werden können. Ein recht einfaches Beispiel soll sogleich gegeben werden.

Es liegt im Bereich der Möglichkeiten einer ‹Kultur des Bewußtseins›, durch eine Bewußtseinserweiterung mit der *Arūpa*-Ebene der ‹geistigen› Schicht in Verbindung zu treten. In OUSPENSKYS Buch, ‹*A New Model of the Universe*›, gibt es fesselnde Andeutungen außerordentlicher Bewußtseinszustände, die dieser Philosoph erreichte. Es sind nur vage Schattenbilder, denn diese durchaus ‹nicht-lexikalischen› Ausblicke lassen sich schlecht in Worte fassen. Er spricht von Reichen ‹bewegter

---

6 Siehe zur Verdeutlichung dieser zeichentheoretischen Termini meine Skizze auf S. 146. — PK.

Hieroglyphen›, die ganz aus ‹mathematischen Relationen› bestehen, und von der Ausbreitung und Verästelung einer solchen ‹Hieroglyphe›, bis sie einen ganzen Weltaspekt erfüllte. OUSPENSKYS Vorliebe für Mathematik und seine Studien über nichteuklidische Geometrien, über die Beziehung zwischen Zeit und Bewußtsein und ähnliches mögen ihm mathematische Analogien besonders nahegelegt haben. Die Mathematik ist eine spezielle Art von Sprache, die aus speziellen Sätzen mit den Zahlwörtern 1, 2, 3, 4, ... x, y, z etc. entwickelt wurde. Jede andere Art von Sätzen in jeder beliebigen Sprache ist aber ebenfalls potentieller Kern eines ausgreifenden Systems. Die obengenannten Bewußtseinszustände sind nur wenigen in dauerhafter Weise gegeben. Immerhin müssen viele Mathematiker und Sprachwissenschaftler Erlebnisse gehabt haben wie das flüchtige ‹Sehen› eines ganzen Systems von Beziehungen, die sich unvermutet zu einer Einheit verbinden. Durch die Harmonie und wissenschaftliche Schönheit eines solchen ganzen großen Systems wird man momentan von einer Flut ästhetischen Entzückens überwältigt. Eine solche Erfahrung wäre zum Beispiel das ‹Sehen› des komplizierten, aber systematischen Strukturgesetzes für die einsilbigen englischen Wörter, seien diese nun sinnlos oder sinnvoll, bekannt oder noch ungedacht. Das Strukturgesetz bestimmt, wie alle elementaren englischen Laute (‹Phoneme›) und Lautgruppierungen zu einsilbigen Wörtern zusammengeordnet werden können, und es schließt alle anderen Weisen der Zusammenordnung ebenso unerbittlich aus, wie die chemische Formel einer Lösung alle Kristallformen der betreffenden Flüssigkeit — bis auf eine bestimmte — ausschließt.

Interpretation der Formel des Strukturschemas

Um die ganze Formel für dieses Gesetz oder Strukturschema — eine sogenannte ‹morpho-phonemische Strukturformel› — zu zeigen, würde ich ein großes Blatt Papier benötigen. Ich kann hier aber wenigstens eine gekürzte Form wiedergeben.[7]

$$O, C\text{-}ng, C_1\, C_2, C_3\, C_4, \text{etc.} \ldots$$
$$s^{\pm}\, C_m\, C_n + V + (V_1)\, O, \overset{+}{-}\, (r, w, y);$$
$$C\text{-}h, C'_1\, C'_2, C'_3\, C'_4, \text{etc.} \ldots$$
$$C'_m\, C'_n \pm (t/d, s/z, st/zd).$$

Diese Formel setzt die Buchstabierung der englischen Wörter nach einem

---

7 Die vollständige Formel findet der Leser mit ausführlicher Erläuterung in ‹Die Linguistik als eine exakte Wissenschaft› (s. oben S. 25). — PK.

phonetischen Standard-Alphabet von der Art voraus, die LEONHARD BLOOMFIELD in seinem Buch ‹Language› beschrieben hat. In diesem phonetischen System werden die Diphthonge durch einen einfachen Vokal (V), dem ein *w* oder *y* aus dem Term (r, w, y,) folgt, wiedergegeben. Demnach wird also ‹note› durch *nowt* symbolisiert (oder durch *newt*, je nach dem Dialekt), ‹date› ist phonetisch geschrieben *deyt* und ‹ice› ist *ays* etc. Die Richtigkeit der dadurch gegebenen Analyse auf der physikalischen oder akustischen Ebene wird erwiesen, indem man eine phonographische Aufnahme von ‹ice› rückwärts ablaufen läßt und dann einen Laut wie *sya* erhält. Spricht man *sya* in den Phonographen und läßt ihn dann rückwärts laufen, so wird der Apparat ‹ice› sagen. Für das Englische ist diese Analyse auch auf einer Strukturebene zwei Stufen oberhalb der akustischen exakt, denn das *ys* von *ays* (ice) folgt dem gleichen Strukturschema wie das *ls* von[8] *els*(else), das *ns* von *sins* (since), das *ts* von *hats*, etc. — es ist Teil eines allgemeinen architektonischen Schemas für Doppelkonsonanten.

Lesen wir nun die Kommata in der Formel als ‹oder›, so erkennen wir, daß die Formel einer langen Reihe untergeordneter Formeln äquivalent ist. Eine der einfachsten davon ist $O + V + (C-h)$[9] (man sehe, wie sie in der großen Formel enthalten ist). Sie besagt, das Wort könne ohne einen Konsonanten beginnen und mit jedem beliebigen Vokal, dem irgendein Konsonant außer *h* folgen kann. Das ergibt Wörter wie ‹at›, ‹or›, ‹if›. Setzen wir für den ersten Term das nächste Symbol aus der großen Formel ein, so erhalten wir $(C-ng) + V + (C-h)$[9], was besagt, das genau wie vorher endende Wort könne mit jedem englischen Einzelkonsonanten beginnen außer dem *ng*-Laut wie er in ‹sing› erscheint (dieser Laut sollte mit einem Symbol geschrieben werden, aber mit Rücksicht auf den Drucker benutze ich die gewöhnlichen Buchstaben). Dieses Strukturschema gibt uns die lange Reihe von Wörtern wie ‹hat, bed, dog, man› und erlaubt uns auch die Prägung neuer Wörter wie ‹tig, nem, zib› — aber, wohlgemerkt, nicht *ngib* oder *zih*.

Soweit sind die Schemata einfach. Von hier an werden sie kompliziert! Die Formel bedarf in ihrer abgekürzten Form zusätzlich einer Serie von Listen mit je bestimmten Konsonanten. Jede der Listen wird durch eines der Symbole C_1, C_2 etc. repräsentiert. Die Formel $C_1 C_2$ bedeutet, man könne das Wort mit jedem Konsonanten der Liste C_1 beginnen und darauf irgendeinen der Liste C_2 folgen lassen, die nur *r* und *l* enthält. Da C_1 zum Beispiel *p, b, f* enthält, können wir Wörter wie

---

8 Im englischen Text steht hier *or*, was zweifellos ein Druckfehler ist und *of* heißen muß. — PK.

9 Die Klammern habe ich hier zugesetzt, um dem Ungeübten das richtige Lesen der Formel und das Auffinden der korrespondierenden Terme in der großen Formel zu erleichtern. — PK.

‹pray, play, brew, blew, free, flee› bilden und auch sinnlose wie ‹frig, blosh› etc. Nehmen wir aber einmal an, wir wünschten uns ein Wort, das mit *sr, zr, tl* oder *dl* beginnt. Wir nehmen unsere Liste C_1, aber zu unserer Überraschung gibt es in ihr kein *s, z, t* oder *d*. Wir fühlen uns herausgefordert und blicken in unsere anderen Listen, mit denen es uns aber auch nicht besser ergeht. Es gibt keine Möglichkeit, unsere Listen entsprechend der Formel zu kombinieren und dennoch eine jener gewünschten Anfangsstellungen zu erreichen. Offenbar gibt es keine derartigen Wörter im Englischen; mehr noch, jeder angehende LEWIS CARROLL [10] oder EDWARD LEAR [11] wird sich seltsamerweise weigern, solche Wörter zu prägen. Dies zeigt: die Wortbildung ist kein Akt entfesselter Phantasie: nicht einmal in den wildesten Ausbrüchen des Unsinns ist sie das. Sie ist vielmehr streng an die Verwendung bereits vorstrukturierter Materialien gebunden. Auf die Bitte, Formen zu erfinden, die nicht bereits in den Strukturen seiner Sprache vorgeformt sind, würde ein Redner ebenso negativ reagieren wie auf die Bitte, Spiegeleier ohne Eier zu machen!

Die Formel faßt also alle Kombinationen zusammen, die einsilbige Wörter oder wortähnliche Formen im Englischen haben. Und sie schließt alle diejenigen aus, die sie nicht haben und nicht haben können. In ihr ist das *mpst* von ‹glimpsed› enthalten, das *ksths* von ‹sixths›, das *ftht* von ‹he fifthed it› (er fünftelte es), das *nchst* des sonderbaren, aber möglichen ‹thou munchst it greedily› (du kaust es gierig) und große Mengen anderer ‹rauher Laute, die uns glatt von den Lippen gehen›, bei denen aber ‹Quintilian * staunend nach Luft geschnappt hätte›. Zugleich werden zahlreiche glatte, für uns jedoch schwierige (weil nicht vorstrukturierte) Kombinationen, wie *litk, fpat, nwelng, dzogb* und eine Myriade weiterer durch die Formel AUSGESCHLOSSEN, obwohl sie alle in irgendeiner Sprache möglich und leicht sind — nur eben nicht im Englischen.

Es ist nun wohl deutlich, wie ungeahnt kompliziert die Struktur unserer einsilbigen Wörter ist. Vom Standpunkt tieferer linguistischer Einsicht ist die alte englische Regel, ‹Sage es in einsilbigen Wörtern›, als eine Metapher der Einfachheit der reinste Unsinn! Der linguistischen Einsicht legt dieses alte Klischée dagegen unbewußt Zeugnis ab für die Wahrheit, daß diejenigen, welche die komplizierten Systeme der Sprache

10 Siehe meine Anm. 6 auf S. 23. – PK.

11 Englischer Dichter und Maler (1812–1888), Autor vieler bekannter Ulk-verse und Kinderverse: *The book of nonsense* (1846), *Nonsense songs and stories* (1870), *The complete Nonsense Book* (New York 1954). – PK.

* Römischer Rhetor, ca. 30—96 n. Chr., Verfasser der berühmten, noch von den Humanisten (ERASMUS) bewunderten ‹Institutio Oratoria› (12 Bücher). (Anm. d. Red.)

leicht und flüssig gebrauchen, völlig blind und taub sind für das bloße Dasein dieser Systeme, solange sie noch nicht — unter mancherlei Schwierigkeiten — aufgedeckt worden sind.

Hier gilt zudem das Sprichwort ‹wie oben, so unten›. Wie unten, auf der phonologischen Ebene der Sprache, unser be-deutendes Verhalten [12] von Strukturmustern außerhalb des Brennpunktes unseres persönlichen Bewußtseins regiert wird, so geschieht das auch auf den höheren Ebenen der Sprache, die wir Ausdruck des Denkens nennen. Wie wir in Teil 2 sehen werden, folgt auch das Denken einem Netzwerk von Geleisen, die in der jeweiligen Sprache festgelegt sind, einer Ordnung, die gewisse Züge der Realität systematisch hervorhebt, gewisse Seiten des Verstandes begünstigt und andere systematisch abtut, die von anderen Sprachen herausgestellt werden. Das Individuum ist sich dieser Ordnung gar nicht bewußt und deshalb völlig in ihren unzerreißbaren Fesseln gefangen.

2

Personaler Geist und höherer Geist

In Teil 1 haben wir gesehen, daß alles be-deutende Verhalten (oder, was dasselbe ist, Verhalten und Bedeutung, soweit sie zusammenhängen) im Bereich der Sprache und des Geistes durch besondere Ordnungssysteme geregelt wird, durch eine Art ‹Geometrie› von Formprinzipien, die jeweils für eine Sprache gelten und für sie charakteristisch sind. Diese Ordnung ist dem individuellen Bewußtsein außerhalb seines engen Umkreises gesetzt und macht aus diesem Bewußtsein eine bloße Marionette, deren sprachliche Manöver von den unbemerkten und unzerreißbaren Fäden der Strukturschemata geführt werden [13]. Es ist, als ob der personale Geist, der die Wörter wählt, für Struktur aber weithin blind ist, im Griff eines höheren, sehr viel intellektuelleren Geistes wäre, der wenig Vorstellung von Häusern, Betten und Suppentöpfen hat, dafür aber in einem Grade und in einem Ausmaß systematisieren und mathematisieren kann, die kein Schulmathematiker je annähernd erreicht hat.

---

12 Be-deutendes Verhalten (significant behavior) = jedes Verhalten, welches etwas bedeutet, meint, bezeichnet, anzeigt oder andeutet etc., das es nicht selbst ist. Beachte: ein Verhalten kann also auch dann etwas bedeuten, wenn das gar nicht in der bewußten oder selbst unbewußten Absicht des sich verhaltenden Subjektes liegt! — PK.

13 WHORF drückt sich an dieser Stelle etwas mißverständlich aus: Das persönliche Bewußtsein ist nach seiner wiederholt geäußerten Ansicht tatsächlich *nur insoweit* eine *bloße* Marionette, als es die Fäden nicht kennt und bemerkt, und zwar offenbar eben *wegen* dieses Nichtbemerkens. Siehe den letzten Satz des vorhergehenden Abschnittes und vgl. auch S. 32 f, 34, 38, 41 f, 43, 44, 47, 73 u. v. a. — PK.

Und nun zeigt sich ein großer Grundzug allgemeiner menschlicher Bruderschaft: die menschlichen Wesen sind in dieser Beziehung alle gleich. Soweit wir das nach den Systematisierungen in den Sprachen beurteilen können, kann der höhere Geist oder das ‹Unbewußte›[14] eines Papua-Kopfjägers genausogut mathematisieren wie der von EINSTEIN. Ebenso gilt umgekehrt vom Wissenschaftler wie vom Ochsentreiber, vom Gelehrten wie vom Angehörigen eines sogenannten primitiven Stammes: alle benutzen ihr persönliches Bewußtsein in gleichermaßen einfältiger Weise und alle geraten in gleichartige logische Sackgassen. Sie wissen genausowenig von den schönen und unerbittlichen Systemen, deren Kontrolle sie unterliegen, wie ein Kuhhirte von kosmischen Strahlen. Ihr Verständnis der Prozesse in ihrem Sprechen und Argumentieren ist völlig oberflächlich und pragmatisch, vergleichbar dem Verständnis, das die kleine Suse Schmidt für das Radio hat, das sie einstellt, um eine Geschichte zum Einschlafen zu hören. Die Menschen zeigen eine deutliche Neigung, aus dieser Ignoranz noch eine Tugend zu machen. Handelt es sich um Ungebildete, so verdammen sie alle Anstrengungen um ein besseres Verständnis der Leistungen des Geistes als ‹unpraktisch› oder als ‹graue Theorien›; haben sie die traditionell korrekte Ausbildung eines Wissenschaftlers, so tun sie sie als ‹Metaphysik›, als ‹Mystizismus› oder als ‹Erkenntnistheorie› ab. Insbesondere die westliche Kultur hat für die Sprachforscher nur sehr widerwillige Anerkennung und magerste Belohnung übrig, obwohl sie dabei die natürliche menschliche Tendenz zu überwinden hat, die Sprache, geheimnisvoll, wie sie ist, für den faszinierendsten Gegenstand überhaupt zu halten. Mit welcher Wonne reden und spekulieren die Menschen unwissenschaftlich über die Sprache, diskutieren sie endlos die Bedeutung von Wörtern oder die seltsame Ausdrucksweise des Mannes aus Boston (wenn es sich um Leute aus Oshkosh handelt) oder umgekehrt.

Man könnte meinen, der höhere Geist sei jeder rein intellektuellen Leistung fähig, er könne nur nicht auf der Ebene der Personen ‹bewußt sein›. Er ist nicht auf praktische Angelegenheiten und nicht auf das individuelle Ich in seiner persönlichen unmittelbaren Umwelt gerichtet. Gewisse Träume und ungewöhnliche Bewußtseinszustände mögen uns dazu führen, ihm Bewußtheit auf seiner eigenen Ebene zuzuschreiben. Gelegentlich mag er auch zum Einzelbewußtsein von Personen ‹durchkommen›. Sehen wir jedoch von Techniken wie Yoga ab, so tritt er normalerweise nicht mit dem personalen Bewußtsein in Verbindung. Wir könnten ihn ein höheres Ich nennen, sofern wir einen charakteristischen Zug

---

14 Beachte die Anführungszeichen! Es handelt sich *nicht* um einen psychologischen Begriff. Die gemeinten Ordnungssysteme sind etwas Geistiges (wie Mathematik und Logik), sie sind aber gemeinhin nicht bewußt oder — wie man hier besser sagen sollte — nicht gewußt. — PK.

hervorheben, der sich in allen Sprachen findet und seine eine und einzige Ähnlichkeit zum personalen Selbst ist; nämlich: er organisiert seine Systeme um einen Kern von drei oder mehr pronominalen ‹Person›-Kategorien, die ihrerseits um eine zentriert sind, welche wir erste Person Singular nennen. Er kann in jedem sprachlichen System funktionieren — ein Kind kann jede beliebige Sprache mit der gleichen Leichtigkeit als Muttersprache lernen, vom Chinesischen mit seinen getrennt getönten und akzentuierten Einsilbern bis zum Nootka der Insel Vancouver mit seinen häufigen Einwortsätzen wie zum Beispiel *mamamamamahln'iqk'-okmaqama* — ‹Sie handelten jeder so wegen ihres Charakteristikums, weißen Leuten zu ähneln›[15].

Aufgrund der systematischen, konfigurativen Natur des höheren Geistes beherrscht und kontrolliert das strukturelle Moment der Sprache immer das Moment der ‹Lexation› (*Nāma*) oder der Namengebung. Daher sind die Bedeutungen der einzelnen Wörter weniger wichtig, als wir uns gern einbilden. Sätze, nicht Wörter sind das Wesen der Sprache, geradeso wie Gleichungen und Funktionen, nicht bloße Zahlen der eigentliche Gehalt der Mathematik sind. Wir alle irren uns in unserem gemeinsamen Glauben, irgendein Wort habe eine ‹genaue Bedeutung›. Wir wir gesehen haben, befaßt sich der höhere Geist mit Symbolen, die keine feste semantische Beziehung (reference)[16] zu irgend etwas haben. Sie sind vielmehr wie Blankoschecks, die je nach Bedarf auszufüllen sind, die also gewisse Leerstellen haben für die Einsetzung ‹irgendeines Wertes› einer gegebenen Variablen, wie zum Beispiel der C's und V's in der Formel von Teil 1 (s. S. 55) oder der x, y, z der Algebra. Es gibt im Westen die seltsame Meinung, die Alten, die die Algebra erfanden, hätten eine große Entdeckung gemacht, während doch das menschliche Unbewußte Gleichartiges schon seit Äonen geleistet hat! So verhielten sich die alten Mayas oder die alten Hindus, wenn sie Zyklen über Zyklen astronomischer Ziffern türmten, nur einfach menschlich. Wir sollten allerdings nicht den Fehler machen zu denken, Wörter seien der Gegenpol zu jenen Symbolen von Variablen. Selbst wenn sie in der Weise gebraucht werden, wie es vom niederen personalen Geist geschieht, sind sie das nicht. Daß ein Wort tatsächlich eine genaue Bedeutung HAT, für ein gegebenes Ding steht, ist lediglich EIN Wert einer Variablen.

---

15 Dieser Wortsatz enthält nur eine *Nāma*- oder Stammwortbildung (Lexation): *mamahl* oder ‹Weißer›. Der ganze Rest ist grammatisches Strukturschema und kann sich auf alles Beliebige beziehen. Der Nootkastamm oder *Nāma* für ‹Puppe› mit dem gleichen Operationsschema würde heißen: ‹Sie handelten jeder so wegen ihrer Puppenartigkeit.›
16 Siehe zur Verdeutlichung meine Skizze auf S. 146 – PK.

Selbst der niedere Geist hat etwas von dem algebraischen Charakter der Sprache gemerkt. Er hat zum Beispiel gemerkt, daß Wörter ihrer Natur nach zwischen den variablen Symbolen der reinen Strukturzusammenhänge (*Arūpa*) einerseits und festgelegten Quantitäten andererseits stehen. Der in den Wörtern liegende Teil der Bedeutung (meaning), den wir ‹semantische oder gegenständliche Bedeutung› (reference)[16] nennen können, ist nur relativ fixiert. Die gegenständliche Bedeutung der Wörter hängt von den Sätzen und grammatischen Strukturschemata ab, in denen sie vorkommen. Es ist überraschend, auf welch geringen Anteil dieses Element der Bedeutung reduziert sein kann. Der Satz ‹I went all the way down there just in order to see Jack› (Ich bin den ganzen Weg hinuntergegangen, bloß um Jack zu sehen) enthält nur eine festgelegte konkrete Bedeutung, nämlich ‹Jack›. Der Rest ist Strukturschema und von sich aus mit nichts in besonderer Weise verknüpft. Selbst ‹see›(sehen) bedeutet offensichtlich nicht, was man meinen könnte, nämlich, einen Gesichtseindruck zu empfangen.

Ein anderes Beispiel: Beim Bezeichnen mit Hilfe von Wörtern behandeln wir Größe, indem wir sie in Größenklassen einteilen — klein, mittel, groß, immens etc. —, aber objektiv ist Größe nicht in Klassen geteilt, sondern ein reines Kontinuum von Relativität. Dennoch denken wir Größe ständig als eine Reihe von Klassen, weil die Sprache die Erfahrung in dieser Weise aufgeteilt und benannt hat. Wörter für Anzahlen brauchen sich nicht auf Zahlen, wie sie gezählt werden, zu beziehen. Sie können auch Zahlenklassen mit elastischen Grenzen meinen. So paßt das englische ‹few› (wenige) seinen Umfang der Größe, Wichtigkeit oder Seltenheit des Gegenstandes an. Einige ‹wenige› Könige, Schlachtschiffe oder Diamanten mögen nur drei oder vier sein, ‹wenige› Erbsen, Regentropfen oder Teeblätter mögen dreißig oder vierzig sein.

Sie können nun sagen, ‹Ja gewiß, dies gilt für Wörter wie groß, klein und ähnliche. Das sind offensichtlich relative Termini. Aber bei Wörtern wie Hund, Baum, Haus ist es anders — jedes benennt ein bestimmtes Ding›. Es ist nicht so; diese Termini haben das gleiche Schicksal wie ‹groß› oder ‹klein›. Das Wort ‹Fido› mag sich, wenn es von einer bestimmten Person zu einer bestimmten Zeit ausgesprochen wird, auf ein bestimmtes Ding beziehen, aber das Wort ‹Hund› bezieht sich auf eine Klasse mit elastischen Grenzen. Die Grenzen solcher Klassen sind in verschiedenen Sprachen verschieden. Sie mögen vielleicht annehmen, ‹Baum› bedeute überall und für jedermann dasselbe. Das ist durchaus nicht der Fall. Das polnische Wort für ‹Baum› schließt auch die Bedeutung ‹Holz› ein. Der Kontext oder Zusammenhang der Sätze bestimmt, welche Art Gegenstand das polnische Wort (oder irgendein Wort in irgendeiner Sprache) bezeichnet. Im Hopi, einer amerikanischen Indianersprache in Arizona, schließt das Wort für ‹Hund›, *pohko*, zahme Tiere oder Haustiere aller Art ein. ‹Zahmer Adler› heißt also im Hopi buchstäblich ‹Adler-Hund›, und nachdem ein Hopiindianer den Zusammenhang so festgelegt hat, kann er sich dann im weiteren Gespräch auf denselben Adler als den *pohko* von dem und dem beziehen.

Damit dies nun nicht als die Laune einer ‹primitiven› Sprache abgetan werde (keine Sprache ist ‹primitiv›), wollen wir noch einen Blick auf unser geliebtes Englisch werfen. Nehmen wir das Wort ‹hand› (Hand). In ‹his hand› (seine Hand) bezeichnet es eine Stelle am menschlichen Körper, in ‹hour-hand› (Stundenzeiger der Uhr) dagegen einen auffallend andersartigen Gegenstand, in ‹all hands on deck› (alle Mann an Deck) wieder etwas anderes, in ‹a good hand at gardening› (geschickt im Gärtnern) abermals etwas anderes, in ‹he held a good hand (at cards)› (Er hatte eine gute Hand = gute Karten in einem Spiel) nochmals etwas anders, während es sich schließlich in ‹he got the upper hand› (er gewann die Oberhand) auf nichts bezieht, sondern sich in ein Orientierungsschema aufgelöst hat. Oder man betrachte das Wort ‹bar› in den Ausdrücken: ‹iron bar (Eisenträger), bar to progress (Hindernis des Fortschritts), he should be behind bars (Er gehört hinter Gitter), studied for the bar (... studierte Jura), let down all the bars (laß alles Trennende fallen), bar of music (Taktstrich), sand bar (Sandbank), candy bar (Zuckerstange), mosquito bar (Moskitonetz), bar sinister (Schrägbalken in Wappen), bar none (niemand ausgenommen), ordered drinks at the bar (... bestellte Getränke an der Bar)›!

Nun könnten Sie sagen, das sei alles volkstümliche Redensart, aber kein wissenschaftlicher und logischer Gebrauch von Sprache. Wirklich? ‹Elektrisch› hält man für ein wissenschaftliches Wort. Wissen sie, worauf es sich bezieht? Wissen Sie, daß das «elektrisch» in ‹Elektro-Apparat› nicht dasselbe ist wie das in ‹Elektro-Fachmann›? Im ersten Fall bezieht es sich auf einen elektrischen Strom in dem Apparat, aber im zweiten nicht auf einen elektrischen Strom im Fachmann. Wenn ein Wort wie ‹Gruppe› sich sowohl auf eine zeitliche Folge von Phasen wie auch auf einen Haufen von Gegenständen auf dem Fußboden beziehen kann, dann ist das Moment der gegenständlichen Bedeutung in ihm unerheblich. Wissenschaftliche Wörter bezeichnen ihre Gegenstände oft in vorteilhaft unscharfer Weise. Die genaue gegenständliche Bedeutung wird durch die Strukturschemata bestimmt, in denen sie erscheinen. Es ist sehr bedeutsam, daß dieser Zug, weit entfernt, ein Kennzeichen alltäglichen Geschwätzes zu sein, vielmehr am markantesten im intellektuellen Gespräch auftritt und — *mirabile dictu* — in der Sprache von Poesie und Liebe! Und das kann gar nicht anders sein, weil Wissenschaft, Poesie und Liebe sich darin gleichen, daß wir uns in ihnen über die Welt sklavisch buchstäblicher Gegenstandsbezeichnungen und gleichgültiger prosaischer Details erheben und versuchen, die niedere Enge der Gesichtspunkte unseres persönlichen Ichs auszuweiten. Sie erheben uns zur *Arūpa*-Welt, zu jener Welt unendlicher Harmonie, Sympathie und Ordnung, unwandelbarer Wahrheiten und ewiger Sachverhalte. Alle Wörter sind in ihrer bloß buchstäblichen Gegenstandsbezeichnung erbärmlich genug, und wissenschaftliche Termini wie ‹Kraft, Durchschnitt, Geschlecht, allergisch, biologisch› sind es nicht weniger, sind auf ihre Art darin nicht sicherer als ‹süß, prachtvoll, Entzückung, Verzauberung, Herz und Seele, star dust›. Sie haben wahrscheinlich irgendwann einmal ‹star dust› gehört — was ist das? Ist es eine Menge von Sternen, ein funkelndes Pulver, der Boden des Mars, die Milchstraße, ein Zustand des Tagträumens, ein poetisches Phantasiegebilde, feuersprühendes Eisen, ein Spiralnebel, eine Vorstadt von Pittsburg oder ein populärer Schlager? Sie wissen es nicht, und niemand weiß es. Das Wort — es ist eine Wortbildung, nicht zwei — hat für sich allein keine gegenständliche Bedeutung. Manche Wörter sind so [17]. Wie wir gesehen haben, ist die unmittelbare, gegenständliche Wortbedeutung (reference) der geringere Teil der Bedeutung (meaning), die mittelbare Bedeutung aus der Struktur des Zusammenhangs der größere [18]. Wissenschaftliche Forschung, die Suche nach der Wahrheit, ist eine Art göttlicher Sucht wie Liebe. Und Musik — gehört sie nicht auch dazu? Musik ist eine Quasisprache. Sie besteht ausschließlich aus Struktur und hat keine Wortgebung entwickelt.

Die Übermacht der Strukturschemata verändert die gegenständliche Wortbedeutung

Gelegentlich führt die Übermacht der Strukturschemata über die gegenständliche Wortbedeutung zu amüsanten Resultaten, indem ein Strukturzusammenhang Bedeutungen hervorbringt, die der ursprünglichen gegenständlichen Wortbedeutung gänzlich fremd sind. Der niedere Geist stürzt in Verwirrung. Er kann nicht begreifen, daß zwingende Formeln über ihn herrschen, und flüchtet blindlings mit froher Erleichterung in seine geliebte deutliche Art der Erklärung, ja selbst in das ‹die Dinge sehen› und ‹die Dinge hören›, das solchen Erklärungen aus der Verle-

---

17 Vgl. ‹kith› und ‹throe›. Sie geben außerhalb der Formeln ‹kith and kin› (Freunde und Verwandte) und ‹in throes of› (in Wehen oder großen Schmerzen sein) keinen Sinn, sondern verwirren nur.

18 Vgl. zu diesen Teilen oder Formen der Bedeutung meine zeichentheoretische Skizze auf Seite 146. — PK.

genheit hilft. Das Wort ‹asparagus› (Spargel) wandelt sich unter dem Druck rein phonetischer Strukturschemata des Englischen, für die wir in der Formel von Teil 1 (s. S. 55) ein Beispiel gaben, zunächst zu ‹sparagras› und dann — weil ‹sparrer› eine Dialektform von ‹sparrow› (Sperling) ist — zu ‹sparrow gras›. Gleichzeitig finden wir bei den betreffenden Menschen Erklärungen über die Beziehung zwischen Sperlingen und diesem ‹Gras›, die als ganz selbstverständlich hingenommen werden. ‹Cole slaw› leitet sich von dem deutschen Wort ‹Kohlsalat› (cabbage salad) her, aber der Druck des Strukturschemas, der dahin geht, es in ‹cold slaw› umzuformen, hat in einigen Gegenden ein neues Wort ‹slaw› hervorgebracht und ein neues Gericht: ‹hot slaw›! Kinder betreiben natürlich ein ständiges Umgestalten, aber der Druck des Beispiels der Erwachsenen preßt ihre Sprache schließlich wieder in die Norm. Sie lernen, daß Mississippi nicht Mrs. Sippy ist und der Äquator nicht ‹a menagerie lion›, sondern eine ‹imaginary line› [19]. Manchmal besitzen die Erwachsenen der Gemeinschaft nicht die zur Korrektur erforderlichen Kenntnisse. In einigen Teilen Neu Englands werden Perserkatzen einer bestimmten Art ‹Coon cats› genannt. Dieser Name hat zu der Meinung geführt, sie seien eine Kreuzung zwischen der Katze und dem ‹coon› (racoon = Waschbär). Leute, die nichts von Biologie verstehen, glauben das häufig steif und fest, weil der Druck des sprachlichen Strukturschemas (Tiername 1 modifiziert den Tiernamen 2) sie dazu bringt, objektive Waschbäreigenschaften an dem Körper der Katze zu ‹sehen› (oder, wie die Psychologen sagen, auf ihn zu ‹projizieren›). Sie verweisen auf ihren buschigen Schwanz, ihr langes Haar usw. Ich kenne einen konkreten Fall. Eine Dame mit einer schönen ‹Coon cat› protestierte gegenüber ihrem Freund: ‹Was, SCHAU ihn dir doch an — sein Schwanz, seine komischen Augen — kannst du es denn nicht sehen?› ‹Sei nicht albern!›, erwiderte ihr gebildeterer Freund. ‹Denk an deinen naturgeschichtlichen Unterricht! Waschbären können sich mit Katzen gar nicht kreuzen, sie gehören zu einer anderen Tierfamilie.› Aber die Dame war sich ihrer Sache so sicher, daß sie einen bedeutenden Zoologen anrief, um sich eine Bestätigung zu holen. Dieser soll mit unerschütterlicher Diplomatie bemerkt haben, ‹Wenn Sie das gern denken möchten, nun, dann denken Sie es eben›. ‹Er war noch grausamer als du!› fuhr sie ihren Freund an und blieb bei ihrer Überzeugung, ihr Liebling sei das Produkt der Begegnung eines flirtenden Waschbären und einer launischen Katze! Genau auf solche Weise wird in viel größerem Maßstab der Schleier der Maya gewoben, Illusionen, erzeugt aus tiefsitzender Selbstverblendung. Übrigens ist mir gesagt worden, die ‹Coon cats› hätten ihren Namen

---

19 Der Ausdruck *a menagerie lion* (ein Zirkus-Löwe) und der Ausdruck *imaginary line* (gedachte Linie) klingen, wenn nachlässig gesprochen, in englischer Aussprache fast gleich. — PK.

von einem Kapitän Coon, der die erste dieser Perserkatzen mit seinem Schiff in den Staat Maine brachte.

In subtileren Fällen projizieren wir alle die linguistischen Verhältnisse unserer partikulären Sprache auf das Universum und SEHEN sie dort, gerade wie jene Dame eine linguistische Beziehung (coon = racoon) augenfällig an ihrer Katze SAH. Wir sagen ‹Sieh die Welle› nach dem gleichen Satzschema wie ‹Sieh das Haus›. Ohne die Projektion der Sprache hat aber noch nie jemand eine einzelne Welle gesehen. Wir sehen eine Oberfläche mit wechselnden wellenförmigen Bewegungen. Manche Sprachen können «eine Welle» gar nicht sagen. Sie sind in dieser Hinsicht der Wirklichkeit näher. Ein Hopi sagt *walalata*, «mehrfaches Wogen ereignet sich», und er kann die Aufmerksamkeit ebensogut auf eine Stelle in dem Wogen lenken wie wir. Da es in Wirklichkeit eine Welle für sich allein nicht gibt, ist die Form *wala*, die unserem Singular korrespondiert, dem englischen ‹a wave› [und dem deutschen «eine Welle»] nicht äquivalent, sondern bedeutet ‹ein plötzliches Schwanken ereignet sich›, wie es bei einer Flüssigkeit in einem Gefäß der Fall ist, das plötzlich erschüttert wird.

Die Struktur des Englischen behandelt ‹Ich halte es› genau wie ‹Ich schlage es›, ‹Ich zerre es› und sehr viele andere Sätze, die sich auf Handlungen zur Veränderung von Dingen beziehen. ‹Halten› oder ‹behalten› als schlichtes Faktum ist aber keine Handlung, sondern ein Zustand relativer Positionen[20]. Wir fassen es jedoch als Handlung auf, sehen es sogar als Handlung, weil unsere Sprache den entsprechenden Satz in der gleichen Weise bildet wie die Sätze einer viel umfassenderen Klasse, die sich auf Bewegungen und Veränderungen beziehen. Wir SCHREIBEN dem, was wir ‹halten› nennen, Handlungscharakter zu, weil die Formel: Substantiv + Verb = Täter + seine Tätigkeit für unsere Sätze grundlegend ist. Wir sind daher in vielen Fällen gezwungen, in die Natur fiktive Täterwesen hineinzulesen, nur weil unsere Satzstrukturen verlangen, daß unsere Verben, wenn sie nicht im Imperativ stehen, Substantive vor sich haben. Wir sind genötigt zu sagen, ‹Es blitzt› oder ‹Ein Licht blitzt›. Damit konstruieren wir einen Täter ‹Es› oder ‹EIN LICHT›, der das tut, was wir eine Handlung nennen, BLITZEN. Aber das Blitzen und das Licht sind dasselbe; es gibt da kein Ding, das etwas tut und kein Tun. Ein Hopi sagt nur *rephi*. Die Hopisprache kann Verben ohne Subjekte verwenden. Sie erscheint dadurch als ein logisches System, das für die Analyse gewisser Aspekte des Universums sehr geeignet wäre. Unsere wissenschaftliche Ausdrucksweise, die sich auf das westliche Indoeuropäisch und nicht auf das Hopi gründet, macht es genau wie wir: sie sieht manchmal Tätigkeiten und Kräfte, wo in Wirklichkeit nur Zustände sein mögen. Oder meinen Sie nicht auch, es sei durchaus möglich, daß

---

20 Siehe dazu meine Anm. 6, S. 44. — P. K.

Wissenschaftler, ebenso wie Damen mit Katzen, unbemerkt die Struktur-schemata eines partikulären Sprachtyps auf das Universum projizieren und sie dort, auf dem Antlitz der Natur selbst, SEHEN? Ein Wechsel in der Sprache kann unsere Auffassung des Kosmos umformen.

All dies ist typisch für die Weise, wie der niedere personale Geist, gefangen in einer unermeßlich weiteren Welt, die seinen Methoden unzugänglich ist, die seltsame Gabe der Sprache benutzt, um den Schleier der Maya, der Illusion, zu weben, um eine vorläufige Analyse der Wirklichkeit zu machen und sie dann als endgültige zu betrachten. Die westliche Kultur ist hierin am weitesten gegangen: am weitesten in der entschiedenen Gründlichkeit provisorischer Analyse und am weitesten in der Entschlossenheit, diese Analyse als endgültig zu nehmen. Die Übergabe an die Illusion wurde in der westlichen indoeuropäischen Sprache besiegelt. Der Weg aus der Illusion heraus liegt für den Westen in einem Verstehen von Sprache, das weiter ausgreift als nur auf die westlichen indoeuropäischen Sprachen allein. Das ist das ‹Mantra Yoga› des westlichen Bewußtseins und der nächste große Schritt, für den es nun bereit ist. Wahrscheinlich ist dies der beste Weg für den westlichen Menschen, um jene ‹Kultur des Bewußtseins› in Angriff zu nehmen, die ihn zu einer großen Erleuchtung führen wird.

Warum analysieren wir die Struktur verschiedener Sprachen?

Durch ein derartiges allgemeineres Sprachverständnis kann eine große Phase menschlicher Bruderschaft erreicht werden. Die wissenschaftliche Erforschung sehr verschiedener Sprachen — nicht so sehr ihre Erlernung als die Analyse ihrer Struktur — ist eine Lektion in Bruderschaft, in der Bruderschaft unter dem universalen menschlichen Prinzip, in der Bruderschaft der ‹Söhne des Manas›. Mit dieser Forschung überschreiten wir die Grenzen aller lokalen Kulturen, Nationalitäten und körperlichen Eigentümlichkeiten wie der sogenannten ‹Rassen›. Und wir finden, daß alle Menschen, so verschieden ihre sprachlichen Systeme auch sein mögen, in der Ordnung, Harmonie und Schönheit dieser Systeme, in ihren verschiedenen Feinheiten und in der Tiefe ihrer Analyse der Wirklichkeit gleichwertig sind. Dieser Sachverhalt ist unabhängig vom Entwicklungsstand der materiellen Kultur, der Zivilisation und der Moral oder Ethik usw. Das ist für den kultivierten Europäer eine überraschende, schockierende Sache — eine bittere Pille! Aber es ist wahr: der roheste Wilde kann unbewußt mit der größten Leichtigkeit ein sprachliches System handhaben, das so kompliziert und mannigfaltig systematisiert und so schwer zu verstehen ist, daß es der ganzen Lebensarbeit unserer größten Gelehrten bedarf, um seine Funktionen zu beschreiben. Die *Manas*-Ebene und das ‹höhere Ich› sind allen gegeben. Menschliche Sprache war lange vor der Zeit der ältesten Ruinen, die heute im Boden modern, vollständig entwickelt und über die ganze Erde verbreitet.

Linguistisches Wissen schließt das Verstehen vieler verschiedener und schöner Systeme logischer Analyse in sich. Durch die Sprachwissenschaft werden die diversen Weltauffassungen anderer Gesellschaften, die wir bisher für fremdartig hielten, in neuen Begriffen verständlich. Das Fremdartige verwandelt sich in eine neue und oft klärende Ansicht von den Dingen. Nehmen wir etwa das Japanische. Der Eindruck, den die Japaner äußerlich durch die Politik ihrer Regierung auf uns machen, scheint keineswegs positiv in Richtung auf Bruderschaft zu weisen[21]. Nähern wir uns ihnen aber auf dem Wege über eine ästhetische und wissenschaftliche Würdigung ihrer Sprache, so ändert sich das Bild. DANN bemerken wir die Verwandtschaft auf der kosmopolitischen Ebene des Geistes. Ein sehr hoch zu schätzendes Strukturgesetz dieser Sprache liegt darin, daß ihre Sätze zwei Subjekte verschiedenen Ranges haben können. Die Vorstellung von zwei OBJEKTEN mit verschiedenem Rang ist uns vertraut. Wir unterscheiden sie meist als das unmittelbare und das mittelbare Ziel oder als das direkte und das indirekte Objekt. An die Möglichkeit, einen ähnlichen Gedanken auf die SUBJEKTE anzuwenden, haben wir aber wahrscheinlich nie gedacht. Dieser Gedanke wird im japanischen genutzt. Die zwei Subjekte – nennen wir sie Subjekt$_1$ und Subjekt$_2$ – sind durch die Partikeln *wa* und *ga* gekennzeichnet. Ein Diagramm, auf dem von jedem der beiden Subjektbegriffe eine Linie ausgeht, würde diese zwei Linien in die gleiche Prädikation konvergieren lassen. Unser englischer Satz könnte dagegen nur ein Subjekt mit einer Linie zum Prädikat zeigen. Ein Beispiel bietet die japanische Aussage für ‹Japan ist bergig›: ‹Japan$_1$ Berg$_2$ (sind) viele›[22]; oder: ‹Japan, in Hinsicht auf seine Berge, sind viele›. ‹John ist langbeinig› würde heißen ‹John$_1$ Bein$_2$ lang›. Dieses Strukturschema verbindet große Kürze mit großer Präzision. An Stelle der Unbestimmtheit unseres ‹bergig› kann das Japanische mit gleicher Dichte der Formulierung ‹bergig› im Sinne von nicht immer hohen aber reichlich vorhandenen Bergen unterscheiden von ‹bergig› im Sinne weniger, aber hoher, das gemeinte Gebiet beherrschender Berge. Es scheint ersichtlich, daß eine logische Ausnutzung dieser Struktur dem Japanischen große Möglichkeiten des bündigen wissenschaftlichen Operierens mit abstrakten Vorstellungen geben würde, sofern diese Möglichkeiten in geeigneter Weise entwickelt werden könnten.

---

21 Dieser Artikel wurde Anfang 1941 geschrieben! – PK.

22 ‹sind› steht in Klammern, weil ‹vielsein› durch ein einziges verbählnliches Wort ausgedrückt wird. Der Japaner verwendet gewöhnlich keinen Plural.

Beispiele latenter wissenschaftlicher Ausdrucksmittel in nicht-indoeuropäischen Sprachen

Die wissenschaftliche unvoreingenommene Erforschung von Sprachen findet auch bei Völkern und Kulturen, die äußerlich wenig für sich einnehmen, stets sofort schöne, leistungsfähige und (potentiell) wissenschaftliche Ausdrucksmittel, die sowohl den Sprachen wie dem Geist der westlichen Indoeuropäer unbekannt sind. Die Sprachen der Algonquin werden von sehr einfachen, jagenden und fischenden Indianern gesprochen, aber sie sind wahre Wunder der Analyse und Synthese. Ein Beispiel ihrer grammatischen Raffinesse ist der sogenannte Obviativ. Durch diesen haben ihre Fürwörter vier statt drei Personen oder — von unserem Standpunkt aus — zwei dritte Personen. Das bedeutet eine starke Hilfe bei der bündigen Beschreibung komplizierter Situationen, für die wir unsere Zuflucht zu schwerfälligen Umschreibungen nehmen müssen. Wir wollen ihre dritten und vierten Personen durch die Indizes 3 und 4 an unseren Wörtern kennzeichnen. Dann könnten die Algonquin-Indianer die Geschichte von Wilhelm Tell etwa so erzählen: ‹Wilhelm Tell rief seinen$_3$ Sohn und befahl ihm$_4$ ihm$_3$ seinen$_3$ Pfeil und Bogen zu bringen, die$_4$ er$_4$ ihm$_3$ dann brachte. Er$_3$ befahl ihm$_4$ stille zu stehen und legte einen Apfel auf seinen$_4$ Kopf, nahm sodann seinen$_3$ Pfeil und Bogen und sagte ihm$_4$ er$_4$ brauche sich$_4$ nicht zu fürchten. Dann schoß er$_3$ den Apfel von seinem$_4$ Kopf, ohne ihn$_4$ zu verletzen›. — Ein derartiges Ausdrucksmittel würde uns bei der genauen Beschreibung komplizierter Rechtslagen sehr helfen. Wir würden endlich solche Wendungen wie ‹der Unterzeichnete zu 1› und ‹der vorgenannte Hans Müller soll seinerseits› etc. loswerden.

Das Chichewa, eine mit dem Zulu verwandte Sprache, die von einem Stamm ungebildeter Neger in Ostafrika gesprochen wird, hat zwei Vergangenheiten, eine für vergangene Ereignisse mit Resultaten oder Einflüssen in der Gegenwart, eine für Vergangenheiten ohne gegenwärtigen Einfluß. Eine Vergangenheit, die sich in der Außenwelt abgespielt und in äußeren Situationen niedergeschlagen hat, wird von einer Vergangenheit unterschieden, die allein in der Seele oder im Gedächtnis aufgezeichnet ist. Damit öffnet sich eine neue Ansicht der ZEIT vor uns. Der Index 1 möge die erste, der Index 2 die zweite Vergangenheit anzeigen, und nun erwäge man die folgenden Nuancen des Chichewa: Ich kam$_1$ hierher; Ich ging$_2$ dorthin; Er war$_2$ krank; Er starb$_1$; Christus starb$_2$ am Kreuz; Gott schuf$_1$ die Welt. ‹Ich aß$_1$› bedeutet, ich bin nicht hungrig; ‹Ich aß$_2$› bedeutet dagegen: ich bin hungrig. Wenn Ihnen etwas zu essen angeboten würde und Sie sagten: ‹Nein, ich habe gegessen$_1$›, so wäre alles in Ordnung, gebrauchten Sie jedoch die andere Vergangenheit, so würden Sie eine Beleidigung äußern. Ein Theosoph könnte im Chichewa die Vergangenheit 1 benutzen, wenn er von der vergangenen Involution von Monaden spräche, die der Welt ihren gegenwärtigen Zustand ermöglichte. Dagegen könnte er über längst vergangene und aufgelöste Planetensysteme, deren Entwicklung beendet ist, in der Vergangenheit 2 sprechen. Spräche er über Reinkarnation, so würde er sich mit 2 auf Ereignisse einer vergangenen Inkarnation in ihrem eigenen Bezugssystem beziehen, mit 1 dagegen auch oder nur auf ihr ‹Karma›[23]. Vielleicht sind diese primitiven Menschen mit einer Sprache begabt, auf deren Basis sie zu unseren bedeutendsten Denkern über die ZEIT werden könnten, sofern sie Philosophen oder Mathematiker würden.

Ein anderes Beispiel können wir der Coeur d'Alene-Sprache entnehmen, die von einem kleinen Indianerstamm dieses Namens in Idaho gesprochen wird. Unser einfacher Begriff der Ursache geht auf unsere einfache Form, X veranlaßt es (oder ihn), etwas zu tun, zurück. Die Coeur d'Alene-Grammatik verlangt dagegen, daß man in dieser Sprache zwischen drei kausalen Prozessen unterscheidet (was die Indianer natürlich automatisch tun). Diese drei kausalen Prozesse werden durch drei kausale Verbformen bezeichnet: (1) Wachstum oder Reifen einer inneren Ursache, (2) Zusatz oder Zuwachs von außen, (3) sekundärer Zusatz von etwas, das von einem Prozeß der Art 2 bedingt ist. Um also zu sagen, ‹x ist süß gemacht worden›, würden sie im Falle einer durch Reifung süß gemachten Pflaume die Form 1 benutzen, im Falle einer durch Zusatz von Zucker gesüßten Tasse Kaffee die Form 2 und im Falle von Pfannkuchen, die durch einen — mittels Auflösung von Zucker hergestellten — Syrup gesüßt sind, die Form 3. Angenommen, dieses Volk hätte eine ausgebildetere Kultur und einige seiner Denker würden diese zur Zeit unbewußten Unterscheidungen zu einer Theorie triadischer Kausalität entwickeln, die wissenschaftlichen Beobachtungen angepaßt wäre, so könnten sie dadurch möglicherweise ein wertvolles geistiges Instrument für die Naturwissenschaft hervorbringen. WIR könnten vielleicht künstlich eine solche Theorie imitieren, aber wir könnten sie nicht anwenden, weil UNS solche Unterscheidungen nicht bis zur mühelosen Leichtigkeit im alltäglichen Leben eingewöhnt worden sind. Begriffe haben meist eine Basis im alltäglichen Sprachgebrauch, bevor Wissenschaftler versuchen, sie im Laboratorium zu verwenden. Selbst die Relativitätstheorie der Physik hat eine solche Basis in den westlichen indoeuropäischen Sprachen (und in anderen) — nämlich in der Tatsache, daß diese Sprachen viele Raumbegriffe und räumliche Ordnungsvorstellungen auf die Zeit anwenden.

---

23 *Karma* = das Fortwirken der Taten, eine Lehre des Hinduismus. — PK.

Die Sprache ist überdies mit Bezug auf andere psychische Faktoren bedeutsam, die außerhalb des modernen linguistischen Interesses liegen, aber in der Musik und Poesie, im literarischen Stil und im östlichen *Mantram* wichtig sind. Das bisher Besprochene betraf die Ebene des *Manas* im mehr philosophischen Sinne, das ‹höhere Unbewußte› oder die ‹Seele› (im Sinne C. G. Jungs). Das, wovon ich nun sprechen möchte, betrifft die ‹Psyche› (im Sinne von S. Freud), das ‹niedere› Unbewußte, das *Manas*, welches in Sonderheit die ‹Mörderin der Wirklichkeit› ist, die Ebene des *Kama*, des Gefühls. Diese Ebene der unbewußten Psyche liegt in der Reihe der Ebenen von *Nāma-Rūpa* und *Arūpa* unterhalb von *Nāma-Rūpa*, so daß also die Ebene des *Nāma* oder der Wortgebung gewissermaßen zwischen diesen Extremen vermittelt. Die Psyche korrespondiert daher unter den Schichten der Sprache der Schicht der Phoneme. Sie ist mit dieser jedoch nicht strukturell verbunden wie die Wortgebung *(Nāma)*, die ja die Phoneme (Vokale, Konsonanten, Akzente etc.) als Bausteine benutzt, sondern sie ist mit den Phonemen als deren Gefühlsinhalt verbunden. Es gibt einen universalen gefühlsartigen Zusammenhang zwischen Erfahrungen, der sich in psychologischen Experimenten zeigt, anscheinend von der Sprache unabhängig und im Grunde für alle Menschen gleich ist.

Ohne die Annahme einer seriellen oder hierarchischen Ordnung im Universum müßte man sagen, diese psychologischen Experimente stünden zu den linguistischen in einem Widerspruch. In den Experimenten der Psychologen scheinen die Versuchspersonen die den Wörtern ‹hell, kalt, scharf, hart, hoch, leicht, schnell, eng› usw. entsprechenden Erfahrungen in einer langen Reihe miteinander zu assoziieren und ebenso, in einer anderen Reihe, die den Wörtern ‹dunkel, warm, nachgebend, weich, stumpf, niedrig, schwer, langsam, weit› etc. entsprechenden Erfahrungen. Und zwar geschieht dies, gleichgültig, ob die Wörter für die assoziierten Erfahrungen diesen ähneln oder nicht. Der Durchschnittsmensch bemerkt im allgemeinen eine Beziehung der Erfahrungsinhalte zu den Wörtern nur dann, wenn es eine Beziehung der Ähnlichkeit zu den Vokalen oder Konsonanten der Wörter in einer solchen Reihe ist. Liegt dagegen eine Relation des Kontrastes oder des Gegensatzes vor, so wird sie nicht bemerkt. Das Bewußtsein der Ähnlichkeitsbeziehungen spielt in der Empfindsamkeit für literarischen Stil oder für die sogenannte ‹Musik› der Worte eine Rolle. Beziehungen des Gegensatzes zu bemerken, ist sehr viel schwerer. Es verlangt in viel höherem Grade eine Selbstbefreiung aus der Illusion und ist — obgleich ‹ganz unpoetisch› — eine echte Erhebung zum Höheren *Manas*, zu einer höheren Symmetrie als der der physischen Laute.

Für unsere These ist hier bedeutsam, daß die Sprache durch Namengebung dem Sprecher ein stärkeres Bewußtsein gewisser dunkler psychischer Eindrücke verschafft. Sie bringt tatsächlich unterhalb ihrer eigenen Ebene Bewußtsein hervor: eine quasi-magische Fähigkeit. Die Sprache hat eine yogaähnliche Kraft, sich von den niederen psychischen Tatsachen unabhängig zu halten, sie zu überwinden, sie einmal zu akzentuieren und ein andermal zu verdrängen, die Nuancen der Wörter nach ihrem eigenen Gesetz zu formen, gleich, ob der gefühlsmäßige Klang der Laute paßt oder nicht. Passen die Laute, dann wird ihre Gefühlsqualität verstärkt. Das fällt auch dem Laien oft auf. Passen die Laute nicht, so ändert sich die Gefühlsqualität — wie inkongruent sie den Lauten auch sein mag — entsprechend der sprachlichen Bedeutung. Und dies bleibt unbemerkt.

Die Vokale *a*, *o* und *u* werden in den psychologischen Versuchen mit der dunkel-warm-weichen Reihe assoziiert, *e* und *i* dagegen mit der hell-kalt-scharfen. Auch die Konsonanten werden ungefähr so assoziiert, wie man das nach dem naiven Gefühl erwarten würde. Erscheinen nun die Vokale in Wörtern, so passiert folgendes: hat das Wort eine akustische Ähnlichkeit mit seiner eigenen Bedeutung, wie etwa das englische ‹soft› und das deutsche ‹sanft›, dann fällt uns das leicht auf. Liegt jedoch das Gegenteil vor, so bemerkt es niemand. Das deutsche Wort ‹zart› hat trotz seines *a* einen so ‹scharfen› Klang, daß es für eine des Deutschen unkundige Person die hell-scharfe Bedeutung hervorruft. Für einen Deutschen aber ‹klingt› es SANFT — und wahrscheinlich auch warm, dunkel etc. Noch besser ist DEEP (tief). Seine akustische Assoziation sollte eigentlich der von PEEP und solchen sinnlosen Wörtern wie VEEP, TREEP, QUEEP etc. gleichen, also in der Reihe von hell-scharf-schnell... liegen. Seine sprachliche Bedeutung im Englischen bezieht sich aber auf eine für diese Assoziation nicht passende Art von Erfahrung. Und durch diese Tatsache wird der objektive Klang völlig überwältigt: das Wort ‹klingt› subjektiv genauso dunkel, warm, schwer, sanft etc., als entsprächen seine Laute wirklich diesem Typ. Es bedarf erst einer von der Illusion befreienden, obschon unpoetischen, linguistischen Analyse, um den Widerstreit zweier ‹Musiken› in dem Wort — einer mehr geistigen und einer mehr seelischen — zu entdecken. *Manas*, der Geist, ist in der Lage, die Qualitäten auf der Ebene der Psyche geradeso zu mißachten, wie er umgekehrt mißachten kann, ob das *x* in einer Gleichung sich auf Automobile oder Schafe bezieht. Er kann Teile seiner eigenen Strukturen auf die Erfahrung projizieren, so daß sie diese verzerren und Illusionen entstehen, oder so, daß sie wissenschaftliche Theorien erhellen und Werkzeuge der Forschung schaffen.

PATAÑJALI [24] definiert Yoga als das völlige Aufhören aller Tätigkeit der

---

24 Sprich: Patandschali. Hier ist nicht der große altindische Grammatiker (2. Jh. v. Chr.) gemeint, sondern der angebliche Verfasser des *Jogasutra*, ein sagenhafter indischer Philosoph. — PK.

veränderlichen psychischen Natur[25]. Wie wir gesehen haben, besteht diese Tätigkeit vornehmlich aus Reaktionen zwischen Personen und Gruppen, und die Reaktionen verlaufen in unbewußten Bahnen nach Strukturen der jenseits des individuellen Bewußtseins funktionierenden *Arūpa*-Ebene. Die *Arūpa*-Ebene liegt nicht deswegen außerhalb des Gesichtskreises des Bewußtseins, weil sie etwas wesentlich anderes ist als der personale Geist (wie es z. B. der Fall wäre, wenn sie ein passives Leitungsnetzwerk darstellte). Vielmehr liegt der Grund einfach darin, daß die individuelle Person aus Entwicklung und Gewohnheit ganz auf die oben genannten veränderlichen Tätigkeiten gerichtet ist. Die Stilllegung dieser Aktivität und die Abschaltung der Richtung ins Äußere sind schwierig und verlangen längere Übung. Nach zuverlässigen Berichten aus sehr verschiedenen Quellen bringen sie aber eine enorme Ausweitung, Erhellung und Klärung des Bewußtseins, durch die der Intellekt mit ungeahnter Schnelligkeit und Sicherheit funktioniert. Die wissenschaftliche Erforschung von Sprachen, linguistischen Prinzipien und Struktursystemen bedeutet zumindest eine partielle Erhebung zur *Arūpa*-Ebene. Indem wir uns bemühen, ein großes linguistisches Struktursystem zu verstehen, wenden wir uns von der unbeständigen psychischen Aktivität ab [und einer konsequenten methodisch-systematischen geistigen Aktivität zu. — PK]. Das verstehende Eindringen in Sprachstrukturen hat gelegentlich sogar einen therapeutischen Wert. Manche Neurosen bestehen in einem sich ständig wiederholenden zwanghaften Durchlaufen von Wortsystemen, aus denen der Patient befreit werden kann, indem man ihm den Prozeß und seine Struktur sichtbar macht.

Feldcharakter der Sprache

Das alles führt uns zu dem Gedanken zurück, der im ersten Teil berührt wurde: die Typen geordneter Zusammenhänge in der Sprache sind vielleicht nur ein schwankendes, verzerrtes, blasses und substanzloses Spiegelbild einer KAUSAL STRUKTURIERTEN WELT. Gerade so wie die Sprache einerseits aus gesonderten Wortbildungen und Gliederungen *(Nāma-Rūpa)* besteht und andererseits aus systematisch geordneten Strukturschemata, die als Hintergrundsphänomene weniger offensichtlich, aber dafür unübertretbarer und universeller sind, gerade so könnte die physische Welt ein Aggregat quasigesonderter Entitäten (Atome, Kristalle, Organismen, Planeten, Sterne etc.) sein, die nicht isoliert, sondern nur als Erscheinungen in und aus einem Feld kausaler Zusammenhänge zu verstehen sind. Dieses Feld mag selbst eine Mannigfaltigkeit von Struk-

---

25 S. CLAUDE BRAGDONS Paraphrase der Yoga Sūtras in: *An Introduction to Yoga.* New York 1933.

turen und Ordnungen sein. Die Wissenschaft übersteigt sozusagen zur Zeit gerade den obersten Balken eines Zaunes, hinter welchem sie diesen FELDCHARAKTEREN begegnen wird. Je weiter die Physik in die inneratomaren Vorgänge eindringt, desto mehr lösen sich die diskreten physikalischen Formen und Kräfte in Relationen reiner Strukturierung auf. Der ORT eines erscheinenden Etwas, eines Elektrons zum Beispiel, wird unbestimmt und diskontinuierlich. Das Etwas erscheint in einer strukturellen Position und verschwindet, um an einer anderen wieder zu erscheinen — ganz wie ein Phonem oder irgendeine andere, Strukturgesetzen unterworfene sprachliche Entität, von der man ebenfalls sagen kann, sie sei NIRGENDWO zwischen den Positionen. Die Ortsbestimmung jenes Etwas, die zunächst als eine kontinuierliche Variable aufgefaßt und analysiert wurde, wurde bei näherem Zusehen zu einer bloßen Alternation, die durch Situationen ‹aktualisiert› und durch Strukturen jenseits der konkreten Meßbarkeit regiert wird. Statt der dreidimensionalen Gestalt herrscht dort — ‹Arūpa›.

Noch kann die Naturwissenschaft die transzendentale Logik einer solchen Sachlage nicht verstehen. Denn: noch hat sie sich nicht befreit von den illusorischen Notwendigkeiten der gängigen Logik, die im Grunde bloß Notwendigkeiten grammatikalischer Strukturen der westlichen indoeuropäischen Grammatiken sind: Notwendigkeit von Substanzen, die nur Notwendigkeit von Substantiven an gewissen Satzstellen ist, Notwendigkeit von Kräften (der Anziehung etc.), die nur Notwendigkeit von Verben an bestimmten anderen Stellen ist usw. Überlebt die Wissenschaft das drohende Dunkel, dann wird sie als nächstes die Erforschung der linguistischen Prinzipien aufnehmen und sich von den täuschenden sprachlichen Notwendigkeiten befreien, die allzulange für das Wesen der Vernunft selbst gehalten worden sind.

V. Über einige Beziehungen des gewohnheitsmäßigen Denkens und Verhaltens zur Sprache

> Menschliche Wesen leben weder nur in der objektiven Welt noch allein in der, die man gewöhnlich die Gesellschaft nennt. Sie leben auch sehr weitgehend in der Welt der besonderen Sprache, die für ihre Gesellschaft zum Medium des Ausdrucks geworden ist. Es ist durchaus eine Illusion zu meinen, man passe sich der Wirklichkeit im wesentlichen ohne Hilfe der Sprache an und die Sprache sei lediglich ein zufälliges Mittel für die Lösung der spezifischen Probleme der Mitteilung und der Reflexion. Tatsächlich wird die ‹Reale Welt› sehr weitgehend unbewußt auf den Sprachgewohnheiten der Gruppe erbaut ... Wir sehen und hören und machen überhaupt unsere Erfahrungen in Abhängigkeit von den Sprachgewohnheiten unserer Gemeinschaft, die uns gewisse Interpretationen vorweg nahelegen.
>
> — EDWARD SAPIR —[1]

Der Satz, gewissen Denk- und Verhaltensweisen liege oft einfach nur ein bestimmter Sprachgebrauch zugrunde, wird wahrscheinlich allgemeine Zustimmung finden. In einer solchen Feststellung sehen aber viele nur die triviale Anerkennung der hypnotischen Kraft, die von philosophischen und gelehrten Terminologien einerseits und von Schlagworten, gängigen Phrasen und Propagandaparolen andererseits ausgeht. Wer nichts weiter sieht als dies, verfehlt jedoch den eigentlich zentralen Punkt in einem der wichtigen Zusammenhänge zwischen Sprache, Kultur und Psychologie, die SAPIR sah und in dem einleitenden Zitat knapp zusammenfaßte. Wir müssen auch und vor allem DEN Einfluß des Sprachgebrauches erkennen, den er dadurch auf unsere anderen, kulturellen und persönlichen Aktivitäten hat, daß er ständig das Gegebene für uns vorordnet und so unsere Auffassung der alltäglichsten Phänomene bestimmt.

Wie der Name einer Sache unser Verhalten beeinflußt

Auf einen Aspekt dieses Problems stieß ich schon, bevor ich bei SAPIR studierte. Es geschah auf einem Gebiet, das nach der üblichen Auffassung wenig mit Linguistik zu tun hat. Im Zuge meiner beruflichen Arbeit für eine Feuerversicherungs-Gesellschaft unternahm ich es, viele hundert Berichte über die Umstände bei Schadensfällen zu analysieren.

---

1 EDWARD SAPIR (1884—1939), führender amerikanischer Sprachwissenschaftler. — PK.

Es ging mir dabei zunächst um die äußeren, physikalischen Umstände, um defekte Leitungen, Vorhandensein oder Fehlen von Lufträumen zwischen metallenen Kaminröhren und Holz usw. Ich dachte mit keinem Gedanken daran, daß sich noch ganz andere Momente als bedeutsam erweisen könnten. Es wurde dennoch bald deutlich, daß nicht nur die physikalische Situation als solche eine Rolle spielte. In manchen Fällen waren die Bedeutung der betreffenden Situation für die beteiligten Menschen sowie das aus dieser Bedeutung resultierende Verhalten der Menschen entscheidende Faktoren. Der Faktor der Bedeutung war da am deutlichsten, wo es sich um eine SPRACHLICHE BEDEUTUNG handelte, die an einem Namen oder an einer sprachlichen Beschreibung hing, die man gewöhnlich für jene Situation verwendete, in der dann der Schaden entstand. Man wird sich zum Beispiel in der Umgebung eines Lagers von sogenannten ‹Benzin-Tonnen› meist in einer ganz bestimmten Weise verhalten, nämlich sehr vorsichtig. Ohne besondere Instruktionen verhält man sich dagegen in der Nähe eines Lagers von Tonnen, die als ‹leere Benzintonnen› bezeichnet werden, leicht anders — nachlässig: man raucht vielleicht und wirft sogar Zigarettenstummel einfach weg. Und doch sind die ‹leeren› Tonnen vielleicht noch gefährlicher, weil sie explosive Dämpfe enthalten. Physikalisch ist die Situation voller Gefahr. Ihre sprachliche Analyse oder Auffassung aber verwendet nach einer regelmäßigen Analogie das Wort ‹leer›, das für sich allein [also bei Fehlen besonderer zusätzlicher Instruktionen] immer eine Abwesenheit von Gefahr suggeriert. Das Wort ‹leer› erscheint im Englischen in zwei sprachlichen Zusammenhängen. Es wird (1) praktisch als ein Synonym für ‹null und nichtig, negativ, kraftlos› (null and void, negative, inert) gebraucht und es wird (2) auf Behälter angewendet, ohne Rücksicht auf solche Inhalte wie Dämpfe, Flüssigkeitsreste oder Abfallspuren. Die Situation wird nun manchmal in dem einen Zusammenhang (2) benannt, und das Verhalten richtet sich dann nach der Bedeutung dieses Namens in dem anderen Zusammenhang (1). Das ist zugleich ein allgemeines Schema dafür, wie das Verhalten aufgrund eines Sprachgebrauches gefährliche Formen annehmen kann.

In einer Brennerei für Methylalkohol bestand die Isolierung der Destillierkolben aus einer Masse, die aus Kalkstein hergestellt war und in der Brennerei ‹gerührter Kalkstein› genannt wurde. Es wurde keinerlei Vorsorge getragen, um diese Isoliermasse vor großer Hitze oder Flammen zu schützen. Nach einiger Zeit griff das Feuer unter einem der Destilliergefäße auf den ‹Kalkstein› über, der zum allgemeinen Erstaunen heftig brannte. Die essigsauren Dämpfe aus den Destillen hatten den Kalkstein (Kalziumkarbonat) in Kalziumazetat verwandelt. Wird dieses im Feuer erhitzt, so löst es sich unter Bildung des brennbaren Azetons auf. Das unvorsichtige Verhalten, die Isoliermasse nicht gegen das Feuer zu schützen, war [mangels besonderer Instruktionen!] durch den Gebrauch der Bezeichnung ‹Kalkstein› herbeigeführt worden, weil dieser Name mit der Silbe ‹-stein› endet und dadurch Unbrennbarkeit suggeriert.

In einem anderen Fall bemerkte man, wie ein großer eiserner Kessel mit kochendem Firniß überhitzt wurde und sich der Temperatur näherte, bei welcher der Firniß sich entzündet. Der Kessel wurde vom Feuer genommen und auf seinen Rädern eine Strecke weit weggefahren, jedoch nicht abgedeckt. Nach ungefähr einer Minute ging der Firniß in Flammen auf. In diesem Fall ist der Einfluß des Sprachgebrauches etwas komplizierter. Er hängt an der metaphorischen Verdinglichung (darüber später mehr) der Beziehung von ‹Ursache-Wirkung› als Kontakt oder räumliche Berührung von ‹Dingen› — also daran, daß die Situation mit den Worten ‹auf dem Feuer› beziehungsweise ‹nicht auf dem Feuer› analysiert wurde. In Wirklichkeit war das Stadium, in dem das äußere Feuer den Hauptfaktor stellt, vorüber, aber die Überhitzung ging weiter und war nun eine Angelegenheit des Hitzeflusses von dem intensiv erhitzten Kessel in den Firniß hinein. Dieser Prozeß setzte sich noch fort, als der Kessel ‹nicht mehr auf dem Feuer› war.

An der Wand eines Raumes befand sich ein wenig benutzter elektrischer Heizapparat mit Glühdrähten. Für einen der Arbeiter hatte er nur die Bedeutung eines bequemen Aufhängers für seine Jacke. In einer Nacht kam ein Wachmann herein und betätigte einen Schalter. Diese Tätigkeit faßte er in die Worte ‹das Licht andrehen›. Das Licht ging nicht an und diesem Ergebnis gab er die Worte ‹Die Birne ist durchgebrannt›. Das Glühen des Heizgerätes konnte er wegen der darüberhängenden alten Jacke nicht sehen. Die Jacke fing sehr bald Feuer und setzte das Gebäude in Brand.

In einer Lohgerberei wurden Abwässer mit organischen Abfällen in ein großes Setz-Becken geleitet, das teils offen lag, teils mit Holz überdeckt war. Eine solche Situation würde man gewöhnlich mit den Worten ‹Bassin mit Wasser› bezeichnen. Ein Arbeiter hatte eines Tages in der Nähe einen Gebläsebrenner anzuzünden und warf sein Streichholz in das Wasser. Die faulenden Abfälle darin hatten jedoch Gase entwickelt, die sich unter dem Dach sammelten, so daß hier alles andere als ‹Wasser› vorlag. Ein sofortiger Flammenausbruch entzündete das Holzdach, und das Feuer griff sehr schnell auf das angrenzende Gebäude über.

In einem Trockenraum für Tierhäute befand sich an einem Ende ein Ventilator (blower = Bläser). Er erzeugte einen Luftstrom, der am anderen Ende des Raumes durch eine Abzugsöffnung ins Freie trat. Das Feuer begann mit dem Brand einer Halterung an dem ‹blower›, der die Flammen direkt in die Tierhäute hinein und den Raum entlang blies, so daß die gesamte Ware zerstört wurde. Die gefahrbringende Anlage des Raumes folgte wie selbstverständlich aus dem Begriff ‹blower› (Bläser) und seiner linguistischen Äquivalenz mit ‹etwas, das bläst›, was impliziert, seine Funktion sei notwendig die des Blasens. Überdies wurde seine Funktion mit den Worten ‹blasen von Luft zum Trocknen› formuliert — unter Vernachlässigung der Tatsache, daß der Apparat auch andere Dinge, z. B. Flammen und Funken, blasen kann. In Wirklichkeit erzeugt ein *blower* einfach einen Luftstrom und kann ebensogut saugen wie blasen. Er hätte umgekehrt installiert werden müssen, so daß er die Luft über die Tierhäute sog und sie dann durch die Gefahrenstelle (seine eigene Halterung) nach außen drückte.

Neben einem Schmelztiegel für Blei mit Kohlenfeuerung war ein Haufen ‹Blei-Bruch› gelagert — eine irreführende Bezeichnung, denn er bestand aus Bleiplatten alter Radio-Kondensatoren, zwischen denen sich noch Paraffinpapier befand. Das Paraffin ging bald in Flammen auf und setzte das Dach in Brand, das zur Hälfte zerstört wurde.

Diese Beispiele, die noch um viele andere vermehrt werden könnten, dürften genügen. Wie sie zeigen, liegt der Schlüssel zum Verständnis eines gewissen Verhaltens oft in den Analogien der sprachlichen Formulierungen, mit denen man über eine Situation spricht und sie in gewissem Grade analysiert, klassifiziert und in jene Welt einordnet, die ‹sehr weitgehend unbewußt auf den Sprachgewohnheiten der Gruppe erbaut wird›. Wir nehmen immer an, die sprachliche Interpretation, die unsere Gruppe vollzieht, gebe die Wirklichkeit besser wieder, als sie es tatsächlich tut.

Grammatische Strukturschemata als Interpretationen der Erfahrung

Die oben gegebenen Beispiele beschränken sich in ihrem linguistischen Material auf einzelne Wörter, Formulierungen und Zusammenhangsschemata von begrenztem Bereich. Wenn man sieht, wie schon durch diese das Verhalten in bestimmte Bahnen gelenkt wird, so drängt sich der Verdacht auf, der Zwang, den die großen Strukturierungen durch die grammatischen Kategorien ausüben, werde noch sehr viel weiter reichen. Unter grammatischen Kategorien verstehen wir etwas wie Mehrzahl, Geschlecht und ähnliche Klassifikationen (belebt, unbelebt etc.), die Tempora, Aktiv, Passiv und andere Verbformen, Klassifikationen nach der Art der ‹Redeteile› und solche Unterscheidungen wie die, ob eine gegebene Erfahrung mittels eines einheitlichen Morphems, durch ein flektiertes Wort oder mit einer syntaktischen Verbindung bezeichnet wird. Eine Kategorie wie die Anzahl (Einzahl oder Mehrzahl) enthält den Versuch der Interpretation einer ganzen Erfahrungsordnung, ja, gewissermaßen der Welt oder der Natur. Die Kategorie bestimmt sozusagen, wie die Erfahrung aufgegliedert werden soll, welcher Erfahrungsgegenstand als ‹einer› und welche Gegenstände als ‹mehrere› zu bezeichnen sind. Es ist wegen des Hintergrundcharakters solcher Kategorien sehr schwer, die Reichweite ihres Einflusses abzuschätzen. Dazu kommt noch die Schwierigkeit, von der eigenen Sprache, die doch eine tiefe Gewohnheit und ein kulturelles *non est disputandum* ist, den nötigen Abstand für eine objektive Beurteilung zu gewinnen. Nehmen wir aber eine ganz andersartige Fremdsprache, so geht es uns mit ihr wie mit der Natur: wir examinieren sie durch die ‹Brille› unserer eigenen Sprache. Oder aber wir finden schon die Aufgabe des Auflösens der rein morphologischen Schwierigkeiten so gigantisch, daß sie alles andere zu verschlingen scheint. Dennoch: wenn das Problem auch schwer ist, es ist lösbar. Und der beste Weg führt über eine exotische Sprache. Bei deren Erforschung werden wir nämlich, ob wir wollen oder nicht, aus unseren eingefahrenen Geleisen gedrückt. Und dann entdecken wir im Spiegel der exotischen Fremdsprache unsere eigene Sprache neu.

Das Problem drängte sich mir in meinen Studien an der Hopisprache auf, bevor es mir überhaupt ganz klar war. Ich hatte die scheinbar endlose Aufgabe der morphologischen Beschreibung schließlich doch zu Ende gebracht. Im Lichte von SAPIRS Vorlesungen über die Navahosprache war es mir aber deutlich, daß die Beschreibung der SPRACHE keineswegs vollständig war. Ich kannte zum Beispiel die morphologische Bildung des Plurals im Hopi, wußte aber nicht, wie man den Plural gebraucht. Offensichtlich war die Kategorie des Plurals im Hopi nicht dasselbe wie im Englischen, Französischen oder Deutschen. Gewisse Dinge, für die man in diesen Sprachen den Plural benutzt, standen im Hopi im Singular. Damit begann eine Untersuchungsperiode von nahezu zwei weiteren Jahren.

Die Arbeit nahm den Charakter eines Vergleiches zwischen dem Hopi und den westlichen europäischen Sprachen an. Außerdem zeigte sich eine Beziehung zwischen der Hopigrammatik und der Hopikultur und ebenso eine Beziehung zwischen der Grammatik der europäischen Sprachen und unserer eigenen ‹westlichen› oder ‹europäischen› Kultur. Diese Wechselbeziehung betraf unter anderem die großen Einordnungen der Erfahrungen durch die Sprache, die zum Beispiel in unseren Begriffen ‹Zeit›, ‹Raum›, ‹Substanz› und ‹Materie› liegen. Da sich das Englische, Französische und Deutsche und die anderen europäischen Sprachen, mit der MÖGLICHEN (aber fraglichen) Ausnahme des Balto-Slavischen und des Nicht-Indoeuropäischen, in bezug auf die verglichenen Züge kaum unterscheiden, habe ich sie zu einer Gruppe zusammengefaßt, die ich kurz mit SAE für ‹Standard Average European› (Standard Durchschnitts-Europäisch) bezeichne.

Der Teil der Untersuchung, über den hier berichtet werden soll, kann in zwei Fragen zusammengefaßt werden: (1) Sind unsere Begriffe von ‹Zeit›, ‹Raum› und ‹Materie› wesentlich durch die Erfahrung bestimmt und daher für alle Menschen gleich, oder sind sie zum Teil durch die Struktur besonderer Sprachen bedingt? (2) Gibt es faßbare Affinitäten zwischen (a) kulturellen Normen und Verhaltensregeln und (b) großen linguistischen Strukturen. (Ich bin der letzte, der behaupten würde, es gäbe etwas so Bestimmtes wie ‹eine Korrelation› zwischen Kultur und Sprache oder gar zwischen ethnologischen Rubriken wie ‹Landwirtschaft, Jagd etc.› und linguistischen wie ‹flektiert, synthetisch, isolierend o. ä.›[2] Als ich die Untersuchung begann, war das Problem noch keineswegs so klar formuliert, und ich hatte kaum eine Ahnung, wie die Antworten ausfallen würden.)

Der Plural und das Zählen im SAE und in der Hopisprache

In unserer Sprache, d. h. im SAE, werden der Plural und die Kardinalzahlen für zwei Arten von Gegenständen verwendet: für wirkliche und für imaginäre. Um es genauer, wenn auch weniger glatt zu sagen: sie werden für wahrnehmbare räumliche Aggregate einerseits und für metaphorische Aggregate andererseits verwendet. Wir sagen ‹zehn Mann› und auch ‹zehn Tage›. Zehn Mann sind objektiv als zehn, als eine Gruppe von zehn wahrnehmbar[3] — zum Beispiel zehn Mann an einer Straßenecke. ‹Zehn Tage› dagegen können nicht [in der gleichen Weise -PK] Gegenstand einer Erfahrung sein. Gegenstand einer Erfahrung ist nur ein Tag, der heutige; die anderen neun (oder sogar alle zehn) haben wir aus dem Gedächtnis oder aus der Einbildungskraft. Wenn ‹zehn Tage› als eine Gruppe betrachtet werden, so muß das eine ‹imaginäre›, eine geistig konstruierte Gruppe sein. Woher stammt das geistige Modell dazu? Ähnlich wie bei den Fällen des ersten Abschnittes stammt es aus der Tatsache, daß unsere Sprache zwei verschiedene Situationen zusammenwirft aber nur ein Strukturschema für beide hat. Sprechen wir von ‹zehn Schritten vorwärts, zehn Schlägen einer Glocke› oder von irgendeiner ähnlichen zyklischen Folge, davon, daß irgend etwas soundso viele ‹Male› geschieht, dann tun wir dasselbe wie bei den ‹Tagen›. Zyklische Sequenzen fassen wir mit dem imaginären Plural. In der Erfahrung, vor aller Sprache, ist aber eine Gleichheit zyklischer Folgen mit Aggregaten nicht eindeutig gegeben, denn sonst wäre sie in allen Sprachen zu finden, und das ist nicht der Fall.

---

2 Wir haben viele Beweise, daß es keine Korrelation gibt. Man braucht nur das Hopi und das Ute mit Sprachen zu vergleichen, die auf der offen zutageliegenden morphologischen und lexikalischen Ebene einander so ähnlich sind wie etwa Englisch und Deutsch. Der Gedanke einer ‹Korrelation› — im üblichen Sinne dieses Wortes — zwischen Sprache und Kultur ist sicherlich falsch.

3 Wir sagen auch ‹zehn zu GLEICHER ZEIT›. Das zeigt, wie wir in unserer Sprache und unserem Denken Gruppen-Wahrnehmungen in Termini eines ‹Zeit›-Begriffes umformen. Die starke linguistische Komponente in diesem Begriff wird im Laufe dieses Artikels noch herauskommen.

Unser Bewußtsein von Zeit und Zyklizität enthält etwas Unmittelbares und Subjektives — das fundamentale Bewußtsein des ‹Später-und-Später-Werdens›. Im gewohnheitsmäßigen Denken von uns, die wir zur SAE-Gruppe gehören, wird das aber von etwas ganz anderem verdeckt, das zwar auch geistiger Art ist, aber nicht als subjektiv bezeichnet werden sollte. Ich nenne es OBJEKTIVIERT oder imaginär, weil es nach dem Schema für die AUSSEN-Welt gebildet ist. In ihm ist unser Sprachgebrauch niedergeschlagen. Unsere Sprache macht keinen Unterschied zwischen Zahlen, die diskrete Dinge zählen, und Zahlen, die nur ‹sich selbst zählen›. Das gewohnheitsmäßige Denken geschieht daher so, als ob die Zahlen im letzteren Fall geradeso ‹irgend etwas› zählten wie im ersten Fall. Das ist die Objektivierung. Die Begriffe von der Zeit verlieren den Kontakt mit der subjektiven Erfahrung des ‹Später-Werdens› und werden als gezählte QUANTITÄTEN vergegenständlicht, insbesondere als Längen (Zeitspannen), die aus Einheiten bestehend gedacht werden, so wie eine Streckenlänge sichtbar in Zentimeter aufgeteilt werden kann. Eine ‹Zeitspanne› wird wie eine Reihe von Flaschen oder anderen Einheiten vorgestellt.

Im Hopi liegen die Sachen anders. Der Plural und die Kardinalzahlen werden nur für Dinge benutzt, die eine gegenständliche Gruppe bilden oder bilden können. Es gibt keinen imaginären Plural. An seiner Stelle werden Ordinalzahlen, verbunden mit dem Singular, verwendet. Einen Ausdruck wie ‹zehn Tage› gibt es nicht. Die dazu äquivalente Aussage ist eine operationale und erreicht einen bestimmten Tag durch passende Zählung: ‹Sie blieben zehn Tage› wird zu ‹sie blieben bis zum elften Tag› oder zu ‹Sie gingen nach dem zehnten Tag weg›. Statt ‹Zehn Tage sind mehr als neun Tage› erhalten wir ‹Der zehnte Tag ist später als der neunte›. Unsere ‹Zeitspanne› wird nicht als eine Länge betrachtet, sondern als eine Relation des Späterseins zwischen zwei Ereignissen. Während unsere Sprache die Vergegenständlichung jener Gegebenheit des Bewußtseins, die wir Zeit nennen, fördert, gibt es im Hopi kein Strukturschema, welches das Wesen der Zeit, das subjektive ‹Später-Werden›, verdeckt.

Die Substantive der physischen Quantität im SAE und im Hopi

Uns stehen zwei Arten von Substantiven für die Bezeichnung physischer Dinge zur Verfügung: individuelle Substantive und Substantive für Stoffe und Materialien wie zum Beispiel ‹Wasser, Milch, Salz, Granit, Sand, Mehl, Fleisch›. Individuelle Substantive bezeichnen Körper mit bestimmter Begrenzung: ‹ein Baum, ein Stock, ein Mann, ein Hügel›. Materialsubstantive bezeichnen homogene Kontinua, ohne ihre Begrenzung zu implizieren. Die Unterscheidung ist durch die sprachliche Form erkennbar: zum Beispiel haben Materialsubstantive keinen Plural 4, im Englischen fehlt ihnen der Artikel, im Französischen haben sie die partitiven Artikel *du, de la, des*. Die Unterscheidung ist in der Sprache weiter verbreitet als in der wahrnehmbaren Erscheinung der Dinge. Nur wenige natürliche Erscheinungen geben sich als etwas unbegrenzt Ausgedehntes: ‹Luft› natürlich, und oft ‹Wasser, Regen, Schnee, Sand, Fels, Dreck, Gras›. Dagegen kommen ‹Butter, Fleisch, Stoff, Eisen, Glas› und die meisten ‹Materialien› nicht in dieser Weise vor, sondern als große oder kleine Körper mit bestimmter Begrenzung. Die obige Unterscheidung wird also in unsere Aussagen über Gegebenes gewissermaßen durch ein unvermeidbares Strukturschema der Sprache hineingezwungen. Dieses Schema ist aber in vielen Fällen unbequem. Wir benötigen dann weitere sprachliche Mittel, um die Materialsubstantive zu individualisieren. Teilweise geschieht das durch Namen typischer Körper: ‹stick of wood (ein Scheit Holz), piece of cloth (ein Stück Stoff), pane of glas (Glas-Scheibe), cake of soap (Seifenstück)›. Noch häufiger geschieht es durch Einführung von Behälter-Namen — auch da, wo es eigentlich um die Inhalte geht: ‹glass of water (Glas Wasser), cup of coffee (Tasse Kaffee), bag of flour (Sack Mehl), bottle of beer (Flasche Bier)›. Diese sehr verbreiteten Behälterformeln, in denen das ‹of› (und i. Deutschen die Stellung d. Materialsubstantivs hinter d. Behälter-Namen) eine direkte, visuell wahrnehmbare Bedeutung (‹Inhalt›) hat, beeinflussen unsere Auffassung der weniger direkten Formeln mit typischen Körpern: ‹stick of wood, lump of dough (Klumpen Teig)› etc. Die Formeln sind sehr ähnlich: individuelles Substantiv plus ähnlicher Relationsbegriff (im Englischen durch ‹of›, im Deutschen meist einfach durch die Stellung gegeben). In den Fällen mit direkter Bedeutung bezeichnet der Relationsbegriff die Beziehung von Inhalt zu Behälter. In den anderen Fällen ‹suggeriert› er uns das gleiche Verhältnis. Infolgedessen scheinen die ‹Klumpen, Klötze, Blöcke, Stücke› etc. etwas zu enthalten, einen ‹Stoff›, eine ‹Substanz› oder ‹Materie›, die dem ‹Wasser, Kaffee oder Mehl› in den Behälterformeln entspricht. So entsprechen im Raum der SAE-Sprachen die philosophischen Begriffe ‹Substanz› und ‹Materie› ganz dem naiven Denken und sind auf der Basis der allgemeinen Sprachgewohnheit als Begriffe des ‹gesunden Menschenverstandes› ohne weiteres akzeptabel. Unsere Sprachstrukturen machen es oft erforderlich, für die Benennung eines physischen Dinges binomische

---

4 Es ist keine Ausnahme von dieser Regel, wenn ein Materialsubstantiv gelegentlich dem Wortbild nach mit einem individuellen Substantiv zusammenfällt, das natürlich einen Plural hat. Zum Beispiel: ‹Stein› (kein Plural) mit ‹ein Stein› (Plural: Steine). Die plurale Form, die verschiedene Arten bezeichnet, z. B. ‹Weine›, ist natürlich etwas anderes als ein richtiger Plural. Sie ist ein merkwürdiger Seitentrieb aus den SAE-Materialsubstantiven und führt zu noch einer weiteren Art imaginärer Aggregate, die hier nicht behandelt werden kann.

Bezeichnungen zu verwenden, die das, was sie bezeichnen, in formloses Etwas plus Form aufspalten.

Im Hopi ist das wiederum anders. Das Hopi hat eine formal gekennzeichnete Klasse von Substantiven. Diese hat aber keine formale Unterklasse von Materialsubstantiven. Alle Substantive haben einen individuellen Sinn, und alle haben sowohl singulare als auch plurale Formen. Auch die Substantive, die man am ehesten zur Übersetzung unserer Materialsubstantive heranziehen könnte, beziehen sich noch auf vage begrenzte Körper oder anderes Ausgedehntes. Sie implizieren Unbestimmtheit, aber nicht Abwesenheit von Begrenzung und Größe. In bestimmten Aussagen bedeutet ‹Wasser› eine gewisse Menge oder Quantität von Wasser, aber nicht das, was wir «die Substanz Wasser» nennen. Allgemeinheit der Aussage wird mit dem Verb oder Prädikat ausgedrückt, nicht mit dem Substantiv. Da die Substantive individuell sind, brauchen sie nicht durch Verbindung mit Namen von typischen Körpern oder von Behältern individualisiert zu werden — es sei denn, es komme gerade auf die Betonung von Gestalt oder Behälter an. Die Substantive selbst implizieren je passende Körper oder Behälter. Man sagt daher nicht ‹ein Glas Wasser›, sondern *ke·yi* ‹ein Wasser›, nicht ‹ein Pfuhl mit Wasser›, sondern *pa · he* [5], nicht ‹eine Schüssel Maismehl›, sondern ŋǝmni ‹ein Maismehl (eine Quantität...)›, nicht ‹ein Stück Fleisch›, sondern *sik^wi* ‹ein Fleisch›. Die Hopisprache bedarf keiner Analogien und hat keine Analogien, die zur Bildung einer Auffassung des Seienden als einer Vereinigung von formlosem Etwas und Form führen könnten. Auf Formloses bezieht man sich in ihr nicht mit Hilfe von Substantiven, sondern mit andern Symbolen.

Zyklisch wiederkehrende Phasen im SAE und im Hopi

Die Termini ‹Sommer, Winter, September, Morgen, Mittag, Sonnenuntergang› u. a. sind bei uns Substantive, und sie unterscheiden sich formal linguistisch wenig von andern Substantiven. Sie können Subjekt oder Objekt sein, und wir sagen ‹bei Sonnenuntergang› oder ‹im Winter› in derselben Weise wie ‹an der Ecke› oder ‹im Garten›[6]. Sie werden wie Substantive für physische Objekte gezählt und in den Plural gesetzt.

---

5 Im Hopi gibt es zwei Wörter für Wasserquantitäten: *ke·yi* und *pa·he*. Der Unterschied entspricht ungefähr dem zwischen ‹stone› (Stein) und ‹rock› (Fels) im Englischen. *pa·he* impliziert größere Ausdehnung und ‹Wildheit›. Fließendes Wasser, ob in oder außer Haus, ist *pa·he*, ebenso ‹Feuchtigkeit›. Anders als bei ‹stone› und ‹rock› ist der Unterschied aber ein wesentlicher, zum Kern der Bedeutung gehöriger: *ke·yi* und *pa he* können kaum jemals gegeneinander ausgetauscht werden.

6 Allerdings gibt es einige kleine Unterschiede gegenüber anderen Substantiven — im Englischen zum Beispiel beim Gebrauch der Artikel.

In unserem Denken werden daher die mit diesen Wörtern bezeichneten Phasen verdinglicht. Ohne Verdinglichung würde es sich einfach um subjektive Erfahrungen realer Zeit, also des bewußten ‹Später-und-Später-Werdens› handeln, um zyklische Phasen, deren spätere früheren ähnlich sind. Nur in der Einbildung kann solch eine zyklische Phase nach der Weise räumlicher (visuell wahrnehmbarer) Ordnung neben andere Phasen gesetzt werden. Die Macht der sprachlichen Analogie ist aber so groß, daß wir zyklische Phasen in der Tat so verdinglichen. Wir tun das schon, indem wir überhaupt von ‹einer Phase› und von ‹Phasen› sprechen, statt etwa (verbal) vom ‹Phasieren› (phasing). Das Strukturschema für individuelle Substantive und Materialsubstantive mit der binomischen Formel von formlosem Etwas plus Form ist so allgemein, daß es implizite für alle Substantive gilt. Daraus verstehen sich unsere universalen formlosen Etwasse wie ‹Substanz, Materie›, mit denen wir die binomische Formel für eine ungeheuer weite Klasse von Substantiven ausfüllen können. Für die Phasen-Substantive haben wir uns das formlose Etwas ‹Zeit› gemacht. Dies geschah, indem wir ‹eine Zeit›, d. h. eine Gelegenheit oder Phase, nach dem Schema eines Materialsubstantivs gebrauchten. Der gleiche Vorgang macht aus ‹ein Sommer› nach dem Schema der Materialsubstantive ‹Sommer›. Mit unserer binomischen Formel können wir ‹a moment of time, a second of time, a year of time› (ein Augenblick, eine Sekunde, ein Jahr) sagen und denken. Lassen Sie mich nochmals darauf hinweisen, daß hier einfach das Schema von ‹a bottle of milk› (eine Flasche Milch) oder ‹a piece of cheese› (ein Stück Käse) vorliegt. Das befördert uns in der Vorstellung, ‹ein Sommer› enthielte tatsächlich eine so und so große Quantität ‹Zeit› oder bestünde aus ihr.

Im Hopi sind dagegen Phasenbegriffe wie ‹Sommer, Morgen› etc. durchweg keine Substantive, sondern etwas, was am ehesten einem Adverb im SAE entspricht. Die Phasenbegriffe bilden im Hopi einen eigenen formalen Redeteil, der von Substantiven, Verben und selbst von anderen ‹Adverbien› verschieden ist. Es handelt sich nicht um Kasus-Formen wie unser ‹des Abends› oder um ein lokatives Muster wie ‹am Morgen›. Die Wörter für die Phasen-Begriffe im Hopi enthalten keine lokativen Morpheme, wie das bei unseren Bildungen ‹im Haus› oder ‹am Baum› der Fall ist[7]. Sie haben die Bedeutung ‹wenn es Morgen ist› oder ‹während sich die Morgenphase ereignet›. Diese ‹temporalia› werden weder als Subjekte noch als Objekte noch überhaupt als Substan-

---

7 ‹Jahr› und gewisse Kombinationen von ‹Jahr› mit Namen von Jahreszeiten — selten diese allein — können mit einem lokativen Morphem ‹bei, an, in› vorkommen, aber das ist eine Ausnahme. Es scheint sich um etwas wie historische Trümmer einer früheren, anderen Strukturierung zu handeln oder um die Wirkung eine Analogie oder um beides.

tive gebraucht. Man sagt nicht, ‹Es ist ein heißer Sommer› oder ‹Der Sommer ist heiß›, denn der Sommer ist nicht heiß, Sommer ist es, WENN es heiß ist, WENN Hitze erscheint. [‹Wenn› ist hier im zeitlichen Sinne von ‹wann immer› gemeint. — PK] Hier gibt es keine Verdinglichung der erlebten Dauer im Sinne eines Abschnitts, einer Spanne, einer Quantität. Die Begriffe der Zeit enhalten hier das ständige ‹Späterwerden› und weiter nichts. Daher gibt es im Hopi keine Basis für ein formloses Etwas nach Art unserer ‹Zeit›.

Temporale Verbformen im SAE und im Hopi

Das System der drei Tempora der SAE-Verben beeinflußt unser ganzes Denken über die Zeit. Es ist mit jenem umfassenderen Schema der Verdinglichung des subjektiven Erlebens der Dauer verquickt, welches wir schon in den binomischen Formeln für die Substantive sowie bei den temporalen Substantiven, beim Plural und bei der Zählung bemerkten. Diese Verdinglichung erlaubt es, ‹Zeiteinheiten› in der Einbildung ‹in eine Reihe zu stellen›. Die Vorstellung der Zeit als einer Reihe paßt gut zu einem System mit DREI Zeitformen. Ein System von ZWEI Zeitformen, einer früheren und einer späteren Zeit, scheint dagegen besser zur erlebten Dauer zu passen. Wenn wir in unser Bewußtsein blicken, finden wir keine Vergangenheit, Gegenwart und Zukunft, sondern eine komplexe Einheit. ALLES ist im Bewußtsein, und alles im Bewußtsein IST und ist zusammen. Es gibt da Sensuelles und Nichtsensuelles. Das Sensuelle — was wir sehen, hören, tasten — können wir die ‹Gegenwart› nennen. Innerhalb des Nichtsensuellen bildet die große Vorstellungswelt des Gedächtnisses ‹die Vergangenheit›, und das andere Reich des Fürwahrhaltens, der Intuition und des Ungewissen ist ‹die Zukunft›. Dennoch sind Empfindungen, Erinnerungen und Voraussicht im Bewußtsein alle zusammen — weder ‹wird› die eine ‹erst sein›, noch ‹war› die andere ‹einmal und ist nicht mehr›. Die wirkliche Zeitlichkeit im Bewußtsein bedeutet, daß dies alles ‹später wird›, in unumkehrbarer Weise seine Beziehungen verändert. In diesem ‹Spätern› oder ‹Dauern› scheint mir jener wichtigste Unterschied, der zwischen dem Neuesten und Letzten, im Brennpunkt der Aufmerksamkeit Befindlichen einerseits, und dem Rest, dem Früheren andererseits, zu bestehen. Sehr viele Sprachen kommen gut mit zwei Tempora aus, die diesem obersten Verhältnis von ‹später› zu ‹früher› entsprechen. Natürlich kann man ein System von Vergangenheit, Gegenwart und Zukunft in der objektivierten Form von Punkten auf einer Linie in Gedanken KONSTRUIEREN und KONTEMPLIEREN. Eben dazu werden wir durch unsere allgemeine Verdinglichungstendenz angeleitet. Und das System der drei Tempora befestigt uns noch darin.

Im Englischen scheint vor allem das Präsens wenig in jenes oberste

Zeitverhältnis zu passen. Man hat den Eindruck, es werde gezwungen, verschiedene und nicht immer kongruente Aufgaben zu erfüllen. Einmal dient es als objektivierte Mitte zwischen objektivierter Vergangenheit und objektivierter Zukunft – so in Erzählung und Diskussion, in Argumentation, Logik und Philosophie. Zum anderen bezeichnet es eine Einordnung von etwas im Wahrnehmungsfeld: ‹Ich SEHE ihn.› Zum Dritten dient es nomothetischen, das heißt konventionell oder generell gültigen Aussagen: ‹Wir SEHEN mit unseren Augen.› Dieser verschiedenartige Gebrauch führt zu Verwirrungen des Denkens, die wir zumeist gar nicht bemerken[8].

Wie zu erwarten, ist es im Hopi auch hiermit anders. Die Verben haben keine Tempora. Dafür haben sie Gültigkeitsformen (= Formen der Behauptung), Aspekte[9] und Formen der Verbindung zwischen Gliedsätzen (Modi). Diese Formen erlauben eine sogar noch größere Genauigkeit des Sprechens. Die Gültigkeitsformen zeigen folgendes an: entweder (1) daß der Sprecher (nicht das Subjekt des Satzes) die Situation berichtet. (Diese Form korrespondiert unserer Vergangenheit und Gegenwart.); oder (2) daß der Sprecher die Situation, von der die Rede ist, erwartet. (Diese Form korrespondiert unserer Zukunft.)[10]; oder (3) daß der Sprecher eine nomothetische Feststellung macht. (Diese Form korrespondiert unserer nomothetischen Gegenwartsform.)[11] Die Aspekte bezeichnen verschiedene Grade der Dauer und verschiedenartige Tendenzen ‹während der Dauer›. Die ‹Modi› bezeichnen da, wo zwei Verben und somit zwei Gliedsätze vorliegen, Relationen zwischen den Gliedsätzen, einschließlich der Relationen der Simultaneität und des Später-Früher. Dann gibt es noch viele einzelne Wörter, die ähnliche Beziehungen ausdrücken und so die Modi und Aspekte ergänzen. Die Aufgaben unseres Systems der drei Tempora und seine dreigeteilte, li-

---

8 Vgl. für das Deutsche: J. L. WEISGERBER, Vom Weltbild der deutschen Sprache. Bd. I, S. 219 ff. – PK.

9 Vgl. für das Deutsche in diesem Zusammenhang: WEISGERBER, a. a. O., S. 211 ff. – PK.

10 Die assertorischen, Erwartung oder Bericht ausdrückenden Formen unterscheiden sich entsprechend der ‹obersten Zeitrelation›. Die Erwartungsform drückt eine Antizipation aus, die FRÜHER als die (erwartete) objektive Tatsache besteht, und sie drückt eine objektive Tatsache aus, die SPÄTER als der *status quo* des Sprechers liegt. Dieser *status quo* und alle darin beschlossene Vergangenheit werden durch die Bericht-Form ausgedrückt. Unser Begriff ‹Zukunft› scheint – wie der Vergleich mit dem Hopi zeigt – sowohl das Frühere (die Antizipation) wie auch das Spätere (was sein wird) darzustellen. Dieses Paradoxon deutet an, wie sich das Geheimnis der realen Zeit unserem Zugriff entwindet und wie künstlich die Fassung der Zeit durch eine lineare Relation von Vergangenheit – Gegenwart – Zukunft ist.

11 Vgl. zu der Gegenüberstellung von Gütigkeitsformen (Hopi) und Tempora (SAE) die Figur 1, Seite 16. – PK.

neare, verdinglichte ‹Zeit› sind unter verschiedene Verbkategorien verteilt. Alle diese Kategorien aber gleichen nicht unseren Tempora. Die Hopiverben geben ebensowenig wie andere Hopistrukturen eine Basis für die Verdinglichung von Zeit ab. Dennoch hindert dies die Verbformen und anderen Strukturschemata keineswegs an einer engen Anpassung an die betreffenden Realitäten aktueller Situationen.

Dauer, Intensität und Tendenz im SAE und im Hopi

Um über die mannigfaltigen Situationen, mit denen man es zu tun hat, angemessen sprechen zu können, benötigt man in allen Sprachen irgendwelche Mittel für den Ausdruck von Spannen der Dauer, von Intensitäten und von Tendenzen. Für die SAE-Sprachen und vielleicht für viele andere Sprachtypen ist es charakteristisch, daß sie hierfür Metaphern benützen. Als solche dienen die Ausdrücke für räumliche Ausdehnung, also Größe, Anzahl (Pluralität), Position, Gestalt und Bewegung. Wir drücken die Dauer durch Worte wie ‹lang, kurz, groß, viel, schnell, langsam› etc. aus. Für Intensitäten haben wir ‹stark, groß, viel, schwer, leicht, hoch, niedrig, scharf, schwach› etc. und für die Tendenz ‹mehr, zunehmend, wachsen, wenden, verlangen, annähern, gehen, kommen, steigen, fallen, anhalten, glatt, eben, schnell, langsam› usw. Es ist eine nahezu unendliche Liste von Metaphern, die wir kaum mehr als solche bemerken, da sie praktisch die einzigen zuhandenen sprachlichen Mittel sind. Die nicht metaphorischen Termini in diesem Gebiet, wie ‹früh, spät, bald, dauernd, intensiv, sehr› bilden nur eine kleine Gruppe und genügen den Bedürfnissen keineswegs.

Es ist klar, wie dies alles zu dem Vorhergehenden paßt. Es handelt sich um einen Teil unseres großen Schemas der VERDINGLICHUNG — die Verräumlichung von Qualitäten und Möglichkeiten (im Sinne von potentia), die (soweit uns die räumlich wahrnehmenden Sinne vermelden) durchaus unräumlich sind. Die dingliche Bedeutung der Substantive greift (bei uns) von physischen Körpern auf Gegenstände gänzlich anderer Art über. Da physische Körper und ihre Begrenzungen im WAHRGENOMMENEN RAUM durch Termini der Größe und Gestalt bezeichnet und mittels der Kardinalzahlen und des Plurals gezählt werden, dehnen sich diese Schemata der Bezeichnung und des Zählens auf Symbole mit unräumlicher Bedeutung aus und suggerieren uns so einen IMAGINÄREN RAUM. Physische Gestalten ‹bewegen sich, halten an, steigen, sinken, nähern sich› etc. im wahrgenommenen Raum; warum sollten also nicht jene anderen Gegenstände dasselbe in ihrem imaginären Raum tun? Das geht schon so weit, daß wir uns kaum noch auf die einfachste unräumliche Situation beziehen können, ohne ständig auf physikalische Metaphern zurückzugreifen. Ich nehme den ‹Faden› des Arguments von jemandem ‹auf›, wenn mir aber sein ‹Niveau› ‹zu hoch› ist, fangen meine Gedanken an zu ‹wandern›, ich ‹verliere den Anschluß› an den ‹Lauf› seiner Gedanken und wenn er zu dem entscheidenden ‹Punkt› seiner Rede ‹kommt›, sind wir so ‹weit auseinander›, daß mir die ‹Dinge›, die er sagt, als ‹viel› zu willkürlich ‹erscheinen› oder gar als ‹ein Haufen› Unsinn!

Das Fehlen solcher Metaphern ist bei den Hopis auffällig. Es GIBT DA KEINEN Gebrauch von Raumbegriffen für Unräumliches. Es ist so, als stehe dieser Gebrauch unter einem Tabu. Der Grund ist leicht zu sehen, wenn wir wissen, daß die Hopisprache über reiche Mittel der Konjugation und der Wortbildung verfügt, um Dauer, Intensitäten und Tendenzen direkt als solche auszudrücken. Gleichzeitig gibt es keine wichtigen grammatischen Strukturschemata, die Analogien für einen imaginären Raum darbieten. Die vielen ‹Aspekte› der Hopiverben drücken Dauer und Tendenz von Erscheinungen aus, während einige der ‹genera verbi› Intensitäten und Tendenzen sowie die Dauer von Ursachen oder hervorbringenden Kräften ausdrücken. Eine spezielle Klasse von Wörtern, die riesige Klasse der ‹Tensoren›, bezeichnet ausschließlich Intensität, Tendenz, Dauer und Folge. Die eigentliche Funktion der Tensoren bezieht sich auf die Intensitäten und ‹Stärken›, deren Gleichbleiben und Schwanken und auf das Maß der Schwankung. Wird die Intensität (im weitesten Sinne dieses Wortes) als notwendig immer schwankend und/oder fortdauernd betrachtet, dann schließt der Begriff auch Tendenz und Dauer in sich. Tensoren geben Unterschiede des Grades, der Veränderungsrate, der Konstanz und Wiederholung, der Zu- und Abnahme von Intensität, der unmittelbaren Folge, der Unterbrechung oder Folge nach einem Intervall etc. Überdies geben sie QUALITÄTEN von Stärken, die wir metaphorisch als sanft, gleichmäßig, zäh, stürmisch etc. bezeichnen würden. Ein auffallender Zug der Tensoren ist ihre Unähnlichkeit zu all den Raum- und Bewegungs-Begriffen, mit denen allein wir sie übersetzen können. Im Hopi gibt es nur sehr geringe Spuren, bei denen man eine Ableitung von Tensoren aus Raumbegriffen vermuten könnte [12].

---

12 Eine solche Spur liegt in dem Tensor ‹langdauernd›. Er ist zwar von dem Adjektiv ‹lang› (für Räumliches) ganz verschieden, scheint aber die gleiche Wurzel zu enthalten wie das räumliche Adjektiv ‹weit, groß›. Eine andere Spur liegt darin, daß das auf Raum bezügliche ‹irgendwo› in Verbindung mit gewissen Tensoren ‹zu irgendeiner Zeit› bedeutet. Das ist allerdings nicht sicher. Möglicherweise gibt der Tensor allein das zeitliche Element der Bedeutung, so daß sich das ‹irgendwo› auch in der Verbindung noch auf Raum bezieht und unter den besonderen Bedingungen ‹unbestimmter Raum› einfach allgemeine Anwendbarkeit (unangesehen des Raumes oder der Zeit) bedeutet. Eine weitere Spur bietet das zeitbestimmende Wort ‹Nachmittag›. Das Bedeutungselement ‹nach› ist von dem Verb ‹trennen› abgeleitet. Es gibt noch andere Spuren, aber es sind nur einige wenige Ausnahmen, und sie haben offensichtlich mit unseren räumlichen Metaphern keine Ähnlichkeit.

Während uns die Hopisprache in ihren Substantiven als sehr konkret erscheint, zeigt sie sich in den Tensoren als so abstrakt, daß unsere Abstraktionsfähigkeit nahezu überfordert ist.

Denkgewohnheiten im SAE und im Hopi

Der folgende Vergleich zwischen den Denkwelten, in denen Menschen gewohnheitsmäßig leben, deren Muttersprache entweder das Hopi oder aber eine Sprache der SAE-Gruppe ist, kann natürlich nur unvollständig sein. Es können nur einige hervorstechende Unterschiede berührt werden, die aus den schon behandelten sprachlichen Differenzen zu stammen scheinen. Mit ‹Denkgewohnheiten› und ‹Denkwelt› meine ich mehr als einfach die Sprache, also mehr als die sprachlichen Strukturschemata selbst. Ich schließe darin auch die analogischen und suggestiven Funktionen der Schemata (z. B. unseren ‹imaginären Raum› und alle seine Konsequenzen) mit ein und all die Wechselwirkungen zwischen einer Sprache und dem Ganzen einer Kultur, in dem natürlich sehr vieles ist, was nicht sprachlich ist, aber dennoch den gestaltenden Einfluß der Sprache zeigt. Kurz — diese ‹Gedankenwelt› ist der Mikrokosmos, den jeder Mensch in sich trägt und durch den er, soweit es ihm überhaupt möglich ist, den Makrokosmos beurteilt und versteht.

Der SAE-Mikrokosmos analysiert die reale Welt vornehmlich in Begriffen einer Verbindung von sogenannten ‹Dingen› (Körpern und Quasikörpern) einerseits, mit sogenannten ‹Substanzen› (extensionalen, aber formlosen Entitäten) andererseits. Er neigt dazu, das Seiende durch die Brille einer binomischen Formel zu sehen, die jedes Seiende als die Verknüpfung eines formlosen räumlichen Kontinuums mit einer räumlichen Form ausdrückt. Dabei verhält sich das formlose Kontinuum zu der Form wie der Inhalt eines Behälters zu dessen innerer Wandung. Unräumliches Seiendes wird mit ähnlichen Konsequenzen bezüglich Form und Kontinuum imaginär verräumlicht.

Der Hopi-Mikrokosmos scheint die Wirklichkeit vornehmlich in Termini von EREIGNISSEN (oder besser des ‹Ereignens›) zu analysieren. Und zwar bezieht er sich auf Ereignen in zwei Weisen, einer objektiven und einer subjektiven. Wenn und nur wenn es sich um wahrnehmbare physische Ereignisse handelt, werden sie objektiv, vor allem als Umrisse, Farben, Bewegungen etc. ausgedrückt. Subjektiv werden sowohl physische wie nichtphysische Ereignisse als Ausdruck unsichtbarer Intensitätsfaktoren betrachtet, auf die ihre Stabilität und Persistenz oder ihre Flüchtigkeit und Nachgiebigkeit zurückgeht. In dieser Gedankenwelt ‹wird› nicht alles Seiende in der gleichen Weise ‹später und später›. Einiges *wird* in der Weise des Wachsens von Pflanzen, anderes durch Auflösen und Verschwinden, manches durch eine Folge von Metamorphosen und wieder anderes, indem es in einer Form so lange dauert, bis es von starken Kräften affiziert wird. In der Natur eines jeden Seienden, das fähig ist, sich als ein bestimmtes Ganzes zu manifestieren, liegt die Kraft seiner eigenen Weise des Dauerns: sein Wachsen und Abnehmen, seine Stabilität, seine Zyklizität oder sein schöpferischer Charakter. Jedes Seiende ist schon ‹vorbereitet› zu der Weise, die es nun in seinen früheren Phasen manifestiert. Und was es später sein wird, ist teils so ‹vorbereitet› worden und anderenteils gerade dabei, so ‹vorbereitet› zu werden. Dieser aktive oder passive Vorbereitungsaspekt der Welt hat bei den Hopis eine Betonung und Bedeutsamkeit und eine Qualität der Wirklichkeit, wie sie bei uns ‹Materie› oder ‹Stoff› haben.

Einige Züge gewohnheitsmäßigen Verhaltens in der Hopikultur

In unserem Verhalten wie in dem der Hopis finden sich viele Zuordnungen zu dem sprachlich beeinflußten Mikrokosmos. Wie in meinen Berichten über die Feuerschadensfälle gleichen die Weisen, in denen sich Menschen gegenüber Situationen verhalten, den Weisen, in denen sie über die Situationen sprechen. Ein charakteristischer Zug im Verhalten der Hopis ist der Wert, den sie auf Vorbereitung legen. Dazu gehört, wie sie Ereignisse lange vorher ankündigen und sich dafür fertig machen, wie sie sorgfältige Vorsichtsmaßnahmen zur Sicherung und Erhaltung gewünschter Umstände ergreifen und welchen Wert sie auf den guten Willen als den Wegbereiter richtiger Resultate legen. Betrachten wir einmal die Analogien des Schemas für die Zählung von Tagen. Zeit wird vornehmlich ‹tage-weise› (*talk, -tala*) oder ‹nacht-weise› (*tok*) gezählt. Diese Wörter sind keine Substantive, sondern Tensoren. Der erste wird von einer Wurzel ‹Licht, Tag› gebildet, der zweite von einer Wurzel ‹Schlaf›. Die Zählung geschieht durch ORDINALZAHLEN. Man verwendet also nicht das Schema des Zählens einer Anzahl verschiedener Menschen oder Dinge; denn diese, selbst wenn sie nacheinander erscheinen, könnten doch zu einer Versammlung zusammentreten. Man verwendet das Schema des Zählens sukzessiver Erscheinungen DESSELBEN Menschen oder Dinges, die keine Versammlung bilden können. Man verhält sich also zum Zyklus der Tage nicht analog wie zu mehreren Menschen (‹mehrere Tage›), wie WIR es tun, sondern man verhält sich zu ihnen wie zu den sukzessiven Besuchen des SELBEN MENSCHEN. Man ändert mehrere Menschen nicht, indem man sich nur um einen bemüht, aber man kann die späteren Besuche ein und desselben Menschen vorbereiten und ändern, indem man sich bemüht, den Besuch zu beeinflussen, den er jetzt macht. Dies ist die Analogie, nach der die Hopis sich zur Zukunft verhalten: sie bemühen sich innerhalb der gegenwärtigen Situation, die nach ihrer Erwartung sowohl augenscheinliche wie auch okkulte Einflüsse zu dem gerade interessierenden zukünftigen Ereignis vorantragen wird. Man könnte sagen: die Hopis verstehen zwar unser Sprichwort ‹Wohl begonnen ist halb gewonnen›, nicht aber unser ‹Morgen ist auch noch ein Tag.› Und das mag vieles im Charakter der Hopis erklären.

Das vorbereitende Verhalten der Hopis kann grob unterteilt werden in Ankündigen, äußeres Vorbereiten, inneres Vorbereiten, verdeckte Teilnahme und Beharrung. Ankündigung oder vorbereitende Publizität ist eine wichtige Funktion in der Hand eines speziellen Amtsträgers, des Ausrufer-Häuptlings. Die äußere Vorbereitung besteht in vielfältigen sichtbaren Aktivitäten, die nicht notwendig alle direkt in unserem Sinne des Wortes nützlich sind. Sie umfassen gewöhnliches Üben, Wiederholungen, Sich-fertig-Machen, Formalitäten des Vorstellens, Bereitung spezieller Speisen etc. (all das in einem Grad, der uns übertrieben erscheinen mag). Weiter gehört intensive und langdauernde muskuläre Tätigkeit wie Laufen, Rennen, Tanzen dazu, womit man die Intensität der Entwicklung der Ereignisse (z. B. das Wachsen des Getreides) zu erhöhen glaubt. Ferner gehören — auf der Grundlage einer esoterischen Theorie — mimetische und andere magische Vorbereitungen dazu, für die man unter Umständen okkulte Instrumente wie Gebetsstöcke, Gebetsfedern und Gebetsmehl gebraucht. Und schließlich gehören hierher die großen zyklischen Zeremonien und Tänze, die Regen und Ernte vorbereiten sollen. Das Substantiv für ‹Ernte›, *na' - twani* = ‹das Vorbereitete› oder das ‹in Vorbereitung›, leitet sich von einem der Verben ab, die ‹vorbereiten› bedeuten [13].

Innere Vorbereitung ist Beten und Meditieren. Sie besteht bei geringerer Intensität in guten Wünschen und gutem Wollen zur Beförderung der gewünschten Resultate. Die Hopis legen Gewicht auf die Macht von Wunsch und Gedanke. Das ist bei ihrem ‹Mikrokosmos› auch völlig natürlich. Wunsch und Gedanke sind das früheste und also das wichtigste, kritischste und entscheidendste Stadium des Vorbereitens. Überdies beeinflussen für den Hopi Wünsche und Gedanken nicht nur seine eigenen Aktionen, sondern auch die ganze Natur. Auch das ist ganz natürlich. Das Bewußtsein ist seiner eigenen Arbeit, Anstrengung und Energie im Wünschen und Denken gewahr. Erfahrungen, die tiefer liegen als die Sprache, sagen uns, Energieaufwand bringe Wirkungen hervor. WIR neigen zu der Annahme, diese Energie bleibe in unserem Körper, ohne andere Dinge zu affizieren, solange wir nicht willentlich unseren KÖRPER in äußere Aktion setzen. Diese Annahme beruht aber vielleicht nur auf unserer eigenen sprachlich fundierten Theorie, nach

---

13 Die Hopiverben des Vorbereitens entsprechen natürlich nicht ganz unserem ‹vorbereiten›. *na'twani* könnte daher auch durch ‹das, wozu geübt wurde›, ‹das, was er-probt wurde› [im Sinne von herbeigeprobt] u. a. übersetzt werden.

der formlose Etwasse, wie ‹Materie›, Dinge in sich selbst sind, die nur durch ähnliche Dinge, durch weitere Materie geformt werden können, die also von den Kräften des Lebens und Denkens isoliert sind. Die Ansicht, das Denken berühre alles und durchziehe das Universum, ist nicht unnatürlicher als die Ansicht, die Strahlen eines im Freien entzündeten Lichtes täten das. Und es ist auch nicht unnatürlich anzunehmen, das Denken hinterlasse genau wie jede andere Kraft überall irgendwelche Spuren der Wirkung. Wenn WIR an einen bestimmten realen Rosenbusch denken, dann nehmen wir nicht an, unser Gedanke wandere zu dem Busch und treffe ihn wie ein auf den Busch gerichteter Lichtstrahl. Womit aber hat unser Bewußtsein denn nach unserer Meinung zu tun, wenn wir an den Rosenbusch denken? Wahrscheinlich meint man, es habe mit einem ‹Bild im Bewußtsein› zu tun und dieses Bild sei nicht der Rosenbusch selbst, sondern ein geistiges Surrogat desselben. Aber warum sollte es NATÜRLICH sein zu meinen, unsere Gedanken hätten nur mit einem Surrogat und nicht mit dem realen Busch zu tun? Möglicherweise nur deshalb, weil wir dunkel spüren, wie wir einen ganzen imaginären Raum voller geistiger Surrogate mit uns herumtragen. Für uns sind geistige Surrogate eine altvertraute Sache. Zu den Bildern des imaginären Raumes, von dessen imaginärem Charakter wir vielleicht heimlich wissem, stecken wir auch den gedachten und aktuell existierenden Rosenbusch, der doch vielleicht gar nicht dahin gehört. Aber wir tun das — möglicherweise einfach deshalb, weil wir diesen so sehr bequemen ‹Ort› nun einmal für ihn zur Verfügung haben. Die Hopi-Denkwelt hat keinen imaginären Raum. Daher können Gedanken, die mit dem realen Raum zu tun haben, nirgendwo anders lokalisiert werden als in dem realen Raum, und dieser kann nicht von den Wirkungen der Gedanken isoliert werden. Ein Hopi würde selbstverständlich annehmen, sein Gedanke (oder er selbst) habe Verbindung mit dem wirklichen Rosenbusch — oder wahrscheinlicher: dem Mais —, an den er denkt. Also sollte wohl der Gedanke auch irgendeine Spur seiner selbst an den Pflanzen im Feld hinterlassen. Wenn es ein guter Gedanke ist, dann ist er gut für die Pflanzen; ist es ein schlechter Gedanke, dann ist er auch schlecht für die Pflanzen.

Die Hopis betonen den Faktor der Intensität von Gedanken. Damit ein Gedanke wirkungsvoll sei, muß er bestimmt, lebhaft bewußt und mit stark gefühlten, guten Intentionen geladen sein und für lange Zeit stetig festgehalten werden. Die Hopis geben das im Englischen mit folgenden Worten wieder: ‹concentrating, holding it in your heart, putting your mind on it, earnestly hoping› (konzentrieren, es im Herzen bewegen, Deine Seele daran hängen, ernsthaft hoffen). Die Macht der Gedanken ist die Kraft hinter den Zeremonien, den Gebetsstöcken, dem rituellen Rauchen usw. Die Gebetspfeife wird als eine Hilfe beim ‹Konzentrieren› betrachtet (so drückte es mein Hopi-Informant aus). Der Name der Pfeife, *na'twanpi*, bedeutet ‹Instrument des Vorbereitens›.

Verdeckte Teilnahme ist geistige Mitarbeit von Menschen, die an der betreffenden Angelegenheit äußerlich nicht teilnehmen, handele es sich nun um eine Arbeit, eine Jagd, eine Zeremonie oder ein Rennen. Die Menschen richten ihr Denken und gutes Wollen auf den Erfolg der Sache. Ankündigungen haben oft ebensosehr den Zweck, die Unterstützung solcher geistiger Helfer zu gewinnen, wie den, zur äußeren Teilnahme aufzurufen. Sie enthalten Ermahnungen an die Leute, mit ihrem aktiven guten Willen zur Sache beizutragen[14]. Eine gewisse Ähnlichkeit mit unserer Auffassung von der Rolle eines freundlich gestimmten oder anfeuernd rufenden Publikums bei einem Fußballspiel sollte uns nicht darüber täuschen, daß die Hopis von ihren verdeckten Teilnehmern in erster Linie die Kraft gerichteter Gedanken und nicht nur Sympathie oder Ermutigung erwarten. Die härteste Arbeit leisten diese Teilnehmer daher auch gar nicht bei dem Spiel, sondern vorher! Eine Form der Macht des Gedankens ist die Kraft des falschen Gedankens zum Bösen. Ein Zweck der verdeckten Teilnahme ist es daher, die massierte Kraft von möglichst vielen Leuten mit gutem Willen zu gewinnen, um den schädlichen Gedanken derer zu begegnen, die der Sache Schlechtes wünschen. Solche Haltungen fördern die Zusammenarbeit und den Gemeinschaftsgeist. Das bedeutet nicht, es gebe in der Hopigemeinde weniger Rivalitäten und entgegengesetzte Interessen als anderswo. Private Streitigkeiten sind häufig, und die Tendenz zur sozialen Desintegration ist in einer so kleinen und isolierten Gruppe stark. Die Theorie des ‹Vorbereitens› durch die Macht der Gedanken, die zur machtvollen Vereinigung, Intensivierung und Harmonisierung der Gedanken der ganzen Gemeinde führt, muß demgegenüber wohl einen großen Anteil an dem bemerkenswerten Grad von Zusammenarbeit haben, den das Hopidorf in allen wichtigen kulturellen Angelegenheiten zeigt.

Die vorbereitenden Tätigkeiten der Hopis zeigen einen Einfluß ihres sprachlichen Hintergrundes auch in der Betonung des Durchhaltens und der ständigen eindringlichen Wiederholung. Der Sinn für die kumulative Wirkung zahlloser kleiner Impulse wird durch eine verdinglichende und verräumlichende Ansicht wie die unsere abgeschwächt. Durch eine Denkweise, die sich dicht an das subjektive Erleben von Dauer und stetigem Späterwerden der Ereignisse hält, wird er dagegen verstärkt. Für uns ist die Zeit eine Bewegung im Raum. Bloße Wiederholung scheint daher ihre Kraft über eine Reihe von Einheiten des Raumes zu verteilen und zu verlieren. Für den Hopi ist die Zeit keine Bewegung, son-

14 Siehe z. B. ERNEST BEAGLEHOLE, *Notes on Hopi economic life.* Yale Univ. Public. i. Anthropology, Nr. 15 (1937), insbesondere die Bezugnahme auf die Ankündigung einer Kaninchenjagd und — S. 30 — die Beschreibung der Aktivitäten im Zusammenhang mit der Reinigung der Toreva Quelle: Ankündigung, mannigfaltige vorbereitende Tätigkeiten und schließlich Vorbereitung der Fortdauer der bereits erzielten guten Resultate und des Fließens der Quelle.

dern ein ‹Späterwerden› von allem, was je getan wurde, und daher ist bloße Wiederholung nicht verschwendet, denn sie akkumuliert sich. Sie bedeutet ein Ansammeln unsichtbarer Veränderungen, die sich in spätere Ereignisse hinein erhalten [15]. Wir sagten oben, die Wiederkehr des Tages werde wie die Wiederkehr derselben, etwas älteren, mit allen Einflüssen des Gestern versehenen Person empfunden und nicht als das Auftreten ‹eines anderen Tages›, einer ganz anderen Person. Dieses Prinzip und die Vorstellung von der Macht der Gedanken sowie gewisse allgemeine Züge der Pueblokultur drücken sich in der Theorie des zeremoniellen Tanzes der Hopi zur Förderung von Regen und Ernte aus und auch in der kurzen, kolbenartigen Schrittbewegung, die in diesem Tanz tausende von Malen, Stunde um Stunde wiederholt wird.

Über einige Einflüsse sprachlicher Gewohnheiten in der westlichen Zivilisation

Es ist schwerer, den sprachlich bedingten oder mitbedingten Zügen unserer eigenen Kultur in wenigen Worten gerecht zu werden als denen der Hopikultur. Das liegt an dem großen Umfang der Aufgabe und an der Schwierigkeit, gegenüber den in uns selbst tief verwurzelten und uns vertrauten Haltungen die Objektivität zu gewinnen, die zu ihrer Analyse notwendig ist. Ich möchte nur gewisse Charakteristika skizzieren, die unserem sprachlichen Binominalismus (Form plus formlose ‹Substanz›), unserer Metaphorik, unserem imaginären Raum und unserer verdinglichten Zeit entsprechen. Alle diese Züge sind sprachlich, wie wir gesehen haben.

Philosophische Anschauungen, die traditionell für die ‹Westliche Welt› kennzeichnend sind, haben in der Form-plus-Substanz-Dichotomie [16]

---

15 Der Begriff der Ansammlung von Kraft, den viele Verhaltensweisen der Hopi zu implizieren scheinen, hat ein Analogon in der Physik: Beschleunigung. Man könnte sagen, der sprachliche Hintergrund ihres Denkens veranlasse die Hopis wie selbstverständlich zu bemerken, daß Kraft sich nicht als Bewegung oder Geschwindigkeit, sondern als Kumulation oder Beschleunigung manifestiert. Unser Sprachhintergrund hindert uns eher an dieser Erkenntnis. Denn nachdem wir Kraft richtig als Änderung begriffen haben, denken wir die Änderung durch unser sprachlich-metaphorisches Analogon, Bewegung, statt durch einen reinen Begriff bewegungsloser Veränderung, den der Akkumulation oder Beschleunigung. Daher ist unser naives Gefühl überrascht, wenn wir im physikalischen Experiment entdecken, daß es nicht möglich ist, Kraft durch Bewegung zu definieren, daß Bewegung und Geschwindigkeit sowie auch Bewegungsruhe gänzlich relativ sind und daß Kraft nur durch Beschleunigung gemessen werden kann.

16 Dichotomie = jede Einteilung, die ihre Gegenstände vollständig in zwei sich gegenseitig ausschließende Klassen teilt. — PK.

eine starke Stütze gehabt. Das betrifft den Materialismus, den psycho-physischen Parallelismus, die Physik in ihrer klassisch Newtonschen Form und ganz allgemein alle dualistischen Auffassungen des Univer-sums. In der Tat, es gehört beinahe alles hierher, was ‹klar und prak-tisch› ist und vom ‹gesunden Menschenverstand› als selbstverständlich betrachtet wird. Monistische, holistische [17] und relativistische Ansichten der realen Welt interessieren die Philosophen und einige Naturwissen-schaftler. Für den ‹gesunden Menschenverstand› des durchschnittlichen westlichen Menschen sind sie selten interessant — nicht, weil sie mit der Natur unvereinbar wären (wenn das der Fall wäre, hätten es die Philo-sophen längst entdecken können), sondern weil man über sie in einer Weise sprechen muß, die fast einer neuen Sprache gleichkommt. Wie die Ausdrücke ‹common sense› und ‹gesunder Menschenverstand› zeigen und der Ausdruck ‹praktisch› nicht zeigt, sind alle drei sehr weitgehend eine Angelegenheit des leicht verständlichen Sprechens. Man behauptet zuweilen, Raum, Zeit und Materie seien in NEWTONS Weltbild unmittel-bar anschaulich, und zitiert dann anschließend die physikalische Relati-vitätstheorie als Beleg dafür, wie mathematische Analyse die Anschau-ung als falsch erweisen kann. Damit wird man der Anschauung jedoch nicht gerecht. Außerdem gibt man eine vorschnelle Antwort auf die Frage (1) auf Seite 78, um derentwillen diese Untersuchung unternom-men wurde. Die Darstellung der Befunde nähert sich hier ihrem Ende, und ich denke, die Antwort ist klar. Es ist falsch, der Anschauung die Schuld zuzuschieben, wenn wir bei der Entdeckung der Geheimnisse des Kosmos, z. B. der Geheimnisse der Relativität von Raum, Zeit und Ma-terie, nur langsam vorankommen. Die richtige Antwort lautet: NEW-TONS Raum, Zeit und Materie sind gar keine Anschauungen. Es sind Derivate aus Kultur und Sprache. Dies sind die Quellen, aus denen NEWTON sie hatte.

Im Gegensatz zu der Weltauffassung der Hopis befördert unsere ob-jektivierende Auffassung der Zeit die Historizität und alles, was mit der Aufzeichnung von Ereignissen zusammenhängt. Die Weltansicht der Hopis ist zu subtil und komplex, sie sieht alles zu sehr in kontinuierlicher Entwicklung, um einfache, klare Antworten auf die Frage nach dem Anfang ‹eines› Ereignisses und dem Ende ‹eines anderen› zu gestatten. Wenn alles, was je passierte, immer noch ist, aber notwendig in einer anderen Form ist, als der, die in Gedächtnis und Aufzeichnung berich-tet wird — dann besteht kein Anreiz zum Studium der Vergangenheit. Die Gegenwart aber muß man nach dieser Ansicht nicht aufzeichnen, sondern zum ‹Vorbereiten› ausnützen. UNSERE objektivierte Zeit liegt wie ein breites Maßband mit abgeteilten leeren Spalten vor uns, de-ren jede mit einer Eintragung auszufüllen ist. Das Schreiben hat sicher-

---

17 holistisch = ganzheitlich. — PK.

lich zu unserer sprachlichen Behandlung der Zeit beigetragen, wie auch umgekehrt diese zum Gebrauch von jenem. Aus der Wechselwirkung zwischen der Sprache und dem Ganzen der Kultur gehen unter anderem hervor:

1. Aufzeichnungen, Tagebücher, Buchhaltung, Rechnungsführung und die durch diese angeregte Mathematik.

2. Interesse an genauer Reihenfolge, Datierung, Kalender, Chronologie, Uhren, Zeitlöhne, Zeitmessung, der physikalische Begriff der Zeit.

3. Annalen, Geschichtswerke, die historische Haltung, Interesse an der Vergangenheit, Archäologie, Einfühlung in vergangene Zeitalter: Klassizismus, Romantizismus usw.

Nach unserer Auffassung erstreckt sich die objektive Zeit in die Zukunft ganz ebenso wie in die Vergangenheit. Wir geben daher unseren Entwürfen für die Zukunft die gleiche Form wie unseren Aufzeichnungen der Vergangenheit und machen Programme, Zeitpläne, Haushaltspläne etc. Die formale Gleichheit der quasiräumlichen Einheiten, in denen wir die Zeit auffassen und messen, läßt uns in dem ‹formlosen Etwas› oder der ‹Substanz› Zeit einen homogenen Fluß sehen, der im Verhältnis zur Zahl der Einheiten fließt. Daher teilen wir allen Leistungen pro Zeiteinheit gemessene Werte zu — ein Verfahren, das den Aufbau einer kommerziellen Zeitstruktur gestattet: Zeitlöhne (die Zeitarbeit gewinnt gegenüber der Stückarbeit mehr und mehr das Übergewicht), Miete, Kredit, Zinsen, Abschreibungen und Versicherungsprämien. Sicherlich würde dieses riesige System, nachdem es einmal errichtet ist, unter jeder beliebigen sprachlichen Zeitbehandlung weiterlaufen. Daß es aber überhaupt aufgebaut wurde und das Ausmaß sowie die besondere Form erreichte, die es in der westlichen Welt erreicht hat, ist eine Tatsache, die entschieden mit den Strukturschemata der SAE-Sprachen zusammenstimmt. Ob eine Zivilisation wie die unsere in Verbindung mit einer ganz anderen sprachlichen Behandlung der Zeit möglich wäre, ist eine große Frage — in unserer Zivilisation sind unsere sprachlichen Strukturschemata und unser an die Zeitordnung angepaßtes Verhalten das, was sie sind, und wir können nur feststellen, daß sie zusammenstimmen. Der Gebrauch von Kalendern und Uhren und die stetig fortschreitende Präzisierung unserer Zeitmessung sind in unserer Kultur angelegt; sie helfen der Naturwissenschaft, und diese ihrerseits gibt in Verfolg der alten Geleise an die Kultur eine stets wachsende Menge von Anwendungsmöglichkeiten, Gewohnheiten und Werten zurück, mit denen dann die Kultur wiederum die Wissenschaft leitet. Was aber liegt außerhalb dieser Spirale? Die Naturwissenschaft ist dabei zu entdecken, daß es im Kosmos etwas gibt, was mit den im Durchlauf der Spirale aufgebauten Begriffen nicht gefaßt werden kann. Sie versucht daher, eine NEUE SPRACHE zu konstruieren, mit der sie sich einem erweiterten Universum anmessen kann.

Das betonte ‹Zeitsparen›, das mit allem obengenannten verbunden ist und eine sehr deutliche Verdinglichung der Zeit darstellt, führt zu der hohen Bewertung der ‹Schnelligkeit›, die sich in unserem Verhalten überall zeigt.

Die Zeit hat als gleichmäßig unterteiltes endloses Maßband in unserer Vorstellung einen sehr monotonen Charakter. Die Monotonie dieser Zeitauffassung beeinflußt unser Verhalten, indem sie uns dazu verführt, die Folge der Ereignisse als noch monotoner zu nehmen, als sie in Wirklichkeit ist. Das heißt, sie hilft uns dabei, unser Leben zur Routine zu machen. Wir bevorzugen Produktions- und Verhaltensweisen, die sich schematisieren lassen, und wir sind im allgemeinen nur zu bereit, uns jeder vorhandenen Routine der Existenz zu unterwerfen. Eine Folge hiervon ist die verbreitete Haltung falscher Sicherheit oder des ‹es wird schon alles gut gehen› und die Vernachlässigung der Vorsicht und des Schutzes gegen Gefahren. Die Technik, mit der wir Energien in unseren Dienst stellen, hat ihre Stärke in Routineleistungen. Auf diese beziehen sich auch vornehmlich unsere Verbesserungsversuche. Dagegen tun wir relativ wenig, um die Feuerausbrüche, Unfälle und Explosionen zu verhindern, die die Verwendung von Energien ständig in großer Zahl mit sich bringt. Eine derartige Indifferenz gegenüber dem Unvorhergesehenen im Leben wäre für eine kleine, isolierte und in labilem Zustand befindliche Gesellschaft, wie die der Hopis sie ist oder war, mit Sicherheit verderbenbringend.

Unsere sprachlich bedingte Gedankenwelt stimmt nicht nur mit unseren kulturellen Idolen und Idealen zusammen, sie fängt selbst unsere unbewußten persönlichen Reaktionen in ihre Strukturschemata ein und gibt ihnen gewisse typische Züge. Einer dieser Züge ist die erwähnte SORGLOSIGKEIT, die sich auch im rücksichtslosen Autofahren und in fortgeworfenen Zigarettenstummeln zwischen Papierabfällen äußert. Unser GESTIKULIEREN während des Sprechens bildet einen anderen Zug. Viele unserer Gesten sollen mit ihrer Bewegung im Raume nicht irgendeinen räumlichen Sachverhalt illustrieren, sondern einen der unräumlichen Sachverhalte, die unsere Sprache durch Metaphern des imaginären Raumes wiedergibt. Wir machen viel häufiger eine greifende Bewegung, wenn wir von dem Ergreifen eines schwer faßbaren Gedankens sprechen, als wenn vom Ergreifen eines Türknopfes die Rede ist. Die Geste soll verdeutlichen, was wir metaphorisch und daher nicht ganz klar ausdrücken. Benutzt man jedoch eine Sprache, die Unräumliches ohne räumliche Analogien ausdrückt, so wird die Bedeutung des Gesprochenen durch Gesten nicht klarer werden. Die Hopis gestikulieren daher in der Tat sehr wenig und in unserem Sinne vielleicht überhaupt nicht.

Die Kinästhesis, unsere Empfindungen für Lage und Bewegung unserer Muskeln und Glieder, ist sicher vorsprachlichen Ursprungs. Dennoch darf man wohl annehmen, sie werde uns durch die sprachliche Verwendung eines imaginären Raumes und metaphorischer Bewegungsvorstellungen stärker bewußt. Die Kinästhesis spielt nun in zwei Gebieten der europäischen Kultur eine deutlich sichtbare Rolle: in der Kunst und im Sport. Die europäische Bildhauerei, eine Kunst, in der Europa Hervorragendes leistet, hat ein starkes kinästhetisches Moment in ihrem ausgeprägten Sinn für die Darstellung körperlicher Bewegung. Von der Malerei gilt ein Gleiches. Der Tanz ist in unserer Kultur kaum mehr von symbolischer oder zeremonieller Bedeutung, er ist ein Ausdruck der Freude an der Bewegung, und unsere Musik ist von den Formen unserer Tänze stark beeinflußt. Viele unserer Sportarten sind durchtränkt von einer ‹Poesie der Bewegung›. Die Rennen und Spiele der Hopis scheinen dagegen die Tugenden des Aushaltens und der stetigen, langdauernden Anstrengung in den Vordergrund zu stellen. Die Tänze der Hopis sind durch und durch symbolisch und werden mit großer Intensität und Ernsthaftigkeit durchgeführt. Sie haben jedoch weder Schwung noch Bewegung.

Auch Synästhesien, Verknüpfungen von Reizen eines Sinnes mit Vorstellungen eines anderen, z. B. optischer Reize mit akustischen Vorstellungen oder umgekehrt, werden wohl durch ein System sprachlicher Metaphern in Gestalt räumlicher Termini für unräumliche Erfahrungen stärker bewußt gemacht. Ihr Ursprung liegt allerdings sicher tiefer. Es werden also zunächst wahrscheinlich Metaphern aus der Synästhesie entstehen und nicht umgekehrt. Doch müssen die Metaphern nicht notwendig in sprachlichen Schemata Wurzeln schlagen, wie die Hopisprache beweist. Die unräumliche Erfahrung hat nur einen gut artikulierenden Sinn, das GEHÖR — denn die Sinne des Geruchs und Geschmacks sind wenig artikuliert. Das Bewußtsein des Unräumlichen ist vor allem ein Reich von Gedanken, Gefühlen und TÖNEN. Das Raumbewußtsein ist ein Reich von Licht, Farbe, Sehen und Tasten und präsentiert Gestalten und Dimensionen. Indem unser metaphorisches System unräumliche Erfahrungen nach räumlichen benennt, schreibt es Tönen, Geräuschen, Geschmäcken, Gefühlen und Gedanken Eigenschaften wie die Farben, Helligkeiten, Gestalten, Abschattungen, Materialqualitäten und Bewegungen zu, die doch eigentlich nur an räumlich Erfahrenem auftreten. Bis zu einem gewissen Grade gibt es auch die umgekehrte Übertragung. Wenn man dauernd von Tönen als hoch, tief, scharf stumpf, schwer, funkelnd, langsam usw. spricht, dann fällt es leicht, auch an Faktoren der räumlichen Erfahrung Analogien zu Momenten der Töne zu finden. So sprechen wir denn auch von dem ‹Ton› einer Farbe, von grauer ‹Monotonie›, von einem ‹lauten› Schlips, einem ‹Geschmack› in der Kleidung: alles umgekehrte räumliche Metaphern. Es ist ein deutlicher Zug der heutigen europäischen Kunst, bewußt mit Synästhesien zu spielen. Musik versucht Szenen, Farben, Bewegungen und geometrische Formen zu suggerieren; Malerei und Bildnerei lassen sich oft bewußt von den Analogien des Rhythmus in der Musik leiten; Farben werden mit viel Gefühl für Akkorde und Dissonanzen zusammenkomponiert. Theater und Oper suchen in Europa eine Synthese vieler Künste herzustellen. Vielleicht bringt unsere metaphorische Redeweise, die in gewissem Sinne eine Verwirrung des Denkens ist, auf diese Art durch die Kunst ein Resultat von weitreichendem Wert hervor: einen tieferen ästhetischen Sinn und in seinem Gefolge eine unmittelbarere Aufnahme der tieferen Einheit hinter den Phänomenen, die uns durch die Sinneskanäle so verschieden übermittelt werden.

Historische Implikationen

Wie entsteht historisch ein solches Netzwerk von Sprache, Kultur und Verhalten? Was war zuerst: die Strukturschemata der Sprache oder die kulturellen Normen? Im großen und ganzen haben sie sich in ständiger gegenseitiger Beeinflussung zusammen entwickelt. Aber in dieser Partnerschaft ist die Sprache ihrer Natur nach der autokratischere Faktor, und zwar ein Faktor, der die freie Plastizität begrenzt und die Kanäle der Entwicklung verhärtet. Das ist deshalb so, weil eine Sprache nicht nur eine Sammlung von Normen, sondern ein System ist. Große Systemcharaktere können sich nur sehr langsam zu etwas wirklich Neuem wandeln. Viele andere kulturelle Neuerungen können — verglichen damit — schnell gemacht werden. Die Sprache repräsentiert darum den Massen-Geist; sie wird zwar durch Erfindungen und Neuerungen affiziert, aber nur sehr geringfügig und langsam. Dagegen ist aber umgekehrt sie FÜR DIE Erfinder und Neuerer mit unmittelbarer Wirkung gesetzgebend.

Das Wachstum des Komplexes der SAE-Sprachen und ihrer Kultur geht in sehr frühe Zeit zurück. Viele der metaphorischen Bezeichnungen des Unräumlichen durch das Räumliche waren schon in den alten Sprachen fixiert, insbesondere im Latein. Das ist in der Tat ein ausgeprägter Zug des Lateinischen. Ziehen wir etwa das Hebräische zum Vergleich heran, so finden wir dort zwar auch einige, aber doch sehr viel weniger räumliche Ausdrücke für Unräumliches. Lateinische Begriffe für Unräumliches wie *educo, religio, principia, comprehendo* sind gewöhnlich metaphorisierte Ausdrücke ursprünglich physischer Bedeutung: ausführen, zurückbinden etc. Derartiges gilt nicht von allen Sprachen — zum Beispiel gar nicht von der Hopisprache. Das Lateinische entwickelte sich in der Richtung vom Räumlichen zum Unräumlichen. Der Grund liegt zum Teil darin, daß die eigentliche Anregung zum abstrakten Denken erst kam, als die intellektuell unreifen Römer der griechischen Kultur begegneten. Spätere Sprachen wurden vom Latein und seiner Entwicklung stark beeinflußt. In diesen Tatsachen haben wir wahrscheinlich eine Ursache für den unter Linguisten immer noch anzutreffenden Glauben, dies sei die natürliche Entwicklungsrichtung im semantischen [18] Wandel aller Sprachen. Zweitens liegt in ihnen wohl der Grund für die Hartnäckigkeit, mit der man in gelehrten Kreisen des Westens (im Unterschied zu denen des Ostens) der Auffassung ist, die objektive Erfahrung sei gegenüber der subjektiven die frühere und grundlegende. Viele Philosophien sprechen gewichtig für das Gegenteil, und die Richtung der Entwicklung ist gewiß manchmal umgekehrt. Das Hopiwort für ‹Herz› ist zum Beispiel eine späte Bildung aus einer Wurzel, die ‹denken› oder ‹erinnern› bedeutet. Man denke auch daran, was aus dem Wort ‹Radio› in Sätzen wie ‹Er kaufte ein neues Radio› geworden ist, während es ursprünglich ein Begriff der Wissenschaft von der ‹drahtlosen Telephonie› war.

Im Mittelalter begannen die im Latein schon geformten Schemata sich mit den zunehmenden mechanischen Erfindungen, mit Industrie, Handel sowie scholastischem und naturwissenschaftlichem Denken zu verweben. Die Notwendigkeit der Messung in Industrie und Handel, die Vorräte und Massen von ‹Stoffen› in verschiedenartigen Behältern, die typischen Körper, in deren Formen verschiedenste Güter gehandelt wurden, die Standardisierung von Maß- und Gewichtseinheiten, die Erfindung von Uhren und die Messung der ‹Zeit›, die Führung von Büchern und Rechnungen, Chroniken und historischen Berichten, das Wachstum der Mathematik und ihre Partnerschaft mit den Naturwissenschaften — all das wirkte zusammen, um unserer Sprach- und Gedankenwelt ihre gegenwärtige Form zu geben.

Könnten wir die Geschichte der Hopisprache lesen, so würden wir in ihr eine andersartige Sprachentwicklung und Wechselwirkungen anderer kultureller und umweltlicher Faktoren finden. Eine friedliche, landbebauende Gesellschaft, durch geographische Bedingungen und nomadische Feinde in einem Land mit spärlichem Regen isoliert, eine magere Landwirtschaft, die nur mit äußerster Beharrlichkeit zum Erfolg gebracht werden konnte (daher der Wert von Ausdauer und Wiederholung), die Notwendigkeit des Zusammenarbeitens (daher die Betonung der entsprechenden psychischen Faktoren und der Faktoren des Bewußtseins überhaupt), Mais und Regen als Wertmaßstäbe, die Notwendigkeit ausgedehnter VORBEREITUNGEN und Vorsichtsmaßnahmen, um in dem kargen Boden und unsicheren Klima eine Ernte zu sichern, ein ausgeprägtes Gefühl für die Abhängigkeit von der Natur, wodurch Gebet

---

18 Semantik = Lehre von den Beziehungen eines Zeichens (z. B. Wort) zu dem, was damit gemeint wird: (a) zu dem, was es gegenständlich bezeichnet, (b) zu einem oder mehreren anderen Zeichen, die ihm nach einer Regel als seine Bedeutung oder als seine Definition zugeordnet sind. — PK.

und religiöse Haltung gegenüber den Naturkräften, vor allem dem stets benötigten Regen, gefördert wurden — all diese Momente wirkten mit den sprachlichen Strukturen des Hopi zusammen, um diese zu formen und von ihnen geformt zu werden und so nach und nach die Weltauffassung der Hopis zu gestalten.

Zusammenfassend kann unsere eingangs gestellte erste Frage (S. 78) folgendermaßen beantwortet werden: Die Begriffe der ‹Zeit› und der ‹Materie› werden nicht allen Menschen durch die Erfahrung in der gleichen Weise gegeben. Sie sind ihrer Form nach vielmehr abhängig von der Sprache oder den Sprachen, in deren Gebrauch sie entwickelt wurden. Sie hängen dabei nicht so sehr von IRGENDEINEM SYSTEM (etwa dem der Tempora oder der Substantive) innerhalb der Grammatik ab, sondern vielmehr von den Weisen der Analyse und der Ordnung der Erfahrung, die in der Sprache als integrierte ‹fashions of speaking› (Weisen des Gebrauchs der Sprache) niedergeschlagen sind und die die grammatischen Klassifikationen übergreifen. Eine derartige ‹fashion› kann daher lexikalische, morphologische, syntaktische und andere systematisch unterschiedliche Mittel zu einem passenden Ganzen koordinieren. Unsere ‹Zeit› unterscheidet sich merklich von der ‹Dauer› der Hopis. Wir fassen die Zeit wie einen Raum mit begrenzter Anzahl von Dimensionen auf oder wie eine Bewegung in einem solchen Raum, und dem entspricht der intellektuelle Gebrauch, den wir von Zeitbegriffen machen. Der Hopibegriff der ‹Dauer› scheint dagegen nicht in den Termini von Raum und Bewegung verstanden werden zu können, denn die Dauer ist der Modus, mit welchem sich das Leben von der Form und das Bewußtsein als Ganzes von seinen räumlichen Gegenstandselementen unterscheiden. Gewisse Vorstellungen, die auf unserem Zeitbegriff gründen, wie etwa die der absoluten Simultaneität, wären auf der Basis der Auffassung der Hopis entweder nur sehr schwer oder gar nicht ausdrückbar. Sie hätten dort keinen Sinn und würden durch operationale Begriffe ersetzt werden. Unsere ‹Materie› ist der physikalische Unterbegriff zur ‹Substanz› oder zum ‹Stoff›, den wir als formloses ausgedehntes Etwas auffassen, das nur in Verbindung mit einer Form real existieren kann. In der Hopisprache scheint es nichts zu geben, was dem korrespondiert. Es gibt keine formlosen ausgedehnten Etwasse. Seiendes mag eine Form haben oder nicht, jedenfalls aber hat es Intensität und Dauer, wobei diese beiden unausgedehnt und im Grunde dasselbe sind.

Und wie steht es mit dem Begriff vom ‹Raum›, den wir auch in die erste Frage einschlossen? Mit Bezug auf ihn besteht zwischen den SAE-Sprachen und dem Hopi keine so ausgeprägte Differenz. Wahrscheinlich ist die Auffassung des Raumes unabhängig von der Sprache im wesentlichen durch die Erfahrung bedingt. Die Experimente der Gestaltpsychologen mit der visuellen Wahrnehmung scheinen das als eine Tatsache zu erweisen. Aber der BEGRIFF VOM RAUM wird in gewissem Maß mit den Sprachen variieren. Er ist als intellektuelles Werkzeug [19] zu eng mit der gleichzeitigen Verwendung anderer geistiger Werkzeuge wie der ‹Zeit› und ‹Materie› verbunden, die ihrerseits sprachlich bedingt sind. Wir sehen die Dinge mit unseren Augen in der gleichen Raumgestalt wie die Hopis. Aber unsere Vorstellung vom Raum dient zugleich als Surrogat für unräumliche Verhältnisse wie die der Zeit, der Intensität und der Tendenz. Überdies dient sie als eine bequeme Leerform zur Ausfüllung mit eingebildeten formlosen Etwassen, unter denen sich sogar eines mit dem Namen ‹Raum› finden kann. Der Raum des Wahrgenommenen wird beim Hopi nicht mit solchen Surrogaten verknüpft, er ist vergleichsweise ‹rein› und frei von aller Mischung mit anderen Begriffen.

Zu unserer zweiten Frage (S. 78): Es gibt Zusammenhänge, aber keine Korrelationen oder diagnostischen Korrespondenzen zwischen kulturellen Normen und sprachlichen Strukturen. Obwohl es natürlich ganz unmöglich wäre, die Existenz von Ausrufer-Häuptlingen aus dem Fehlen der Tempora im Hopi zu erschließen (oder umgekehrt), gibt es doch einen Zusammenhang zwischen einer Sprache und der übrigen Kultur der Gesellschaft, die die Sprache benutzt. Ohne zu entscheiden, ob der Satz universelle Gültigkeit hat oder nicht, läßt sich sagen: Es gibt Fälle, in denen die Weisen des Sprachgebrauchs (fashions of speaking) integrierend mit den anderen Teilen der Kultur verbunden sind. Und es gibt innerhalb dieser Integration Verbindungen zwischen der Art der verwendeten sprachlichen Analyse, den mannigfaltigen Verhaltensweisen und auch den Formen kultureller Entwicklungen. So hat die wichtige Rolle der Ausrufer-Häuptlinge zwar nicht einen Zusammenhang mit dem Fehlen der Tempora, wohl aber hat sie einen Zusammenhang mit dem System eines Denkens, dem ganz andere Kategorien als unsere Tempora natürlich sind. Diese Zusammenhänge findet man nicht, indem man seine Aufmerksamkeit nur auf die typischen Rubriken linguistischer, ethnologischer oder soziologischer Beschreibungen richtet. Immer dann und nur dann, wenn Kultur und Sprache für beachtliche Zeit historisch zusammenbestanden, muß man auch beide als ein Ganzes untersuchen. Man darf dann das Bestehen von Verkettungen erwarten, die quer durch jene Rubriken laufen und die — wenn sie vorhanden sind — schließlich durch die Forschung auch entdeckt werden können.

---

19 Hierher gehören die Begriffe des ‹newtonschen› und ‹euklidischen› Raumes etc.

VI. Ein indianisches Modell des Universums

Eine Sprache ohne unsere Raum-Zeit-Begriffe

Die Annahme, ein Hopi, der nur die Hopisprache und die kulturellen Vorstellungen seiner eigenen Gesellschaft kennt, habe die gleichen — angeblich intuitiven und universellen — Begriffe der Zeit und des Raumes wie wir, scheint mir höchst willkürlich. Der Hopi hat insbesondere keinen allgemeinen Begriff oder keine allgemeine Anschauung der ZEIT als eines gleichmäßig fließenden Kontinuums, in dem alle Teile des Universums mit gleicher Geschwindigkeit aus einer Zukunft durch eine Gegenwart in die Vergangenheit wandern oder in dem — um das Bild umzukehren — der Beobachter mit dem Strom kontinuierlich von der Vergangenheit fort in die Zukunft getragen wird.

Nach langer und sorgfältiger Analyse ist man zu der Feststellung gekommen, daß die Hopisprache keine Wörter, grammatischen Formen, Konstruktionen oder Ausdrücke enthält, die sich direkt auf das beziehen, was wir ‹Zeit› nennen. Sie beziehen sich auch weder auf Vergangenheit, Gegenwart oder Zukunft noch auf Dauern oder Bleiben noch vorzüglich auf kinematische Bewegung im Gegensatz zur dynamischen Bewegung[1]. Ja, sie beziehen sich nicht einmal in einer solchen Weise auf den Raum, daß dabei jenes Element der Extension und der Existenz, das wir ‹Zeit› nennen, ausgeschlossen wäre, so daß die Zeit indirekt, in der Form eines negativen Residuums, berücksichtigt würde. Kurz — die Hopisprache enthält weder ausdrücklich noch unausdrücklich eine Bezugnahme auf ‹Zeit›.

Dennoch ist diese Sprache durchaus fähig, allen beobachtbaren Phänomenen des Universums in einem pragmatischen oder operativen Sinn gerecht zu werden und sie korrekt zu beschreiben. Deshalb scheint es mir auch überflüssig anzunehmen, das Denken der Hopis enthalte irgendeinen Begriff von der Art des angeblich unmittelbar wahrgenommenen Fließens der ‹Zeit›. Gerade so, wie beliebig viele nichteuklidische Geometrien möglich sind, die alle gleichermaßen vollkommene Darstellungen der räumlichen Konfigurationen geben, so sind auch gleichwertige Beschreibungen des Universums möglich, die nicht unsere vertrauten Trennungen von Raum und Zeit enthalten. Eine derartige Weltansicht — in mathematischem Gewande — ist die Relativitätstheorie der modernen Physik. Eine zweite und andersartige — von sprachlichem und nichtmathematischem Charakter — ist die Weltanschauung der Hopis.

---

[1] Kinematische Bewegung = Bewegung als kontinuierliche Ortsveränderung in Raum und Zeit. Dynamische Bewegung = Bewegung als Äußerung eines Kraftaufwandes in einem gewissen Prozeß.

Die Hopisprache und -kultur bergen eine METAPHYSIK. Das gleiche ist der Fall mit unserer sogenannten naiven Anschauung von Raum und Zeit und schließlich auch mit der Relativitätstheorie. Die Hopi-Metaphysik ist jedoch gegenüber diesen beiden sehr anders. Um die Struktur des Universums der Hopi zu beschreiben, ist es nötig, diese Metaphysik so weit wie möglich zu durchleuchten. Eigentlich ist das nur in der Hopisprache selbst möglich. Wir müssen für unseren Versuch einer sicherlich nicht ganz adäquaten Annäherung mittels unserer eigenen Sprache daher vor allem solche Begriffe gebrauchen, die wir relativ dem System angepaßt haben, das der Hopi-Ansicht vom Universum zugrunde liegt.

In der Perspektive der Hopi verschwindet die Zeit, und der Raum ist verändert. Er ist nicht der homogene, zeitlose Raum unserer angeblichen Anschauung oder der klassischen Mechanik NEWTONS. Auch kommen neue Begriffe und Abstraktionen ins Bild, die der Beschreibung der Welt ohne Bezugnahme auf Zeit und Raum zu dienen in der Lage sind. Es sind Abstraktionen, für die wir keine angemessenen Termini haben. Wenn wir versuchen, uns ihnen zu nähern, um mit ihrer Hilfe die Metaphysik der Hopis zu rekonstruieren, dann werden sie uns zweifellos als psychologisch oder gar mystisch erscheinen. Es sind Vorstellungen, die wir gewohnheitsmäßig entweder als Bestandteile sogenannter animistischer oder vitalistischer Überzeugungen betrachten oder als transzendentale Vereinigungen des Wahrnehmbaren mit dem unsichtbar Gefühlten, die wir aus mystischen und/oder okkulten Gedankensystemen zu kennen glauben. Die Abstraktionen, von denen die Rede sein wird, sind in der Hopisprache definitiv gegeben. Sie liegen entweder ausdrücklich in Wörtern — psychologischen oder metaphysischen Begriffen — vor oder sie sind in der Struktur und Grammatik jener Sprache stillschweigend enthalten und überdies in der Kultur und in dem Verhalten der Hopis beobachtbar. Ich habe das äußerste getan, um dafür Sorge zu tragen, daß meine Analyse dieser Abstraktionen objektiv ist und es sich nicht um Projektionen anderer Systeme auf die Sprache und Kultur der Hopis handelt.

Wenn das (eben erwähnte) Wort MYSTISCH in den Augen westlicher Wissenschaftler ein Schmähwort ist, so muß hier betont werden, daß die Abstraktionen und Postulate der Hopi-Metaphysik — von einem neutralen Standpunkt aus betrachtet — pragmatisch und erfahrungsmäßig ebensogut (oder für den Hopi besser) gerechtfertigt sind als die im Grunde ebenfalls mystischen Vorstellungen der fließenden Zeit und des statischen Raumes in unserer eigenen Metaphysik. Die Postulate der Hopis kommen ebensogut für alle Phänomene und ihre Zusammenhänge auf wie die unseren, und sie sind sogar noch besser als die unseren für die Integration der Hopikultur in allen ihren Momenten geeignet.

Sieht man von der jungen und ganz anderen Metaphysik in der Relativitätstheorie der modernen Physik ab, so drückt die Metaphysik, die in unserer eigenen Sprache, Denkweise und modernen Kultur liegt, dem Universum zwei große KOSMISCHE FORMEN auf: Raum und Zeit. Es sind ein statischer, dreidimensional unendlicher Raum und eine kinetische, eindimensional gleichförmig und ewig fließende Zeit — zwei völlig getrennte und unverbundene Aspekte der Realität. Die fließende Linie der Zeit ist ihrerseits noch Gegenstand einer dreifachen Unterteilung in Vergangenheit, Gegenwart und Zukunft.

Auch die Hopi-Metaphysik hat kosmische Formen von gleichem Ausmaß und gleicher Höhe der Abstraktion. Sie drückt dem Universum zwei große kosmische Formen auf, die man in erster Näherung MANIFESTIERT und MANIFESTIEREND (oder UNMANIFESTIERT) nennen könnte oder auch mit den Worten OBJEKTIV und SUBJEKTIV bezeichnen kann. Das Objektive oder Manifestierte umfaßt alles, was den Sinnen zugänglich ist oder war, das ganze historische physische Universum, ohne Andeutung eines Unterschiedes zwischen Vergangenheit und Gegenwart, aber mit völligem Ausschluß all dessen, was wir Zukunft nennen. Die Zukunft wird vollständig von dem Subjektiven oder Manifestierenden umfaßt. ABER NICHT NUR SIE. Das Subjektive oder Manifestierende schließt ebenso und ununterscheidbar auch alles ein, was wir bewußt nennen — alles, was im Bewußtsein erscheint oder existiert. Der Hopi würde statt ‹im Bewußtsein› allerdings lieber ‹im Herz› sagen und damit nicht nur das des Menschen, sondern auch das der Tiere, Pflanzen und Dinge und dahinter — in allen Formen und Erscheinungen der Natur — das Herz der Natur meinen. Ja, wenn auch ein Hopi selbst dies wegen der religiösen und magischen, furchterregenden Ehrwürdigkeit des Gedankens nie aussprechen würde, mehr als ein Kulturanthropologe fühlte sich schon zu der Interpretation gedrängt: es handelt sich für den Hopi letztlich um das innerste Herz des Kosmos selbst.[2] Das Reich des Subjektiven ist nur von unserem Gesichtspunkt aus subjektiv. Für den Hopi ist es von intensiver Wirklichkeit, voller Leben, Macht und Potenz. Es umfaßt nicht nur alles, was WIR als ZUKÜNFTIGES bezeichnen und was der Hopi mehr oder weniger dem Wesen, wenn auch nicht der genauen Gestalt nach als vorbestimmt betrachtet. Es umfaßt auch alles Vorstellen, Denken und Fühlen, dessen Wesen und typische Form das Streben des zweckvoll intelligenten Wünschens zur Manifestation ist — einer

---

2 Auf diesen Gedanken wird manchmal als den ‹Geist des Atems› *(hikwsu)* und als das ‹Mächtige Etwas› *('a'ne himu)* angespielt. Beide Begriffe können allerdings auch weniger hohe und kosmische, wenngleich immer ehrwürdige Bedeutungen haben.

Manifestation, die Widerstände und Verzögerungen zu überwinden hat, in irgendeiner Form aber unausweichlich kommt. Es ist das Reich von Erwartung, Wunsch und Zweck, des aktivierenden Lebens, der wirkenden Ursachen, der sich selbst aus einem innersten Reich (dem HERZ s. o.) in die Manifestation denkenden Gedanken. Es ist in einem dynamischen Zustand. Das ist kein Zustand der Bewegung. Es kommt nicht aus der Zukunft auf uns zu, sondern ist IMMER SCHON MIT UNS in vitaler und geistiger Form. Sein Dynamismus arbeitet im Feld des Ereignens oder Manifestierens, d. h. in der bewegungslosen gradweisen Entwicklung vom Subjektiven zum Objektiven, das sein Resultat ist. Ins Englische übersetzend sagt der Hopi, diese im Prozeß der Verursachung befindlichen Etwasse ‹werden kommen› oder er sagt, die Hopis ‹werden zu ihnen kommen›. In der Hopisprache selbst aber gibt es keine Verben, die unserem ‹Kommen› und ‹Gehen› (diesen rein kinematischen Begriffen einfacher und abstrakter Bewegung) korrespondieren. Die in diesem Fall als ‹kommen› übersetzten Wörter beziehen sich auf den Prozeß des Ereignens — nicht als auf eine Bewegung. Genauer übersetzt lauten sie etwa ‹nach hier ereignend› (‹eventuates to here›) *(pew'i)* oder ‹von ihm ereignend› (‹eventuates from it›) *(angqö)* oder ‹Sichzutragende (s)› (‹arrived›) *(pitu, Plur. öki)*. Dieses letzte Wort bezieht sich nur auf die abschließende Manifestation, das aktuelle Anlangen an einem gegebenen Punkt[3]. Es bezieht sich nicht auf irgendeine vorhergehende Bewegung.

Das Reich des Subjektiven oder des Prozesses der Manifestation, dessen Resultat das Objektive ist, schließt sozusagen in seinem äußersten Rand auch noch einen Aspekt des Seienden ein, den WIR der zeitlichen Gegenwart einordnen. Er betrifft das, was anfängt, sich zu manifestieren, was anfängt, getan zu werden, aber noch nicht in vollem Gange ist: Schlafengehen, zum Schreiben ansetzen etc. Auf derartiges bezieht man sich mit der gleichen Verbform, die sich auch auf unsere Zukunft oder auf Wünschen, Wollen, Intendieren usw. bezieht. In meiner Terminologie für die Hopi-Grammatik ist das die EXPEKTIVE Form. Sie schneidet sich sozusagen einen Teil unserer zeitlichen Gegenwart heraus, nämlich den Moment des Anfangens. Der größere Teil dessen, was bei uns zur Gegenwart gehört, gehört nach dem Schema der Hopisprache in den Bereich des Objektiven, und ist demgemäß von unserer Vergangenheit nicht zu unterscheiden. Nun gibt es im Hopi auch noch eine Verbform, die INZEPTIVE Form, die sich auf diesen RAND beginnender Manifestation in umgekehrter Weise bezieht. Sie bezeichnet sozusagen das gleiche Stadium des Manifestationsprozesses vom Reich des Objektiven aus als die Scheide, an der die Objektivität erreicht wird. Man verwendet diese Form, um ein Beginnen oder Anfangen anzuzeigen. In den meisten Fäl-

---

3 Punkt ist hier als Punkt einer Entwicklung, nicht als Punkt im Raum zu verstehen! — PK.

len hat man bei der Übersetzung keinen Anhaltspunkt für eine Unterscheidung zwischen der inzeptiven und der expektiven Form. Nur in gewissen entscheidenden Fällen werden bedeutsame und fundamentale Differenzen sichtbar. Anders als die expektive Form auf der subjektiven und verursachenden Seite impliziert die inzeptive auf der objektiven oder resultierenden Seite ineins mit dem Beginnen der Manifestation das Aufhören der Arbeit der Verursachung. Ein Verbum kann ein ungefähr unserem Passiv entsprechendes Suffix haben mit der Bedeutung: Verursachung wirkt auf einen Gegenstand in Richtung auf ein bestimmtes Resultat (z. B. ‹das Brot ist dabei gegessen zu werden›). Fügt man dazu noch das inzeptive Suffix, um die tragende Aktion zu bezeichnen, so erhält das Ganze die Bedeutung des zum Ende Kommens der Verursachung. Die tragende Aktion ist im Anfangsstadium, die hinter ihr stehende Verursachung ist also an ihr Ende gekommen. Die Verursachung, die durch das kausale Suffix ausdrücklich bezeichnet wird, ist also IN UNSERER Sprechweise vergangen. Das Verb umschließt so ineins diese Ursache, das Aufhören der Verursachung und das Anfangen der Manifestation des Endstadiums (im Beispiel: ein Stadium teilweisen oder gänzlichen Gegessenseins). Die Übersetzung lautet: ‹es hört auf, gegessen zu werden›. Ohne Kenntnis der zugrundeliegenden Hopimetaphysik wäre es unmöglich zu verstehen, wie dasselbe Suffix Anfang und Ende bezeichnen kann.

Das Reich des Subjektiven und das Reich des Objektiven

Wollten wir unsere metaphysische Terminologie den Hopibegriffen stärker annähern, dann müßten wir wahrscheinlich von dem Subjektiven als dem Reich der HOFFNUNG oder des HOFFENS sprechen. Jede Sprache enthält Termini mit einer ins Kosmische ausgeweiteten Bedeutung. In ihnen kristallisieren sich die fundamentalen Postulate einer unausgesprochenen Philosophie, in die das Denken eines Volkes, einer Kultur, einer Zivilisation und sogar einer ganzen Ära gebettet ist. Für uns spielen, wie wir sahen, die Begriffe ‹Realität[4], Substanz, Materie, Ursache, Raum, Zeit, Vergangenheit, Gegenwart und Zukunft› diese Rolle. In der Hopisprache ist es vor allem das meist als ‹Hoffnung› übersetzte Wort *tunátya* ‹es ist im Hoffen, es hofft, es wird er-hofft, es denkt oder wird gedacht mit Hoffen› usw. Die meisten metaphysischen Begriffe der Hopis sind Verben, nicht Substantive wie in den europäischen Sprachen. Das Verbum *tunátya* enthält in seiner Vorstellung des Hoffens etwas von unseren Wörtern ‹denken›, ‹wünschen› und ‹ver-

***

4 Für den Deutschen kommt hier noch der Begriff der ‹Wirklichkeit› hinzu, der mit dem der ‹Realität› nicht identisch ist. — PK.

ursachen›. Sie alle müssen gelegentlich zur Übersetzung herangezogen werden. Tatsächlich ist *tunátya* ein Terminus, der die Hopiphilosophie vom Universum in Hinsicht auf den großen Dualismus des Objektiven und des Subjektiven in sich kristallisiert. Es ist das Hopiwort für SUBJEKTIV. Es bezieht sich auf den subjektiven, nichtmanifestierten, vitalen und kausalen Aspekt des Kosmos und auf die fermentierende Aktivität des Hervorbringens der Frucht oder der Manifestation. Das ist eine Aktivität des Hoffens, eine geistig-kausale Aktivität, die ewig zu dem Reiche des Manifestierten hin und in es hineindrückt. Wie jeder Kenner der Hopigesellschaft weiß, sehen die Hopis diese keimtreibende Aktivität im Wachsen der Pflanzen, in Wolken- und Regenbildung, in der sorgfältigen Vorbereitung der kommunalen Tätigkeiten der Landwirtschaft und des Bauens, in allem menschlichen Hoffen, Wünschen, Streben und Nachdenken und ganz besonders konzentriert im Gebet. Daher das ständige Hoffende Beten der Gemeinde, unterstützt durch die esoterischen gemeinschaftlichen Zeremonien und die geheimen, esoterischen Rituale in den unterirdischen Kivas [5]. Dieses Beten leitet den Druck ihres kollektiven Denkens und Wollens aus dem Subjektiven ins Objektive. Die inzeptive Form *tunátyaya* bedeutet nicht ‹beginnt zu hoffen›, sondern eher ‹wird wahr, indem es er-hofft wird›. Warum es diese Bedeutung haben muß, dürfte aus dem bereits Gesagten klar sein. Die inzeptive Form bezeichnet das erste Erscheinen auf der Seite des Objektiven. Da jedoch *tunátya* im Grunde die subjektive Aktivität der Kraft bedeutet, bezeichnet die inzeptive Form das Ende dieser Aktivität. Daher könnte man auch sagen, *tunátya* ‹wahr-werden› sei das Hopiwort für ‹objektiv› im Gegensatz zu ‹subjektiv›. Diese zwei Termini sind im Hopi einfach zwei verschiedene Flexionsnuancen der gleichen verbalen Wurzel und die zwei kosmischen Formen nur zwei Aspekte einer Realität.

Soweit es den Raum betrifft, ist das Subjektive ein Reich des Bewußtseins. Es hat keinen Raum im objektiven Sinn. Es scheint jedoch symbolisch mit der vertikalen Dimension und deren Polen, dem Zenit und dem Unterirdischen, assoziiert zu sein, und ferner auch mit dem ‹Herz› der Dinge, das wir metaphorisch als ihr ‹Innerstes› bezeichnen würden. Jedem Punkt in der objektiven Welt korrespondiert eine vertikale und vitale INNERE Achse als etwas, das wir den Urquell der Zukunft nennen könnten. Für den Hopi gibt es aber keine zeitliche Zukunft. Nichts im Reiche des Subjektiven entspricht den Folgen und Reihen, die wir im Zusammenhang mit Distanzen und Konfigurationen des Objektiven finden. Von jeder subjektiven Achse, die man sich wie eine mehr oder weniger vertikale Wachstumsachse einer Pflanze denken kann, dehnt sich das objektive Reich nach allen physikalischen Richtungen. Diese

---

5 Kiva = Männer- und Kulthaus bei den Puebloindianern in Mittelamerika und in den Südstaaten der USA. — PK.

Richtungen werden allerdings genauer durch die horizontale Ebene und die vier Kardinalpunkte gegeben. Die objektive Form ist die große kosmische Form der Ausdehnung. Unter sie fallen alle extensionalen Aspekte des Existierenden, alle Intervalle und Distanzen, alle Reihungen und die Zahlen. Distanz schließt hier auch die zeitlichen Beziehungen zwischen Ereignissen ein, die schon vergangen sind. Die Hopis fassen Zeit und Bewegung im Objektiven rein operational auf — als eine Angelegenheit der Kompliziertheit und des Ausmaßes der Operationen, die Ereignisse verbinden. Das zeitliche Moment ist daher, sofern die Operationen auch irgendwelche räumlichen Momente haben, von diesen nicht getrennt. Die Hopisprache hat kein Wort, das unserer ‹Zeit› wirklich äquivalent ist. Zwei vergangene Ereignisse geschahen in langem ‹zeitlichem› Abstand, wenn zwischen ihnen viele periodische physische Bewegungen lagen, sei es im Sinne des Überquerens großer Entfernungen oder im Sinne der Akkumulation irgendwelcher anderen physischen Tätigkeiten. Die Frage, ob Dinge in einem entfernten Dorf zum gleichen gegenwärtigen Augenblick existieren wie Dinge im eigenen Dorf, erhebt sich in der Hopimetaphysik nicht. Sie ist in dieser Hinsicht ganz pragmatisch und sagt, ‹Ereignisse› in dem fernen Dorf können mit Ereignissen im eigenen nur durch ein Intervall der Bedeutsamkeit oder Größe verglichen werden, welches sowohl Zeit- wie Raum-Formen in sich vereinigt. Ereignisse, die sich entfernt vom Beobachter abspielen, können objektiv nur gewußt werden, wenn sie ‹vergangen› sind. Sie werden also in die objektive Form gesetzt. Je weiter sie entfernt sind, desto mehr sind sie ‹vergangen› (desto mehr wurden sie von der Seite des Subjektiven bearbeitet). Die Hopisprache bevorzugt Verben im Gegensatz zu unserem Vorziehen der Substantive. Im Hopi werden unsere Sätze über Dinge daher ständig in Sätze über Ereignisse umgeformt. Was in einem fernen Dorf wirklich (objektiv) geschieht, also nicht nur vermutet wird, kann ‹hier› erst später gewußt sein. Wenn etwas nicht ‹an diesem Ort› geschieht, geschieht es nicht ‹zu dieser Zeit›; es geschieht an ‹jenem› Ort und zu ‹jener› Zeit. Sowohl das ‹hier› wie das ‹dort› Geschehende stehen im Objektiv, der im allgemeinen unserer Vergangenheitsform korrespondiert. Das ‹dort› Geschehende ist jedoch das objektiv weiter Entfernte. Von unserem Gesichtspunkt aus heißt das: es ist verglichen mit dem ‹hier› Geschehenden auch weiter weg in der Vergangenheit.

Das Reich des Objektiven, des Ausgedehnten, erstreckt sich vom Beobachter weg in eine unermeßliche Ferne des Raumes und der Vergangenheit. In diesem Erstrecken kommt ein Punkt, an dem alle Einzelheiten der Ausdehnung verschwimmen, wo sie in der riesigen Entfernung verlorengehen und wo das sozusagen hinter der Bühne befindliche Subjektive in das Objektive übergeht. Also gibt es in jener unbestimmbaren Entfernung vom Beobachter — von allen Beobachtern — einen allumfassenden Horizont des Endens und Beginnens der Dinge, in dem, wie man sagen könnte, die Existenz selbst das Objektive und das Subjektive verschlingt. Dieser ‹Horizont› ist sowohl subjektiv als auch objektiv. Er ist der Abgrund der Vorzeit — Zeit und Ort der Mythen. Er ist nur subjektiv oder bewußtseinsmäßig bekannt. Die Hopis wissen, daß die Gegenstände ihrer Mythen und Erzählungen nicht die gleiche Realität oder Gültigkeit haben wie Ereignisse und praktische Anliegen des Tages. Sie drücken das sogar in ihrer Grammatik aus. Was die Fernen des Himmels und der Sterne betrifft, ist alles Wissen und Reden über sie vermutet und erschlossen. Es ist also gewissermaßen subjektiv. Man kommt zu diesem Wissen mehr durch die innere vertikale Achse und den Pol des Zenits als durch objektive Prozesse des Sehens und der Ortsveränderung. Entsprechend ist die dunkle Vergangenheit der Mythen eine irdische Ferne, die subjektiv als Mythos durch die vertikale Achse und den Pol des Nadir erreicht wird. Daher wird sie UNTER die gegenwärtige Oberfläche der Erde verlegt. Das bedeutet aber nicht, das Nadir-Land der Ursprungsmythen sei eine Höhle oder Kaverne, so wie wir das auffassen würden. Es ist *Palátkwapi*, ‹bei den Roten Bergen›, ein Land wie unsere gegenwärtige Erde, zu dem sich aber diese Erde wie ein ferner Himmel verhält. Und ähnlich finden die Helden der Erzählungen, wenn sie den Himmel unserer Erde durchstoßen, über ihm ein weiteres, der Erde gleichendes Reich.

Nach all dem ist wohl ersichtlich, wie die Hopis keiner Termini bedürfen, die sich auf Raum oder Zeit als solche beziehen. Die entsprechenden Termini unserer Sprache werden bei der Übersetzung in Ausdrücke der Extension, der Operation und des zyklischen Geschehens umgeformt — wenn sie sich auf den Bereich des Objektiven beziehen. Beziehen sie sich auf das Subjektive, die Zukunft, das Psychisch-Geistige, die mythische Zeit, die unsichtbare Ferne oder ganz allgemein auf irgendwie nur Vermutetes, so werden sie durch Ausdrücke der Subjektivität ersetzt. In dieser Weise kommt die Hopisprache ganz ausgezeichnet ohne Tempora für ihre Verben aus.

VII. Linguistische Betrachtungen
über das Denken in primitiven Gemeinschaften

1

Denken — eine weitgehend sprachliche Funktion

Die Ethnologen werden sich beim Studium einer lebenden primitiven Kultur sicher oft gefragt haben: ‹Was denken diese Menschen und wie denken sie? Sind die intellektuellen und rationalen Prozesse bei ihnen den Prozessen bei uns ähnlich oder sind sie radikal anders?› Wahrscheinlich wurden diese Fragen jedoch sehr schnell als psychologische Rätsel wieder beiseite geschoben, um die Aufmerksamkeit auf besser faßbare Dinge zu konzentrieren. Das Problem des Geistes (thought) und des Denkens in primitiven Gemeinschaften ist aber nicht ausschließlich und schlechthin ein psychologisches Problem, sondern sehr weitgehend ein kulturelles. Überdies hängt es großenteils an dem besonders eng in sich verflochtenen Komplex kultureller Phänomene, den wir als eine Sprache bezeichnen. Es läßt sich also linguistisch behandeln. Wie ich zu zeigen hoffe, verlangt diese Behandlung allerdings ein recht neuartiges Interesse innerhalb der linguistischen Forschung. Es ist ein Interesse, das sich seit kurzem in den Arbeiten von SAPIR, LEONHARD BLOOMFIELD und anderen erhoben hat und das schon vor einigen Dekaden von BOAS in seiner Einleitung zum *Handbook of American Indian languages* [1] vorgetragen wurde.

Eine der klarsten Charakterisierungen des Denkens findet sich bei CARL GUSTAV JUNG. Er stellt es als eine der vier psychischen Grundfunktionen: Empfindung, Gefühl, Denken und Intuition dar [2]. Einem Lin-

---

1 Washington, D. C. 1911—1922. — PK.

2 Den Lesern, die vielleicht nicht bereit sind, ohne weiteres alle Ansichten JUNGS zu akzeptieren, möchte ich sagen, daß seine Auffassung dieser Funktionen wesentlich mit derjenigen früherer Psychologen wie WUNDT übereinstimmt. Er fügt allerdings tiefgreifende Einsichten hinzu. So vertritt er die Meinung, seine vier Funktionen seien nicht nur qualitativ verschiedene, sondern auch getrennte Energiesysteme auf der Basis einer allgemeinen Lebenskraft, der Jungschen Libido. Sie sind also keine bloßen Komplexe oder Prozesse, sondern relativ geschlossene Systeme. Wenn ich JUNG recht verstehe, kann demnach die für das Denken verfügbare Libido oder Lebenskraft nicht in Empfindung oder Gefühl übergehen, es sei denn, sie trete ins Unbewußte und sinke bis auf die primitive undifferenzierte Ebene ab. Dieser Libido-Begriff hat seinen psychologischen Wert. Er mag auch für die ‹Linguistik des Denkens› bedeutsam sein, falls die für linguistische Prozesse vorhandene Energie eine differenzierte Energie innerhalb eines geschlossenen Systems ist. Die Einnahme eines Jungschen Standpunktes ist für die hier angestellte linguistische Betrachtung des Denkens jedoch keineswegs eine notwendige Voraussetzung.

guisten erscheint es einleuchtend, daß das Denken, wie JUNG es definiert hat, einen starken sprachlichen Anteil von struktureller Natur hat. Das Gefühl ist dagegen überwiegend nichtsprachlich. Es kann zwar auch das Vehikel der Sprache benutzen, jedoch in ganz anderer Weise als das Denken. Denken ist sozusagen der ureigenste Bereich der Sprache. Das Gefühl bezieht sich auf Werte, die zwar auch von der Sprache eingeschlossen werden, in ihr aber sehr am Rande liegen. Denken und Gefühl sind bei JUNG die beiden rationalen Funktionen. Ihnen stehen die beiden irrationalen Funktionen der Empfindung und Intuition gegenüber, die man wohl als nicht sprachlich bezeichnen kann. Auch sie sind an den Prozessen des Sprechens, Hörens und Verstehens beteiligt, aber nur mit einem infinitesimalen Teil ihres Gesamtbereiches. Wir können demnach das Denken als diejenige Funktion herausheben, die in starkem Ausmaß sprachlich ist [3].

Sinn und Bedeutung resultieren nur aus den geordneten Zusammenhängen zwischen den Wörtern

Die sprachliche Seite des SCHWEIGENDEN Denkens, des Denkens ohne Sprechen, ist bisher kaum einer Untersuchung gewürdigt worden. Es handelt sich dabei im Grunde weder um unterdrücktes Sprechen oder unhörbares Gemurmel noch um stumme Bewegungen der Sprechorgane, wie manche Forscher angenommen haben [4]. Eine solche Erklärung leuch-

---

3 Manche haben angenommen, das Denken sei ganz und gar sprachlich. Ich glaube, WATSON vertritt oder vertrat diese Ansicht. Sein großes Verdienst in dieser Hinsicht liegt in der Erkenntnis und Lehre von dem starken und unbemerkten sprachlichen Anteil im schweigenden Denken. Sein Irrtum liegt in der Gleichsetzung von Sprechen und Denken. Überdies hat er vielleicht nicht erkannt oder wenigstens nicht betont, daß die sprachliche Seite des Denkens kein biologisch geordneter Prozeß ‹Rede› oder ‹Sprache› ist, sondern eine kulturelle Ordnung, nämlich *eine* Sprache. Auch einige Linguisten sind der Meinung, das Denken sei ausschließlich sprachlich.

4 Nach Angabe CARROLLS sah das Ms. hier eine Fußnote vor, die fehlt. Siehe jedoch Anmerkung 3, insbesondere den vorletzten Satz. Dieser Satz und der obige Text weisen auf folgendes hin: 1. Sprachen werden nicht biologisch vererbt, sondern durch Tradierung — Überlieferung und Erlernung — von Generation zu Generation weitergegeben; 2. das Denken in den Formen einer Sprache kann nicht auf physiologische (=biologisch bedingte) und allenfalls noch reflex-psychologische Sprechvorgänge reduziert werden, weil die Strukturen der Sprachen nicht physiologische Strukturen sind. Wären es nur physiologische und reflex-psychologische Strukturen, dann könnte es nicht so viele grundverschiedene Sprachen geben, wie es tatsächlich gibt, denn die anatomisch-histologisch-physiologische (und sogar die psychologische!) Grundausstattung ist bei allen Menschen wesentlich gleich. — PK.

tet nur dem linguistisch ungebildeten sogenannten ‹gesunden Menschenverstand› ein. Er ist sich nicht bewußt, daß das Sprechen selbst schon die Verwendung einer komplexen kulturellen Ordnung bedeutet, und er ist sich überhaupt der kulturellen Ordnungen nicht bewußt. Sinn oder Bedeutung resultieren nicht aus Wörtern oder Morphemen, sondern aus geordneten Zusammenhängen zwischen ihnen. Isolierte Morpheme wie ‹John!› oder ‹Komm!› sind selbst Schemata oder Formeln eines hochspezialisierten Typs und nicht bloße Einheiten[5]. Wörter und Morpheme sind motorische Reaktionen [nämlich als Laute bzw. Lautkomplexe — PK], aber die Faktoren der Beziehung ZWISCHEN ihnen, die die Kategorien und Strukturschemata ausmachen, an denen die sprachliche Bedeutung hängt, sind keine motorischen Reaktionen. Diesen Beziehungen korrespondieren Nervenprozesse und -verbindungen einer NICHTMOTORISCHEN, stummen, unsichtbaren und individuell unbeobachtbaren Art[6]. Nicht gemurmelte Wörter, sondern allein der RAPPORT zwischen den Wörtern erlaubt es den Wörtern, zusammenwirkend überhaupt irgendeine semantische[7] Bedeutung zu haben. Der Rapport

---

5 Auch die anscheinend isolierten Wörter in einem Vokabular oder Wörterbuch haben ihre Bedeutung aus den geordneten ‹potentiellen› Beziehungen, die sich von ihnen verzweigen und sie mit komplexen Strukturschemata sprachlicher Formulierungen verknüpfen.

6 Die Materialisten mögen ruhig diese Matrix von Relationen als Bahnen und Ketten von Gehirnzellen oder von was immer sie wollen betrachten und ihre Verbindung in physiologischen Prozessen sehen. Auf diese Weise kann man keine Erklärung der Natur des RAPPORTS, der Struktur der Matrix gewinnen, ebensowenig wie man aus den Blutgruppen der Individuen etwas über die gesellschaftliche Organisation eines Stammes erfahren kann. Hier kann nur eine tiefgreifende Erforschung der SPRACHE helfen, die von dem Individuum gesprochen wird, an dessen Denkprozeß wir interessiert sind. Dieser Prozeß wird sich bei Individuen, die fundamental verschiedenartige Sprachen sprechen, als FUNDAMENTAL VERSCHIEDEN erweisen. Kulturelle Fakten sind kulturell determiniert, nicht biologisch, und genauso sind sprachliche Fakten, die ebenfalls kulturell sind und das sprachliche Moment des Denkens einschließen, sprachlich determiniert. Genauer: sie sind nicht von Sprache, sondern von SprachEN determiniert. Untersuchen wir das Denken von Menschen, die unsere eigene Sprache (z. B. Englisch) sprechen, so kann die dazu notwendige tiefe Erforschung der englischen Sprache nur von einem Wissenschaftler gemacht werden, der auch Sprachen von ganz andersartigem Typus studiert hat und sie dem Englischen gegenüberstellen kann. Nur auf diese Weise kann das Bewußtsein der Existenz von reinen RELATIONEN gewonnen werden, die nicht irgendwelchen verbalisierten Begriffen korrespondieren und dennoch die Verknüpfung von Morphemen absolut beherrschen und die Kanäle des Denkens bestimmen. [Diese Fußnote wurde von J. B. CARROLL einem Vorentwurf des Artikels entnommen, um eine hier beabsichtigte, aber fehlende Fußnote zu ersetzen. — PK.]

7 Vgl. meine zeichentheoretische Skizze auf S. 146. — PK.

konstituiert das wirkliche Wesen des Gedankens, soweit er sprachlich ist. Und er macht letztlich allen Rückgang auf Gemurmel oder Mikrobewegungen der Sprechorgane usw. für die semantische Erklärung überflüssig. Der Verknüpfungszustand der korrespondierenden, nichtmotorischen Prozesse richtet sich durch ihre eigene Natur nach der Struktur der jeweiligen partikulären Sprache. Alle Aktivierungen dieser Prozesse und alle Verknüpfungen — ob nun mit, ohne oder unabhängig neben Bewegungen der Sprechorgane geschehend und gleichgültig, ob bewußt vorgenommen oder unbewußt verlaufend — sind Operationen sprachlicher Strukturierung. Und sie alle können mit Recht als Denken bezeichnet werden.

Eine Auflösung des schweigenden Denkens in motorische Mikrobewegungen, die unterdrückten Wörtern und Morphemen korrespondieren, wäre ebensowenig eine Analyse des Denkens, wie die Auflösung einer Sprache in konkrete Wörter und Morpheme eine wirkliche Analyse der Sprache ist. Die roheste und amateurhafteste Grammatik gibt schon eine bessere Analyse. Und jede wissenschaftliche Grammatik ist notwendig eine tiefdringende Analyse von Relationen.

Zum Beispiel ist das Geschlecht im Englischen ein System von Relationen, das nur eine minimale äußere Repräsentation in Morphemen findet. Die einzigen motorischen Reaktionen sind die der beiden Pronomen ‹he› (er) und ‹she› (sie)[8]. Die motorischen Prozesse, die die geschlechtsverbundenen Substantive aktualisieren, sind hinsichtlich des Geschlechtes undifferenziert. Die Verbindung zwischen einem solchen Prozeß und einem anderen, der das dem ersten angemessene Pronomen ‹he› oder ‹she› aktualisiert, ist dagegen (1) nach dem Geschlecht differenziert und (2) ein nichtmotorischer Prozeß, denn die beiden motorischen Prozesse sind verschieden, und sie können sogar durch eine längere Periode der Ruhe voneinander getrennt sein. Die Geschlechtssubstantive wie boy (Junge), girl (Mädchen), father (Vater), wife (Ehefrau), uncle (Onkel), woman (Frau), lady (Dame), einschließlich Tausender von Eigennamen wie George, Fred, Mary, Charlie, Isabel, Isadore, Jane, John, Alice, Aloysius, Esther, Lester tragen in ihrem motorischen Prozeß keine unterscheidenden Geschlechtszeichen von der Art der lateinischen -us oder -a. Dennoch hat jedes dieser Tausende von Wörtern eine invariable Bindung, die es mit absoluter Präzision entweder an das Pronomen ‹he› oder an das Pronomen ‹she› knüpft. Diese beiden Wörter aber treten gar nicht in das äußere Verhaltensbild, es sei denn, spezielle Situationen der Unterredung verlangen es[9]. Die Tausende von Verknüpfungen,

---

8 Eingeschlossen sind natürlich auch ihre Flexions-Formen: ‹his, him, her, hers› (sein, ihm, ihr, ihr).

9 Der Gebrauch geschlechtsgebundener Substantive hängt nicht von der Kenntnis irgendeines konkreten Individuums ab, auf das sie sich beziehen, ob-

die sich von einem Pronomen zu all den Substantiven eines Geschlechts verzweigen, formen eine Art geistigen Komplex. Dieser gehört (1) zum nichtmotorischen und nicht aktualisierten Bereich, (2) zur Funktion des Denkens im Sinne C. G. JUNGS und (3) zur sprachlichen oder kulturellen Ordnung.

Es gibt keinen einleuchtenden Grund, warum solch ein Komplex nicht in mannigfaltige funktionale Relationen mit anderen Denkmaterialien treten sollte, ohne deshalb die Aktivierung [d. h. die tatsächliche Vorstellung oder Äußerung — PK] irgendeines der individuellen Wörter oder Klassen-Kennzeichen zu verlangen, an die er gebunden ist. Wir können zum Beispiel an die Arbeitsteilung zwischen den Geschlechtern in einer gewissen Kultur denken, ohne deshalb an die Wörter ‹weiblich› und ‹männlich› zu denken und ohne uns ständig in unserem Nachdenken über solche Fragen auf sie beziehen zu müssen. Wenn wir derartige Fragen in Gedanken durchgehen, tun wir wahrscheinlich etwas ganz anderes. Wir sieben die Fakten durch eine Art habituell gewordenes Bewußtsein zweier Geschlechtsklassen in unserer Gedankenwelt. Das ist etwas anderes als ein Begriff oder ein Gefühlswert von den Geschlechtern. Die Basis dieser abstrakten und wortlosen Abschattung einer Geschlechtsklassifikation liegt nicht in Wörtern wie ‹Geschlecht›, ‹weiblich› oder ‹Frau›, sie liegt in einem linguistischen RAPPORT im Unterschied zu einer sprachlichen Äußerung. Im Englischen handelt es sich wahrscheinlich um das Bewußtwerden der zwei großen Komplexe verknüpfender Bindungen, die das sprachliche Geschlechtsklassen-System bilden. Man könnte sagen, es ist der Druck der gesamten pronominalen Bindung der George-, Dick- und William-Wortklasse oder der Jane-, Sue- und Betty-Wortklasse, der da operiert und NICHT EIN WÖRTLICHER Begriff wie ‹Mann› oder ‹Frau›. In einer Sprache ohne Geschlechtsklassen, im Chinesischen etwa oder in der Hopisprache, kann dagegen das Denken in Termini einer Klassifikation der Geschlechter nicht in derselben Weise vor sich gehen. Es muß sich da vermutlich um ein Wort oder ein Gefühl oder ein Geschlechtsbild oder -symbol oder um etwas anderes handeln.

Verdeckte und offenliegende sprachliche Klassen

Die sprachliche Klassifikation der Geschlechter im Englischen hat kein äußerliches Kennzeichen, das zugleich mit den Wörtern (Substantiven) der Klasse erscheint. Sie funktioniert sozusagen durch eine unsichtbare

---

wohl dieser Gebrauch unausweichlich solche Individuen nach den Geschlechtern klassifiziert. [Nach einer von J. B. CARROLL zitierten Randnotiz WHORFS im Ms. — PK.]

‹Zentralbörse› für Bindungsvalenzen, und zwar so, daß dadurch gewisse andere Wörter (Pronomen) festgelegt werden, die die Klasse kennzeichnen [10]. Eine in dieser Weise bestehende Klasse nenne ich eine VERDECKTE Klasse (COVERT class) im Gegensatz zu OFFENLIEGENDEN oder ÄUSSERLICH GEKENNZEICHNETEN Klassen (OVERT classes), wie z. B. den Geschlechterklassen im Latein. Die Navaho-Sprache enthält eine verdeckte Klassifikation der gesamten Objektwelt, die teils auf der Belebtheit und teils auf der Gestalt basiert. Unbelebte Körper fallen unter zwei Klassen, die von Linguisten als die der ‹runden Objekte› und die der ‹langen Objekte› unterschieden werden [11]. Diese Namen sind natürlich nicht treffend. Sie versuchen, das Subtile in groben Begriffen zu fassen, und versagen. Die Navahosprache selbst hat keine Worte zur angemessenen Bezeichnung der Klassen. Verdeckte Begriffe und verdeckte Klassen sind genauso definierbar und in ihrer Weise genauso bestimmt wie wörtliche Begriffe, etwa der Begriff ‹weiblich› oder ‹feminin› — aber sie sind von sehr anderer Art. Ein verdeckter Begriff ist kein Analogon eines Wortes, sondern das eines Rapportsystems. Das Bewußtsein von ihm hat eine intuitive Qualität. Man sagt meist von ihm, er sei mehr empfunden als verstandesmäßig begriffen. Möglicherweise gehört er zu jener Art von Begriffen oder Gedanken, die in der Hinduphilosophie arūpa [12], formlos, genannt werden. Die sogenannten ‹Rund-› und ‹Lang-› Substantive des Navaho kennzeichnen sich weder selbst als solche noch sind sie durch irgendwelche Pronomina gekennzeichnet. Die Kennzeichnung liegt ausschließlich im Gebrauch gewisser, sehr wichtiger Verbstämme: für ein ‹rundes› oder ‹langes› Subjekt oder Objekt sind je verschiedene Stämme erforderlich. Viele andere Verbstämme sind gegenüber der Unterscheidung indifferent. Ein neuer Gegenstand, für den der Navaho noch keinen Namen hat, wird nach Analogie der einen oder anderen Klasse zugeordnet. Die Analogie ist aber nicht eine solche, die uns als Analogie erscheint, sondern eine nur auf der Basis des Inhaltes der zwei Navaho-Komplexe verständliche.

---

10 Die Parenthesen in den beiden vorstehenden Sätzen habe ich zugesetzt, um dem Laien die Anwendung dieser allgemeinen Sätze auf einen konkreten, behandelten Beispielsfall zu erleichtern und damit das Verständnis zu fördern. Die unterschiedlichen Bindungsvalenzen sind im Beispielsfall die (a) zum Pronomen ‹er›, (b) zum Pronomen ‹sie›, (c) zum Pronomen ‹es›. Es sind Bindungsvalenzen, nicht Bindungen, weil die Pronomen ja nicht ständig mit den Substantiven verbunden sind. — PK.

11 (Tatsächlich sieht das System der Navaho-Verben MEHR als zwei Klassen unbelebter Körper vor, eine Tatsache, die WHORFS Argument nur noch größere Stärke gibt. — J. B. CARROLL)

12 Vgl. zu diesem Begriff Seite 54. — PK.

Eine verdeckte linguistische Klasse muß nicht unbedingt immer mit irgendeiner großen Dichotomie der Objekte zu tun haben. Sie kann auch von sehr subtiler Bedeutung sein. Und es kann sein, daß sie sich in gar nichts anderem zeigt als nur in gewissen für sie kennzeichnenden ‹Widerständen oder Anziehungen› (reactances)[13] gegenüber gewissen äußerlich gekennzeichneten Formen. Sie ist dann das, was ich einen KRYPTOTYP nenne. Sie ist eine unter der Oberfläche der Worte liegende, subtile, schwer faßliche Bedeutung, die keinem wirklichen Wort korrespondiert und die doch durch die linguistische Analyse als funktionell wichtiges Element in der Grammatik aufgezeigt werden kann. Zum Beispiel: Die englische Partikel UP mit der Bedeutung ‹completely, to a finish› (vollständig, bis zur Erreichung des Endergebnisses der betreffenden Tätigkeit) wie in ‹break it up, cover it up, eat it up, twist it up, open it up› (brechen, verdecken, essen, verdrehen/zwirnen/flechten, öffnen) kann auf jedes Verbum mit ein oder zwei Silben, deren erste betont ist, angewendet werden — AUSGENOMMEN Verben, die zu vier besonderen Kryptotypen gehören. Deren erster ist der Kryptotyp der Dispersion (Zerstreuung, Verteilung) ohne Grenze; daher kann man ‹spread it up, waste it up, spend it up, scatter it up, drain it up› oder ‹filter it up› (ausbreiten, verschleudern, vergeuden, ausstreuen, ablassen/-leiten, filtrieren) nicht sagen[14]. Als zweiten Kryptotyp finden wir den der Oszillation ohne Bewegung von Teilen [von Teilen derjenigen Sache, die oszilliert — PK]; wir sagen nicht ‹rock up a cradle, wave up a flag, wiggle up a finger, nod up one's head› (schaukeln, schwenken, wackeln, nicken) usw. Der dritte Kryptotyp ist der der nichtständigen Einwirkung und der psychologischen Reaktion: töten, kämpfen usw.; daher gibt es keine Verbindungen wie ‹whack it up, tab it up, stab it up, slam it up, wrestle him up, hate him up› (prügeln, Takt schlagen, stechen, zuschlagen, balgen, hassen). Der vierte Kryptotyp umfaßt die Verben gerichteter Bewegung, ‹move, lift, pull, push, put› (bewegen, heben, ziehen, stocken, setzen/stellen/legen) usw., mit denen zusammen UP die Bedeutung von ‹aufwärts› oder einer Ableitung davon hat (und zwar selbst dann, wenn diese Bedeutung im Widerspruch zu der des Verbums steht und so eine Absurdität entsteht wie in ‹drip it up› [tropfen]). Außerhalb dieser Gruppe von Kryptotypen kann UP im vervollständigenden und intensivierenden Sinn mit TRANSITIVEN Verben nach Belieben verbunden werden.

---

13 In passender Erweiterung des Begriffs der Valenz könnte man für ‹Anziehungen› auch ‹positive Bindungsvalenzen› und für ‹Widerstände› auch ‹negative Bindungsvalenzen› (= Ausschließung gewisser Bindungen) sagen. — PK.

14 ‹Burst› gehört zu diesem Kryptotyp; das umgangssprachliche ‹bust› dagegen nicht.

Ein anderer englischer Kryptotyp ist der der transitiven Verben mit den Bedeutungen des Be-/Verdeckens, des Einschließens und des Heftens an Oberflächen, Verben die durch das Präfix UN- jeweils ihr Gegenteil bezeichnen. Daher sagen wir zwar ‹uncover, uncoil, undress, unfasten, unfold, unlock, unroll, untangle, untie, unwind› (aufdecken, auseinanderwickeln, ausziehen, lösen, entfalten, aufschließen, ausrollen, entwirren, aufbinden, abwickeln), nicht aber ‹unbreak, undry, unhang, unbeat, unlift, unmelt, unopen, unpress, unspill›. Ausgenommen bei wenigen, zumeist altertümlichen Wörtern wie ‹unsay, unthink, unmake› (neinsagen [verneinen], aus den Gedanken schlagen [vergessen], vernichten/wegschaffen) fällt der Bereich der Verwendung des Präfix UN- zur Umkehrung des Sinnes echter Verben mit dem Bereich der Bedeutungen des zentripetalen Einschließens und Anheftens zusammen. Wir haben in unserer Sprache kein einziges Wort, das diese Bedeutungen zusammenfaßt oder uns einen eigentlichen Schlüssel zu diesem Bedeutungskomplex gibt. Das bedingt die für Kryptotypen charakteristische Subtilität und Unberührbarkeit der Bedeutung. Dennoch faßt diese formlose Vorstellung eine durchaus bestimmte Klasse von Wörtern und grammatischen Formen und kann in einer halbintuitiven Weise aus ihrer Tiefe, in der sie die Gedanken formt, ans Tageslicht gezogen werden. Dazu ist es nur erforderlich, die Bedeutung des Kryptotyps, also der typischen Verben zu durchdenken, die sich mit UN- verbinden lassen. Oder man muß Methoden der freien Analogisierung benutzen, die den Methoden der ‹freien Assoziation› von FREUD und JUNG verwandt sind. So kann ich mir zum Beispiele ein neues Verb *flimmick* ausdenken. Falls *flimmick* etwa die Bedeutung ‹tie a tin can to› (eine Konservenbüchse an...binden) hat, dann fällt es unter den Kryptotyp und ich kann etwa sagen ‹he *unflimmicked* the dog›. Bedeutet es aber ‹to take apart› (auseinandernehmen), dann wird niemand die leiseste Neigung verspüren, die Form *unflimmicked* mit der Bedeutung ‹put together› (zusammensetzen) zu bilden und etwa Sätze wie ‹he *unflimmicked* the set of radio parts› aufzustellen. Eine derartige Bildung würde als fremdartig und unannehmbar erscheinen. In ähnlicher Weise könnten wir bei Kenntnis dieses Kryptotyps schon vor der Einführung der neuen Wörter ‹camouflage› (Tarnung) und ‹wangle› (jemandem etwas mit gewundenen Methoden abgewinnen, z. B. eine Einladung, ein Zugeständnis o. ä.) voraussagen, daß man nach ihrer Einführung zwar ‹uncamouflage it›, aber nicht ‹unwangle it› sagen könnte.

Im Gegensatz zum Kryptotyp bezeichne ich jede linguistische Kategorie mit einer klar zutageliegenden Klassenbedeutung und einem sie begleitenden formalen äußeren Kennzeichen oder Morphem als einen PHÄNOTYP. Alle ‹klassischen› morphologischen Kategorien sind demnach Phänotypen. Die Bedeutungen von ‹up› und ‹un-› sind Phänotypen, ebenso die der mannigfaltigen Tempora, Aspekte, Genera verbi, Modi und anderen äußerlich gekennzeichneten Formen, wie sie in allen Grammatiken dargestellt werden. Die grammatikalische Forschung hat sich bis zur Gegenwart vornehmlich mit dem Studium von Phänotypen beschäftigt. Gewisse Grammatiken erwecken den Eindruck, als hänge alles sprachliche Bedeuten gänzlich an ihnen. Ein Kulturanthropologe sollte sich mit einer derartigen Grammatik nie zufriedengeben. Er darf sich ja auch nicht mit einer ethnologischen Beschreibung begnügen, die nur das positive Verhalten wiedergibt, die Tabus und alles, was man meidet, aber ignoriert. Es läßt sich zeigen, daß zumindest in einigen Sprachen die sprachliche Bedeutung an dem Wechselspiel zwischen Phänotypen und Kryptotypen und nicht an den Phänotypen allein hängt.

In der Hopisprache wird der Gebrauch der Aspekte und der temporalen Formen oft durch Kryptotypen bestimmt. Sie beherrschen zum Beispiel die Weise, wie man das Anfangen einer Aktion oder eines Zustandes ausdrückt, wofür wir im Englischen Satzformen mit ‹begins to do› oder ‹begins to be› (beginnt zu tun oder beginnt zu sein) verwenden. Zunächst werden verschiedene phänotypische Formen gebraucht, je nachdem, ob das Verb aktiv oder inaktiv (entweder passiv oder statisch) ist. Dies ist schon ein kryptotypischer Unterschied, denn der formale Apparat der Hopigrammatik zeigt keinen Gegensatz von aktiv-inaktiv. Überdies werden im Hopi die Relationen des sich Befindens ‹in, bei, über› etwas und einige andere räumliche Lagebeziehungen als AKTIV klassifiziert, das ‹rot-, lang-, klein-, hübsch-, umgedreht-, erschossen-›Sein dagegen als INAKTIV. Die Bezeichnungen ‹aktiv› und ‹passiv› wären hier eigentlich besser durch ‹kausal› und ‹inkausal› zu ersetzen. Der Phänotyp des Beginnens hängt weiter davon ab, welcher von drei vorhandenen Kryptotypen des Aktivs beteiligt ist. Mit den meisten Verben kann man entweder den inzeptiven Aspekt oder das Futurum gebrauchen. Eine Analyse scheint anzuzeigen, daß sich nach der Auffassung in der Hopisprache das Subjekt dieser Verben mittels eines Prozesses dynamischer Anpassung in die Tätigkeit hinein und durch sie hindurcharbeitet. Das Subjekt paßt sich fortschreitend in die Tätigkeit ein und hält die Anpassung durch die Aktion hindurch aufrecht, um die Wirkung entweder zu steigern oder sie zu stabilisieren und fortzusetzen. Hierunter fallen im Hopi: schlafen, sterben, lachen, essen, die meisten organischen Funktionen und die meisten Operationen, mit denen etwas verändert wird: schneiden, biegen, bedecken, setzen/stellen/legen und tausend andere. Der zweite Kryptotyp erlaubt nur die Verwendung des Futurums für den Ausdruck des Beginnens. Unter ihn fallen Verben der gradlinig uniformen Bewegung: rennen, fliehen, gehen, kommen, sich in oder bei einem Ort oder in irgendeiner räumlichen Beziehung befinden, öffnen, schließen und gewisse andere Verben. Nähere Analyse zeigt, daß das Subjekt nach dieser Auffassung anscheinend sofort einen vollentwickelten neuen Status annimmt und sich nicht erst

dynamisch in einen Prozeß hinein- und durch ihn hindurcharbeitet. Der
dritte Kryptotyp fordert für den Ausdruck des Anfangens den Gebrauch
des projektiven Aspektes. Das ist ein Phänotyp, der bei seiner sonstigen
Verwendung die Bedeutung ‹tut mit einer Vorwärtsbewegung› hat. Der
dritte Kryptotyp enthält die Bedeutung, das Subjekt werde in ein Ein-
flußfeld eingezogen, assimiliert und sozusagen von ihm fortgetragen.
Unter ihn fallen Phänomene der Gravitations- und der Trägheitsbewe-
gung: fallen, taumeln, verschütten, springen, wirbeln und — so fremdartig es uns scheinen mag — auch ‹aus- und eingehen›. Nach der in der
Hopisprache beschlossenen Auffassung beginnt eine Person, die in ein
Haus hinein oder aus ihm heraustritt, einen neuen Einfluß und ergibt
sich einem neuen Einfluß, geradeso wie jemand, der springt oder fällt.

Die Frage nach der Bedeutung als Kern der Linguistik

Kulturanthropologen haben vielleicht weithin die Vorstellung, die Linguistik sei bloß ein hochspezialisiertes und ermüdend technisches Werkzeug in einer fernen Ecke ihrer Werkstatt. Diesen Anthropologen muß
deutlich werden, daß die Linguistik ihrem Wesen nach die Erforschung
von Sinn oder BEDEUTUNG ist. Dem Außenseiter mag es scheinen, als sei
sie übermäßig mit der Aufzeichnung haarspaltender Lautunterscheidun-
gen beschäftigt, mit phonetischer Gymnastik und mit dem Anfertigen
komplizierter Grammatiken, die nur von Grammatikern gelesen werden. Tatsächlich ist ihr eigentliches Anliegen jedoch die Aufhellung der
tiefen Dunkelheiten der Sprache und damit des Denkens, der Kultur
und der Lebensanschauungen einer gegebenen Gemeinschaft. Das erhel-
lende Licht ist jenes ‹goldene Irgendwas›, wie es einmal genannt wurde, das Prinzip der Bedeutung. Ich habe versucht zu zeigen, daß es dabei um weit mehr geht als um die Erlernung des Sprechens und Verstehens einer Sprache. Wer eine Kultur erforschen will, sollte in der
Linguistik einen heuristischen Weg zur Behandlung psychologischer
Probleme sehen, vor denen er bisher zurückgescheut ist. Die Linguistik
ist eine optische Linse, durch die er bei richtiger Einstellung des Brennpunktes die WAHREN GESTALTEN von vielen Kräften sehen wird, die ihm
bisher in der unerforschlichen Weite des unsichtbaren und körperlosen
Denkens verborgen waren.

Die Anfänge linguistischer Beachtung psychologischer Bedeutungskomponenten

Aufmerksamkeit für psychologische Unterströmungen in sprachlichen Bedeutungen ist etwas, das in der Geschichte der Linguistik und auch meist im Leben des einzelnen Forschers erst spät auftritt. Der Versuch, die eigene Sprache einen Fremden zu lehren, läßt uns zunächst die ÄUSSERLICH faßbaren formalen Strukturen gewahren: Paradigmata und flektierte Stämme. Die frühesten bekannten Grammatiken sind Wortlisten dieser Art in Keilschrift. Sie stellen äquivalente Wörter des sumerischen und des semitischen Akkadisch einander gegenüber. Der nächste Schritt geschah erst, als die Philosophie in Griechenland und Indien eine Beziehung zwischen dem rationalen Denken und den sprachlichen Strukturen entdeckte. In der Philosophie ergab sich hieraus die formale Logik und in der Grammatik die Entdeckung wenigstens der hervorragendsten Kategorien der klassischen indoeuropäischen Sprachen. In der semitischen Welt blieb die Grammatik großenteils formal. Die klassischen hebräischen und arabischen Grammatiken bestehen zumeist aus Paradigmata, die unter Kodenamen gefaßt werden, mit denen nicht einmal der Versuch einer Charakterisierung gemacht wurde, ganz zu schweigen von einer Durchdringung der Bedeutungen dieser linguistischen Klassen. Im Vergleich dazu war sogar die lateinische Grammatik mit ihren Termini wie ‹Indikativ, Konjunktiv, Passiv› etc. schon psychologisch. Die von westlichen Gelehrten im frühen neunzehnten Jahrhundert entdeckte alte Hindugrammatik beeindruckte die Gelehrten vor allem durch ihre formale Perfektion. Sie wies aber auch gewisse psychologische Feinheiten auf, indem sie verschiedene verdeckte Vorstellungen bloßlegte, die die Wortverbindungen beherrschten, und indem sie die Verbindungen als *Tatpurusa, Dvandva, Bahuvrihi* usw. klassifizierte [15].

A. Fabre d'Olivet

Selbst die größten europäischen Grammatiker des neunzehnten Jahrhunderts gingen nicht sehr weit über formale und äußerlich faßbare Strukturen hinaus. Sie strapazierten nur die klassischen grammatika-

---

15 Die *Tatpurusa*-Verbindungen sind jene, in denen ein Gliedwort das andere modifiziert, wie z. B. in ‹Perserkatze, Dampfschiff› etc. Die *Dvandva*-Verbindungen enthalten koordinierte Gliedwörter, wie z. B. im Deutschen ‹schwarzrotgold, helldunkel, dreizehn›. Die *Bahuvrihi*-Verbindungen sind adjektivische Kombinationen mit possessiver Bedeutung. Ein deutsches Beispiel bietet ‹Dickkopf› = einer, der einen dicken Kopf hat. — PK.

lischen Kategorien und philosophischen Begriffe in den von ihnen erforschten Sprachen bis an die äußerste Grenze ihrer Tragfähigkeit. Einer muß allerdings davon ausgenommen werden — eines jener erstaunlichen Genies, die ihre Zeitgenossen beschämen und keinen Nachfolger hinterlassen. Der französische Grammatiker ANTOINE FABRE D' OLIVET (1768—1825) war, soweit ich sehe, der eigentliche Erfinder solcher Vorstellungen wie der Rapport-Systeme, der verdeckten Klassen, der Kryptotypen, der psycholinguistischen Strukturen und der Sprache als eines wesentlichen, konstitutiven Elementes einer Kultur. Er untersuchte die semitischen Sprachen und besonders das Hebräische. Seine Arbeit machte genau wie die von MENDEL in der Genetik keinerlei Eindruck auf seine Zeit. Unglücklicherweise wird ihr Verständnis auch heute noch dadurch sehr erschwert, daß ihr Autor ein mystischer, religiöser Metaphysiker war, der diese Seite seines Wesens unkritisch in die Arbeit seines höchst machtvollen linguistischen Intellekts hineinfließen ließ. Das Ergebnis war eine mystische und gnostische ‹Übersetzung› des Buches der Genesis. Eigentlich war sie eine upanischadenartige Paraphrase. Sie war die schockierende Vision eines von furchtbaren Hieroglyphen belebten kosmischen Raumes — und wurde sofort auf den Index gesetzt. Selbst diese Ablehnung von orthodoxer Seite gewann FABRE D'OLIVET kein Lob von der radikalen Linken seiner Zeit, denn seine biblischen Ansichten waren ineins zu bilderstürmerisch und zu transzendental, um irgendeine denkbare Schule der Exegese befriedigen zu können. Man muß den streng linguistischen Teil in FABRE D'OLIVETS 1815/16 veröffentlichtem Werk ‹La langue hébraique restituée› von dieser ungewöhnlichen Upanischade auf die Genesis trennen. Dann sieht man, daß er auf rein linguistischen Kriterien aufbaut und — seiner Zeit weit voraus — tiefe psychologische Einsichten gibt. Dem ist noch folgendes hinzuzufügen: FABRE D'OLIVET war kaum weniger mystisch als ein JAKOB BÖHME oder ein WILLIAM BLAKE, aber er vermied völlig allen kabbalistischen und zahlenmystischen Hokuspokus, mit dem die alte jüdische Tradition des Hebräischen beladen war. Er warf überdies nicht nur die ganze formalistische Auffassung der Grammatik über Bord, er lehnte es auch ab, dem Hebräischen lateinische und griechische Schemata aufzuzwingen. Sein Hebräisch steht genauso auf eigenen Füßen wie BOAS' Chinook [16]. Er ordnete die Behandlung der Konjugation der Verben auf einer psycholinguistischen Basis neu, behandelte individuelle Präfixe und Suffixe vom Gesichtspunkt ihrer Bedeutung und Funktion aus, drang in die Semantik der Vokalstrukturen und in die semantische Färbung von Vokalen ein und zeigte, wie man viele hebräische Stammformen in bedeutungshaltige Teile zerlegen kann. Er weigerte sich, die

---

16 Chinook = eine in Oregon als Mischung von Französisch, Englisch und indianischen Dialekten entstandene Umgangssprache. — PK.

Buchstaben der hebräischen Schrift mit den gesprochenen phonetischen Elementen zu identifizieren, sah aber, daß diese Elemente nicht bloße Laute, sondern stereotype, kodifizierte und strukturierte semantische Laute sind, und kam so zu seinem Begriff des Phonems, das er ‹Zeichen› oder ‹Laut-Zeichen› nannte — im Kampf noch mit der Terminologie, aber mit deutlich echt linguistischer Einsicht. Er legte großen Wert auf das Faktum eines komplexen Rapports zwischen Zeichen und zwischen Wörtern. Ein Phonem kann als Teil seines Rapports bestimmte semantische Funktionen annehmen. Das Phonem ð (der stimmhafte th-Laut) erscheint im Englischen am Anfang von Wörtern nur in dem Kryptotyp der demonstrativen Partikeln (the, this, there, than etc). Daher besteht ein psychischer Widerstand gegen die Verwendung des stimmhaften th in neuen oder künstlichen Wörtern, thig, thag, thob, thuzzle etc., die keine demonstrativen Bedeutungen haben. Begegnen wir solch einem neuen Wort (etwa thob) in einem Text, so werden wir ihm ‹instinktiv› den stimmlosen Θ-Laut des th in ‹think› geben. Es ist aber kein ‹Instinkt› am Werk, sondern nur wieder einmal unser alter Freund, der sprachliche Rapport. Man gebe dem Wort eine demonstrative Bedeutung, lasse zum Beispiel thag ‹jenseits des Zaunes› bedeuten, und schon werden wir das stimmhafte Phonem ð (wie in ‹there›) sprechen. FABRE D'OLIVET wußte alles über diese Dinge.

Er dachte überdies nicht einfach in der Weise eines Grammatikers, sondern in der eines Kulturanthropologen. Für ihn war die Sprache nicht ein ‹Vermögen›; man hatte sie vielmehr im Lichte menschlicher Verhaltensweise und Kultur zu verstehen, weil sie nur ein Teil davon war, ein zwar hochspezialisierter Teil, aber ein Teil, der auf den gleichen Prinzipien beruht wie alles übrige. Das Lautzeichen (Phonem) war ihm eine hochspezialisierte Geste oder symbolische Handlung; die Sprache das Ergebnis einer Entwicklung, in der das gesamte somatische Verhalten symbolisch wird und dann seine symbolisierende Funktion mehr und mehr in die Bahnen der Lautgebung lenkt. Das ist — in moderner Ausdrucksweise — seine Lehre [17].

Das Für und Wider der Thesen von James Byrne

Von FABRE D'OLIVET bis zu dem irischen Linguisten JAMES BYRNE (1820—97) finden wir keine Figur von ebenbürtiger Bedeutung für die

---

[17] Wenn diese Interpretation der Lehre FABRE D'OLIVETs durch WHORF richtig ist, so läge in der Lehre von FABRE D'OLIVET eine Vorwegnahme der Theorie der Sprachentwicklung aus der Lautgeste (vocal gesture) von GEORGE HERBERT MEAD in seinem Buch Mind, Self and Society. Ed. by Ch. Morris, Chicago 1934, vor! — PK.

linguistische Behandlung des Denkens [18]. BYRNES Studien basierten auf der außerordentlich wertvollen Idee einer weltweiten Übersicht der grammatikalischen Strukturen aller bekannten Sprachen. Hinter der Größe dieses Gedankens blieb die Durchführung in seinem 1885 erschienenen ‹General principles of structure of language› freilich weit zurück. Das Werk enthält gedrängte grammatikalische Skizzen von Sprachen aus allen Teilen der Welt, vom Chinesischen bis zur Hottentottensprache. Die außeramerikanischen Sprachen sind in nahezu allen ihren Arten vertreten und ebenso eine beträchtliche Anzahl der amerikanischen. Auf diese Übersicht stützte BYRNE seine psychologische Theorie. Mir zumindest erscheint es recht bedeutsam, daß BYRNE auf der Grundlage der Sprachstrukturen einen ähnlichen Gegensatz zweier fundamentaler psychologischer Typen fand wie später C. G. JUNG mit seinen extravertierten und introvertierten Typen. JUNG zeigte, wie der unversöhnliche Gegensatz der zwei Typen sich durch die Geschichte hindurch in fundamentalen Kontroversen und Spaltungen der Philosophien und Religionen äußert. BYRNE glaubte eine Korrelation zwischen der Sprachstruktur und zwei psychischen Typen gefunden zu haben. Der eine Typ reagiere und denke schnell und flüchtig, der andere langsamer, dafür aber tiefer und phlegmatischer. Der langsame Typ erinnert uns an JUNGS Introvertierten. Dieser Typ geht nach Meinung von BYRNE im allgemeinen mit Sprachen synthetischer Art zusammen, die eine komplizierte äußere Morphologie mit reichen Ableitungen und Wortbildungen aufweisen und deren Extrem durch den Typ der polysynthetischen Sprache repräsentiert wird. Der schnell denkende (extravertierte) Typ dagegen findet sich nach BYRNE im allgemeinen zusammen mit Sprachen einer einfacheren Morphologie und eines analytischen oder — im Extremfall — isolierenden Charakters.

Ich halte die Möglichkeit eines solchen Befundes, der in der Tat eine bedeutende Errungenschaft wäre, nicht für ausgeschlossen. Und ich bin auch beeindruckt davon, wie BYRNE JUNG antezipiert. BYRNES allgemeine These finde ich jedoch nicht überzeugend, und zwar vor allem deshalb, weil heute leicht zu sehen ist, daß BYRNE mit völlig unzureichendem Material arbeitete. Es wird für das Wissen des Menschen von seiner eigenen geistigen Konstitution immer wichtiger, die wirklich kolossale Aufgabe, die BYRNE vorschnell in Angriff nahm, so gut wie nur irgend möglich zu erfüllen. Dies würde jedoch eine Übersicht über noch viel

---

18 Diese Ansicht von WHORF kann wohl nur so verstanden werden, daß er das sprachwissenschaftliche und sprachphilosophische Werk WILHELM V. HUMBOLDTS (1767–1835) nicht kannte. Das ist ein beinahe tragisch zu nennender Umstand, denn gerade bei W. v. HUMBOLDT hätte WHORF sehr vieles gefunden, was seiner eigenen Interessenrichtung, Arbeit und Auffassungsweise sehr verwandt ist. — PK.

mehr Sprachen, insbesondere amerikanische, erfordern, als sich bei BYRNE finden. Überdies muß dabei für jede Sprache auf der Basis ihrer eigenen Strukturen und Klassen eine wissenschaftliche Grammatik ausgearbeitet werden. Diese Ausarbeitung muß sich von allen allgemeinen Voraussetzungen über grammatikalische Logik so frei machen wie nur möglich. BYRNE entnahm sein Material altmodischen Grammatiken von formalem und sogar ‹klassischem› Zuschnitt, die nur zu leicht der unglücklichen Sprache an jeder beliebigen Nahtstelle ein ganzes Regiment fremder Strukturschemata und Auffassungen auflegen konnten. Weder irgendeiner jener Grammatiker noch BYRNE selbst war in der Lage, eine Beschreibung *sui generis* einer Sprache zu geben. Diese Fähigkeit war mit FABRE D'OLIVET gestorben. Bis zu dem Tage, an dem sie als eine gut entwickelte wissenschaftliche Technik wieder auflebt und auf eine neue weltweite Übersicht und Vergleichung der Sprachen angewendet wird, bleibt der Mensch über die Wurzeln seines intellektuellen Lebens in Unwissenheit. So lange ist ihm eine Betrachtung des menschlichen Denkens unter planetarischem und allgemeinmenschlichem Gesichtspunkt verwehrt.

Franz Boas und Edward Sapir, die Begründer der modernen Linguistik

Jene Fähigkeit begann wieder aufzuleben, nachdem BOAS die Untersuchung der amerikanischen Indianersprachen in Angriff genommen hatte, und insbesondere nach seiner Aufstellung von Prinzipien und methodischen Leitsätzen in der mit Recht gerühmten Einleitung zum Handbuch der amerikanischen Indianersprachen [19]. Bei BOAS erschien sie in einer modernen wissenschaftlichen Form und im Gewand der Begriffe des herrschenden WissenschaftsKULTES statt in dem einer schwellenden, zur Mystik neigenden, schöpferischen Phantasie. BOAS zeigte zum zweitenmal in der Geschichte und zum erstenmal in wissenschaftlicher Weise, wie eine Sprache *sui generis* analysiert werden kann, ohne ihr die Kategorien der ‹klassischen› Tradition aufzuzwingen. Natürlich konnte eine dem neuen Gesichtspunkt angemessene Technik nur langsam entwickelt werden. Als die amerikanischen Sprachen unter den Händen von BOAS erstmals die enorme Komplexität und Feinheit ihrer Denkkategorien offenbarten, da war der phonemische Kalkül noch nicht geboren. Die amerikanischen empirischen Linguisten konnten aber nicht wie FABRE die Phoneme und Morphophoneme in einer brillanten tour de force der intuitiven Einsicht gewinnen. Sie mußten warten, bis die spezialisierten Phonetiker diese Begriffe entwickelt hatten. Sie arbeiteten

---

19 Siehe meine Anm. Seite 110. — PK.

also erst einmal auf dem Gebiet der modernen Sprachen, und es fehlte ihnen übrigens zunächst auch an psychologischem Tiefgang.

Mit dem Erscheinen von SAPIR und insbesondere mit der Veröffentlichung seines Buches ‹Language› (New York 1921) trat die neue Ära in ihre zweite und nun wahrhaft moderne linguistische Phase. SAPIR hat mehr als irgendein anderer getan, um die linguistische Erforschung des Denkens zu inaugurieren. Er zeigte, daß sie wissenschaftliche Bedeutung hat und wie wichtig überdies die Linguistik für die Kulturanthropologie und Psychologie ist. Die Zahl der Autoren, die von da an zu dem wachsenden Gedanken beitrugen, daß die Linguistik eine Grundlage der Theorie des Denkens sei, ist zu groß, um sie hier einzeln aufzuführen [20].

3

Die Bedeutung linguistischer Betrachtung des Denkens
für die Kulturanthropologie

Die linguistische Betrachtung des Denkens in primitiven Gemeinschaften hat für die Kulturanthropologie zweierlei Bedeutung.

1. Es ist zu erwarten, daß die ethnologischen und psycholinguistischen Erkenntnisse über eine primitive Gemeinschaft sich gegenseitig befruchten. Das wird insbesondere dann der Fall sein, wenn beide Erkenntnisse durch ein und denselben Forscher gewonnen werden. SAPIR und andere sind uns hierfür lebendige Beweise. Die Frage nach der Bedeutung bildet den innersten Kern der Linguistik. Und in dem Maße, wie diese Wissenschaft ihre Methoden verfeinert, wird sie unausweichlich mehr und mehr psychologische und kulturwissenschaftliche Aspekte bekommen. Gleichzeitig aber wird sie sich wegen des stark systematischen Charakters ihres engeren Gegenstandsbereiches eine nahezu mathematische Präzision bewahren.

Nehmen wir einmal an, ein Ethnologe entdecke, daß die Hopis in ihren Regengebeten etc. über Wolken so sprechen, als seien sie lebendig. Der Ethnologe wird dann natürlich wissen wollen, ob das nur eine Metapher oder eine spezielle religiöse oder zeremonielle Redefigur ist oder ob man über Wolken ganz allgemein in dieser Weise spricht. Das ist ein Beispiel für eine ganze Gruppe von Problemen, für die wir eine sinnvolle Antwort durch Erforschung der Sprache finden können. Wir wenden uns also der Sprache zu und fragen, ob sie ein Gattungssystem enthält, das lebende und unbelebte Dinge unterscheidet. Enthält sie ein

---

20 Interessierte Leser seien auf die Bibliographie hingewiesen, die J. B. CARROLL auf Seite 85 f seiner hier zugrundegelegten Ausgabe zusammengestellt hat. — PK.

solches System, so ist die nächste Frage, worunter eine Wolke klassifiziert wird. Wir stellen fest, daß die Hopisprache überhaupt keine Gattungen unterscheidet. Das hätte die traditionelle Grammatik vor Boas als eine Antwort angesehen und sich damit zufriedengegeben. Die richtige Antwort kann aber nur durch eine Grammatik gegeben werden, die neben der äußerlich faßbaren Struktur und Bedeutung auch die verdeckte analysiert. Die Hopisprache unterscheidet nämlich doch eine Klasse von Substantiven für belebte Objekte. Diese Klasse ist aber ein KRYPTOTYP. Das entscheidende Kriterium seiner Auffindung ist die Art und Weise seiner Pluralbildung. Wenn zum Beispiel von den Mitgliedern der Flöten-Gesellschaft einfach als von ‹Flöten› gesprochen wird, dann wird der Plural dieses (verdeckt) zur Klasse des Unbelebten gehörigen Substantivs so gebildet wie bei den Substantiven des Belebten. Das Wort ˀoˁmâw ‹Wolke› wird dagegen immer in der Weise der Substantive des Belebten pluralisiert; es gibt dafür keinen anderen Plural, also gehört es definitiv zum Kryptotyp des Belebten. Auf diese Weise erhält die Frage, ob die Behandlung der Wolken als Lebewesen eine bloße Redefigur ist oder ob sie aus einem tieferen und nur leise durchdringenden Unterstrom des Denkens stammt, eine Antwort oder wenigstens eine ganz neue Bedeutung.

Mit Hilfe solcher Verfahren dürfte es möglich sein, an der Sprache wenigstens einige der wirklichen oder angenommenen Unterschiede zwischen der Mentalität der sogenannten primitiven Völker einerseits und der des modernen zivilisierten Menschen andererseits zu analysieren. Ob die Primitiven, abgesehen von den Unterschieden der Kultur, dem modernen Menschen hinsichtlich der Mentalität als eine einheitliche Klasse gegenüberstehen, wie das in Lévy-Bruhls Begriff der PARTICIPATION MYSTIQUE [21] und in der Gleichsetzung von ‹primitiv› und ‹infantil› bei Freud und Jung impliziert ist —; oder ob (wieder abgesehen von der Kultur) der ZIVILISIERTE MODERNE MENSCH aufgrund der großen strukturellen Ähnlichkeit aller modernen zivilisierten westlichen Sprachen eine einheitliche Klasse der Mentalität bildet, der viele verschiedene Mentalitäten auf dem Boden reicher Unterschiede der Sprachstrukturen bei den Primitiven gegenüberstehen — dies ist eine der großen psychologischen Fragen der Welt, die in den Bereich der Linguistik fallen und die unpersönliche und positive Art von Antwort erwarten, die die linguistische Forschung zu geben vermag.

Wir sind gewöhnt, eine Geistesart, wie sie in der PARTICIPATION My-

---

21 L. Lévy-Bruhl, *Les fonctions mentales dans les sociétés inférieures.* Paris 1912. Unter ‹Participation mystique› versteht Lévy-Bruhl ein besonderes psychologisches Verhältnis zum Gegenstand, ein Verhältnis, in welchem das Individuum sich nicht deutlich von seinem Gegenstand unterscheiden und trennen kann. — J. B. Carroll.

STIQUE beschlossen ist, für eine weniger rationale und weniger vom Denken regierte zu halten als die unsrige. Viele amerikanische Indianersprachen und viele afrikanische Sprachen verfügen jedoch über einen großen Reichtum subtiler, wunderbar logischer Unterscheidungen hinsichtlich der Verursachung, der Handlung, der Ergebnisse, der dynamischen oder energetischen Qualitäten, der Unmittelbarkeit der Erfahrung usw. – alles Angelegenheiten der Funktion des Denkens. Ja, solche Unterscheidungen gehören geradezu zur Quintessenz der Rationalität. In dieser Hinsicht lassen sie die europäischen Sprachen weit hinter sich. Die tiefsten und eindruckvollsten Unterscheidungen dieser Art zeigen sich oft nur einer Analyse, die bis in die Tiefe der verdeckten Kategorien oder Kryptotypen dringt. Verdeckte Kategorien sind in der Tat nicht selten rationaler als die äußerlich sichtbaren. Die verdeckte Klassifizierung der Geschlechter im Englischen ist rationaler und entspricht mehr den natürlichen Gegebenheiten als die offenliegende, äußerlich gekennzeichnete Klassifizierung im Latein oder im Deutschen. Je weniger eine äußere Kennzeichnung vorhanden ist, desto mehr tendiert eine Klasse dazu, sich um eine Vorstellung zu kristallisieren oder von irgendeinem synthetischen Prinzip abhängig zu werden, das in der Bedeutung ihrer Glieder enthalten ist. Vielleicht entstehen sogar viele abstrakte Vorstellungen auf diese Weise. Irgendeine ziemlich formale und nicht sehr bedeutungshaltige linguistische Gruppe, die durch irgendeinen äußeren Zug gekennzeichnet ist, mag etwa grob mit irgendeiner Verkettung von Phänomenen so zusammenfallen, daß sich eine Rationalisierung dieses Parallelismus anbietet. Wenn dann im Laufe phonetischer Wandlungen das äußere Kennzeichen (eine Endung oder was immer es ist) verlorengeht, dann wird aus der formalen Klasse eine semantische. Sie ist nun nur noch durch ihr Rapportsystem [22] als Klasse kenntlich, und ihre Einheit liegt in einer Vorstellung. Mit der Zeit ordnet sie sich mehr und mehr um einen rationalen Gedanken oder Gedankenkomplex. Sie zieht semantisch passende Wörter an sich und scheidet ältere Glieder, die semantisch nicht mehr passen, aus. Die Klasse wird nun durch ihre innere Logik zusammengehalten, und diese ihre Logik wird zum semantischen Korrelat jenes KONFIGURATIVEN Aspektes der Einheit dieser Klasse, der sich als ein Bündel nicht-motorischer Verbindungen [23] darstellt, mittels derer die ganze Flotte der Wörter in ihrem gemeinsamen Rapportsystem verankert ist. Semantisch entspricht

---

22 Im Original steht ‹reactance›. Zu dessen Übersetzung und Erläuterung an Beispielen (‹up› und ‹un-›) s. oben S. 116 ff. Die Begriffe ‹reactance› und ‹rapport-system› gebraucht WHORF in der hier in Frage kommenden Hinsicht synonym. Ich verwende den zweiten, weil er im Deutschen ungleich handlicher und zugleich physikalisch nicht vorgebildeten Lesern noch eher verständlich ist. – PK.

23 Zu ‹nicht-motorischen Verbindungen› s. oben S. 112 ff. – PK.

der Klasse ein Prinzip, das mit tiefer Überzeugung als den Phänomenen zugrundeliegend betrachtet wird, ein Prinzip wie das der Unbelebtheit, der ‹Substanz›, des abstrakten Geschlechts, der abstrakten Persönlichkeit, der Kraft, der Verursachung usw. Um es an diesem letzten noch genauer zu bestimmen: nicht der äußerlich faßbare Begriff (Lexation), der dem WORT ‹Verursachung› korrespondiert, ist gemeint, sondern die verdeckte Vorstellung, die ‹Empfindung› oder, wie man es oft (aber, nach JUNG, fälschlich,) nennt, das ‹Gefühl›, daß es ein Prinzip der Verursachung geben müsse. Zu noch späterer Zeit kann dann diese verdeckte Vorstellung mehr oder weniger in einem Wort oder lexikalischen Begriff eines Philosophen redupliziert werden. Im Beispiel wäre das also der Begriff der VERURSACHUNG. In dieser Weise gesehen, erscheinen viele schriftlose (‹primitive›) Gesellschaften im Vergleich zu zivilisierten Gesellschaften keineswegs mehr als subrational. Sie erscheinen vielmehr als Gesellschaften, in denen der menschliche Geist auf einer höheren und komplexeren Ebene der Rationalität funktioniert. Vielleicht fehlten diesen primitiven Stämmen einfach nur die Philosophen. Deren Auftreten hängt wahrscheinlich von der Voraussetzung eines ökonomischen Wohlstandes ab, den nur wenige Kulturen im Verlauf der Geschichte erreicht haben. Andererseits ist es auch möglich, daß ein Zuviel an Rationalität sich selber schlägt oder ein starkes kompensatorisches Prinzip auf den Plan ruft. Das alles sind wesentlich kulturanthropologische Fragen, denen man sich wohl am besten auf dem Wege kombinierter ethnologischer und psycholinguistischer Untersuchungen nähert.

2. Die zweite Bedeutung linguistischer Betrachtung des Denkens für die Kulturanthropologie liegt noch in der Zukunft, vielleicht sogar zum größten Teil in einer fernen Zukunft der menschlichen Spezies, in der sie sich von ihrem jetzigen Zustand zu einem anderen und — wie wir hoffen — weit höheren entwickelt haben wird.

Blicken wir zunächst in die nahe Zukunft, so ist eine enge Zusammenarbeit von seiten der Kulturanthropologen zu wünschen. In nicht zu ferner Zeit wird es möglich und dringend erforderlich sein, jene kulturwissenschaftliche und psychologische Weltübersicht der Sprachen zu erstellen, die JAMES BYRNE ins Auge faßte. Und diesmal muß die Aufgabe in einer methodischen Weise angegangen werden, die sicherstellt, daß wir die verschwenderisch reiche Fülle an Wahrheiten, die auf diesem Feld der Ernte warten, in die Scheunen unserer Wissenschaft einfahren.

Je weiter die Zeit fortschreitet, desto größere Bedeutung hat das Wissen aus einer solchen Übersicht auch für die Gebiete außerhalb der Gelehrtenwelt. Es kann in der Weltgeschichte, die heute gemacht wird, eine sehr wichtige Rolle spielen. Die Probleme der gegenseitigen Verständigung, der Sprachschranken, der Propaganda und der Werbung, der Erziehung, der Technik möglichst reibungsloser Regelung unserer menschlichen Angelegenheiten, einer intelligenten Gestaltung der zwischenmenschlichen Beziehungen, die mit den Veränderungen Schritt hält, welche sich aus der Entwicklung der Naturwissenschaften ergeben — sie alle sind ohne Klärung des Verhältnisses von Sprache und Denken nicht lösbar. Alle Menschen interessieren sich natürlicherweise für Fragen der Sprache, obwohl sie es entweder nicht wissen oder — wenn sie es wissen — glauben, sie wüßten schon alles über die Sprache. Da gibt es z. B. eine Bewegung für die Ausbreitung von Ogdens Basic English, einer sinnreich ausgedachten künstlichen Sprache, die sich bei Kaufleuten und Erziehern, bei Menschen, die sich für internationale Angelegenheiten interessieren, und bei Gesellschaftspropheten wie H. G. Wells großer Sympathie erfreut. Es hat keinen Sinn, sich auf's hohe Roß zu schwingen und solche Bewegungen als unwissenschaftlich zu verdammen. Unwissenschaftlich oder nicht, es sind heutige linguistische Phänomene. Warum also sollte die wissenschaftliche Linguistik, die allein die entscheidenden Grundlagen solcher Bewegungen richtig behandeln kann, von ihnen Abstand nehmen? Dadurch stolpern solche Bewegungen, die eine zwar grobe, aber starke verändernde Kraft auf das Denken von morgen ausüben, nur auf Irrwege. Das Basic English gefällt den Leuten, weil es einfach zu sein scheint. Aber die, denen es einfach erscheint, können Englisch oder glauben es zu können — da liegt die Gefahr! Jede Sprache erscheint denen, die sie sprechen, selbstverständlich als einfach, weil sie kein Bewußtsein der Struktur haben. Englisch ist aber alles andere als einfach. Es ist eine verwirrend komplexe Ordnung, voller verdeckter Klassen, Kryptotypen, Taxeme[24] der Auswahl, Taxeme der Ordnung[25], Strukturschemata der Betonung und der Intonation von beträchtlicher Verwickeltheit. Das Englische bildet in Hinsicht auf die prosodische[26] Komplexität in der Tat geradezu eine Klasse für sich und überragt alle anderen Sprachen der Erde. Es ist alles in allem genommen ebenso kompliziert wie die meisten polysynthetischen Sprachen Amerikas. Die Mehrzahl von uns ist sich dieser Tatsache nur nicht bewußt. Die komplexe Struktur des Englischen ist großenteils verdeckt und dadurch um so schwerer zu analysieren. Ausländer, die Englisch lernen, müssen die Sprache unbewußt in sich aufnehmen. Das ist ein Prozeß, der Jahre erfordert, in denen sie ständig der Bombardierung

---

24 Griech. taxis + phoneme = a) Ordnung von Wörtern oder Morphemen; b) Taxeme d. Selektion = Gesetze d. Wahl von Adjektiven, Substantiven etc.; c) T. d. Modulation = Gesetze d. Betonung und Intonation; d) Gesetze d. phonetischen Modifikation. — PK.

25 L. Bloomfield, *Language*. New York 1933, behandelt die Taxeme vor allem in den Kapiteln 10 und 12.

26 prosodisch = die Prosodie betreffend. Prosodie von latein.: *prosodia*, griech.: *prosōdia* = Gesang mit Begleitung, der Ton oder Akzent einer Silbe. — PK.

mit großen Mengen von gesprochenem Englisch ausgesetzt sein müssen. Es gibt zur Zeit keine Grammatik, die das Englische lehren kann. Genau wie mit dem Basic English ist es auch mit den anderen künstlichen Sprachen. Man nimmt die Grundstrukturen und Kategorien einiger weniger kulturell vorherrschender Sprachen Europas als selbstverständlich hin. Ihr komplexes Netz von Voraussetzungen wird zur Basis einer falschen Einfachheit. Wir sagen ‹a large black and white hunting dog› (ein großer schwarz-weißer Jagdhund) und nehmen an, man werde im Basic English genauso sprechen. Wie aber soll jemand, der von einer radikal anderen Muttersprache herkommt, wissen, daß er nicht ‹hunting white black large a dog› sagen kann? Die englischen Adjektive gehören zu Kryptotypen mit bestimmten Stellenanweisungen. Ihre Strukturformel ist genau bestimmt und sehr komplex. Der arme Indianer, der an das Basic English gerät, ordnet dagegen sein Denken ganz anders. Ein Mensch, der Basic English gebrauchen will, müßte erst einmal die enorm verwickelten verdeckten Strukturen des wirklichen gesprochenen Englisch kennenlernen.

Wir begegnen hier dem Irrtum, den die meisten Leute bei der Behandlung solcher gesellschaftlicher Fragen der Sprache machen. Sie setzen naiv voraus, eine Sprache sei nichts weiter als ein Haufen von Wort- und Begriffs-Bildungen (LEXATIONEN), und das genüge auch für jede Art rationalen Denkens. Die weit wichtigeren Denkmaterialien der Struktur und des konfigurativen Rapports liegen jenseits ihres geistigen Horizonts. Je einfacher eine Sprache äußerlich wird, desto mehr unbewußte Voraussetzungen verbergen sich in ihr und desto mehr werden ihre Wort- und Begriffs-Bildungen variabel und undefinierbar. Ist das wirklich das, was die Möchte-gern-Advokaten einer ‹einfachen› internationalen Sprache herbeizuführen streben? Um auf solchen Gebieten richtig zu denken, brauchen wir unbedingt eine kompetente weltweite Übersicht der Sprachen.

4

*Der Glaube an die Überlegenheit des europäischen Sprachtyps
ist wissenschaftlich nicht haltbar*

Wenden wir uns nun der ferneren Zukunft zu. Da ist es vielleicht erlaubt, einen allgemeineren Ausblick zu wagen und die Linguistik sowie ihre Anwendung bei der Erforschung des Denkens vom Standpunkt der ganzen menschlichen Spezies aus zu betrachten. Dieses Unternehmen müssen wir mit einer trivialen Feststellung beginnen. Der Mensch unterscheidet sich von anderen Tieren durch die Sprache und durch die große Entwicklung des Denkens. Soweit wir seine Zukunft in den Blick nehmen, muß das unter dem Aspekt geistigen Wachstums geschehen.

Es kann nicht geleugnet werden, daß die zukünftigen Entwicklungen des Denkens für die menschliche Spezies von größter Wichtigkeit sind. Sie werden vielleicht sogar über die Fortdauer der menschlichen Existenz auf diesem Planeten oder im Universum entscheiden. Die Möglichkeiten des Denkens sind Möglichkeiten des Erkennens von Zusammenhängen und der Entdeckung von Techniken des Operierens mit geistigen oder verstehbaren Zusammenhängen. Solche Techniken führen dann ihrerseits weiter zu Systemen von Zusammenhängen mit immer umfassenderer und immer tieferer Bedeutung. Diese Möglichkeiten sind untrennbar an systematische Möglichkeiten des Ausdrucks gebunden. Die Geschichte ihrer Entwicklung ist die Geschichte der sprachlichen Entwicklung des Menschen — jener langen Entwicklung von Abertausenden von sehr verschiedenen Systemen des Unterscheidens, Auswählens und Ordnens von Zusammenhängen und des Umgehens mit Zusammenhängen. Von den frühen Entwicklungsstadien, den WIRKLICH URSPRÜNGLICHEN WURZELN der Sprache, wissen wir gar nichts. Wir können aber wenigstens die gegenwärtigen ERGEBNISSE dieser Evolution auf der ganzen Welt erforschen. Bisher besitzen wir nur die allerersten Anfänge einer weltweiten linguistischen Taxonomie [27]. Mit unseren am grünen Tisch vollzogenen Verallgemeinerungen über die Grammatik und die damit zusammenhängenden Gebiete der Logik und der Denkpsychologie befinden wir uns in der Lage der Botanik vor dem Auftreten LINNÉS. In einer biologischen Metapher gesprochen: vorläufig sind wir noch weit vom Besitz einer umfassenden Beschreibung der existierenden sprachlichen Gattungen und Arten entfernt.

In der Biologie ging zu ihrem Glück der entwicklungsgeschichtlichen Betrachtungsweise eine weltweite systematische Taxonomie voraus und legte ihr einen Grund. In der Linguistik und anderen Kulturwissenschaften ist die Situation leider umgekehrt. Der moderne Mensch begann entwicklungsgeschichtlich zu denken, als seine Auffassungen über Sprache und Denken sich nur auf die Kenntnis einiger weniger aus den Hunderten sehr verschiedener Sprachtypen stützen konnten. Das begünstigte provinzielle linguistische Vorurteile und nährte den grandiosen Unsinn, die eigene Art des Denkens und die wenigen europäischen Sprachen, auf denen sie basiert, seien der Kulminationspunkt und die Blüte der Sprachentwicklung überhaupt! Das entspricht ungefähr dem Fehler eines entwicklungsgeschichtlich denkenden Botanikers vor LINNÉ, der angenommen hätte, unsere kultivierten Weizen- und Haferpflanzen stellten ein höheres Entwicklungsstadium dar als eine seltene Aster, die auf wenige Lagen im Himalaya beschränkt ist. Gerade die seltene Aster hat vom Standpunkt einer gereiften Biologie eher den Anspruch auf einen hohen Platz in der Skala der Evolution; der Weizen verdankt sei-

---

27 Siehe S. 40, Fußn. 4. — PK.

ne Verbreitung und sein Ansehen lediglich der Wirtschaft und Geschichte des Menschen.

Die hervorragende Stellung unserer europäischen Sprachen und Denkweisen hat auch keine tieferen Gründe. Die relativ wenigen Sprachen derjenigen Kulturen, die die moderne Zivilisation ausgebildet haben, sind dabei, sich über die ganze Welt auszubreiten und all die hundert Arten exotischer Sprachen auszulöschen. Das ist aber kein Grund, so zu tun, als stellten sie einen überlegenen Sprachtyp dar. Im Gegenteil, es bedarf nur eines kurzen wissenschaftlichen Studiums präliterarischer Sprachen, insbesondere der amerikanischen, um zu sehen, daß viele dieser Sprachen präzisere und feiner ausgearbeitete Systeme von Zusammenhängen enthalten als die unseren. Im Vergleich mit manchen amerikanischen Sprachen erscheint die formale Systematisierung von Vorstellungen im Englischen, Deutschen, Französischen oder Italienischen ärmlich und fade. Warum zum Beispiel drücken wir nicht — wie die Hopisprache — das Verhältnis von Sinneskanal (sehen) zu Resultat im Bewußtsein in dem Fall ‹Ich sehe, daß es rot ist› anders aus als in dem Fall ‹Ich sehe, daß es neu ist›? Wir vermengen diese zwei recht verschiedenen Beziehungen zu einer unbestimmten Art von Verbindung, die wir durch ‹daß› ausdrücken. Die Hopisprache zeigt dagegen an, daß uns im ersten Falle das Sehen eine bestimmte Gesichtsempfindung ‹Rot› gibt, während wir im zweiten Fall durch das Sehen nur unspezifizierte Daten erhalten, aus denen wir auf dem Wege eines Schlusses zu dem Resultat ‹neu› kommen. Gehen wir zu den Formen ‹Ich höre, daß es rot ist› und ‹Ich höre, daß es neu ist› über, so halten wir Europäer uns immer noch an unser lahmes ‹daß›. Die Hopis verwenden dagegen wiederum einen anderen Beziehungsausdruck und zwar nun ohne Unterschied für ‹rot› und ‹neu›, denn in beiden Fällen kommt die Nachricht dem Bewußtsein als verbaler Bericht zu. Zeigt die Hopisprache hier nicht ein höheres Niveau des Denkens und eine rationalere Analyse der Situationen als unser gepriesenes Deutsch oder Englisch? Auf diesem wie auf verschiedenen anderen Gebieten verhält sich das Englische [bzw. Deutsche] zur Hopisprache wie ein Knüppel zu einem Degen. Wir müssen über die obige Frage erst besonders nachdenken, die Fälle hin und her vergleichen oder sie uns erklären lassen, bevor wir den hinter unserem ‹daß› verborgenen Unterschied der Verhältnisse erkennen können. Die Hopis unterscheiden die Verhältnisse dagegen mit müheloser Leichtigkeit, denn die Formen ihrer Sprache haben sie daran gewöhnt.

VIII. Grammatikalische Kategorien

Offenliegende und verdeckte Kategorien

Die Neigung, bei der Beschreibung nicht-indoeuropäischer Sprachen solche Ausdrücke wie Verb, Substantiv, Adjektiv, Passiv usw. zu verwenden, ist sehr verständlich. Dieses Verfahren öffnet jedoch schwerwiegenden Mißverständnissen Tür und Tor. Wenn wir uns dieser sehr bequemen grammatikalischen Ausdrücke bedienen möchten, dann ist es nötig, sie so zu definieren, daß sie in einer wissenschaftlichen und konsistenten Weise auf exotische Sprachen angewendet werden können. Um das zu leisten, müssen wir erneut die verschiedenen Typen grammatikalischer Kategorien untersuchen, die sich in den Sprachen finden. Dazu werden wir eine weltweite Übersicht über die linguistischen Phänomene haben müssen. Wir werden mehr oder weniger neue Begriffe bilden müssen, und wir werden die wissenschaftliche Terminologie ergänzen müssen. All das gilt *pari passu* auch für das Englische, denn es weicht kaum weniger von dem allgemeinen indoeuropäischen Sprachmuster ab als einige der amerikanischen Indianersprachen.[1]

Die konventionellen Grammatiken amerikanischer Sprachen, die auf klassischen Modellen basierten, führten zu der Neigung, nur auf die Morpheme zu achten, die viele grammatikalische Formen kennzeichnen. Eine solche Betrachtungsweise übersieht aber verschiedene Wortklassen, die nicht durch morphemartige Anhängsel gekennzeichnet sind, sondern durch Typen von Strukturierungen. Dazu gehören z. B. die systematische Ausschließung gewisser Morpheme, die Wortwahl, die Wort-Ordnung (die zugleich Klassen-Ordnung ist) und ganz allgemein die Assoziation mit bestimmten linguistischen Konfigurationen.

Am Beginn der Untersuchung einer Sprache sollte man es vermeiden, ‹funktionale› Definitionen zu geben, wenn die funktionalen Unterschiede die EINZIGEN Unterschiede sind, die man angeben kann. Funktionale Definitionen sagen, wie ein Wort einer gewissen Klasse, etwa ein ‹Substantiv›, sich verhält, wie es gebraucht wird. Die Auffassungen verschiedener Menschen über das ‹Verhalten› eines gegebenen Wortes in einer Sprache, die ihnen nicht vertraut ist, können leicht ebenso verschieden sein wie ihre eigenen Muttersprachen, wie ihre verschiedene linguistische Bildung und wie ihre philosophischen Vorurteile. Die Kategorien dagegen, welche die grammatikalische Forschung untersucht, sind solche, die man an konfigurativen Gegebenheiten erkennen kann. Und diese konfigurativen Sachverhalte sind für alle Forscher dieselben. Dennoch möchte ich nicht so weit

---

1 Der Verfasser möchte an dieser Stelle seinen Kollegen Herrn Dr. George L. Trager und Herrn Dr. Morris Swadesh danken, mit denen er einige der behandelten kategorialen Fragen diskutieren konnte.

gehen wie einige moderne Grammatiker,[2] die allen funktionalen Definitionen radikal zu mißtrauen scheinen. Nachdem man Kategorien auf der Basis konfigurativer Sachverhalte beschrieben hat, kann es sehr wohl wünschenswert sein, im weiteren Fortgang der Untersuchung auch funktionale oder operationale Bestimmungen zu verwenden. In Verbindung mit konfigurativen Daten sind operationale Beschreibungen der BEDEUTUNG der Formen möglich und zulässig. ‹Bedeutung› steht hier für eine Charakterisierung der Formen, die alle bekannten oder vorhersagbaren semantischen und konfigurativen Tatsachen gedrängt erklärt.

Wir können zunächst zwischen OFFENLIEGENDEN KATEGORIEN (OVERT CATEGORIES) und VERDECKTEN KATEGORIEN (COVERT CATEGORIES) unterscheiden.

Eine offenliegende Kategorie ist eine Kategorie, die ein formales Kennzeichen hat, das (mit nur seltenen Ausnahmen) in jedem Satz auftritt, der ein Glied der Kategorie enthält. Dieses Kennzeichen muß nicht unbedingt ein Teil desjenigen Wortes sein, von dem man sagen kann, es stehe in einem paradigmatischen Sinn für die Kategorie. Das heißt, es muß sich nicht notwendig um ein Suffix oder Präfix, einen Vokalwechsel oder eine andere ‹Flexions›-Form handeln; es kann auch ein gesondertes Wort oder eine gewisse Strukturierung des ganzen Satzes vorliegen. Im Englischen ist zum Beispiel der Plural der Substantive eine offenliegende Kategorie. Er ist gewöhnlich an dem paradigmatischen Wort (dem betreffenden Substantiv) durch das Suffix ‹-s› oder durch einen Vokalwechsel gekennzeichnet. Bei gewissen Wörtern wie ‹fish, sheep› (Fisch, -e; Schaf, -e) und gewissen Völkernamen ist er durch die Form des Verbs oder durch den Gebrauch der Artikel usw. gekennzeichnet. In der Aussage ‹fish appeared› (Fische zeigten sich) ist der Plural durch das Fehlen jeglichen Artikels gegeben. In ‹The fish will be plentiful› (Es werden reichlich Fische da sein) geschieht dasselbe durch ein pluralisierendes Adjektiv. ‹The Chinese arrived› und ‹the Kwakiutl arrived› (die Chinesen bzw. Kwakiutl trafen ein) zeigen sich als Plural durch die Verbindung von bestimmtem Artikel und Mangel einer singularen Bezeichnung wie ‹person›, ‹Chinaman› oder ‹Indian›. In allen diesen Fällen ist der Plural äußerlich markiert. Und so verhält es sich – mit nur wenigen Ausnahmen – bei dem Plural aller englischen Substantive. Der

---

2 Sie vertreten meist den heute so genannten ‹Strukturalismus›, der selbst eine seiner Wurzeln in der amerikanischen Linguistik, bei SAPIR, hat. Siehe die für den Strukturalismus programmatisch gewordenen Auffassungen WHORFS auf S. 124 und seine Darstellung der Grundsätze von BOAS und SAPIR auf S. 124 u. 125. Das Programm des Strukturalismus ist neuerdings und wohl in der reinsten Form von dem Dänen LOUIS HJELMSLEV in seinem Buch: *Omkring sprogteoriens grundlaeggelse*. Kopenhagen 1943, englische Übersetzung von F. J. Whitfield: *Prolegomena to a theory of language*. Baltimore 1953, dargestellt worden. Vgl. auch Z. S. HARRIS, *Methods in structural linguistics*. Chicago 1951. – PK.

Plural ist demgemäß im Englischen eine offenliegende Kategorie.[3] Im Süd-Paiute[4] ist die Subjekt-Person eines Verbs durch ein sublexikalisches Element (oder ‹gebundenes Morphem›) gekennzeichnet, das wie das englische ‹s›nicht allein stehen kann. Es braucht jedoch nicht am Verb zu hängen, sondern kann an dem ersten wichtigen Wort des Satzes erscheinen. Der potentielle Modus des Verbs (wie man ihn nennen könnte) ist im Englischen eine offenliegende Kategorie. Er ist durch die Morpheme ‹can› (kann) oder ‹could› (könnte) gekennzeichnet, die als vom Verb getrennte Wörter in jedem Satz erscheinen, der die Kategorie enthält. Diese Kategorie ist hier genauso ein Teil des Verbsystems der Morphologie, wie das bei einem synthetischen Algonquin- oder Sanskritverb der Fall ist, wo sie durch ein gebundenes Element gekennzeichnet wäre. Ihr Morphem ‹can› kann gleichgeordnete Elemente desselben modalen Systems, also ‹may› oder ‹will› u. a. ersetzen, darf diesen aber nicht wie ein bloß lexikalisches Gebilde (etwa ‹possibly› = möglicherweise) einfach zugefügt werden. Auch in der Hopisprache besteht ein starres System sich gegenseitig ausschließender ‹Modalitäten›, die durch gesonderte Wörter bezeichnet werden.

Eine verdeckte Kategorie, ob nun durch ein Morphem oder durch eine Satz-Struktur kenntlich, ist nur in gewissen Satztypen gekennzeichnet und nicht in jedem Satz, in dem ein Wort oder Element der Kategorie auftritt. Die Zugehörigkeit des Wortes zu der verdeckten Klasse tritt nicht in Erscheinung, es sei denn, es werde in einem der speziellen Satztypen gebraucht oder man nehme darauf Bezug. Geschieht das aber, so entdecken wir, daß dieses Wort zu einer Klasse gehört, die irgendeine Art von Sonderbehandlung verlangt, bestehe diese auch etwa nur in der Ausschließung eben jenes Satztyps. Diese Sonderbehandlung (oder dieses Sonderverhalten) der Kategorie können wir ihr REAKTIONS- oder RAPPORTSYSTEM (REACTANCE)[5] nennen. Im Englischen bilden die intransitiven Verben eine verdeckte Kategorie, die durch das Fehlen des passiven Partizips und der passi-

---

3 Es gibt natürlich eine Minderheit möglicher oder theoretisch möglicher Sätze, in denen sich der Plural vom Singular nicht unterscheidet, z. B. ‹The fish appeared›. Im Reden und Schreiben sind solche Sätze aber in einen größeren Kontext eingebettet, in welchem die Ein- oder Mehrzahl des betreffenden Gegenstandes schon festgelegt ist. (Andernfalls würde kaum ein solcher Satz vorkommen.) Solche Minderheiten werden in unserer Unterscheidung von offen und verdeckt nicht berücksichtigt. D. h., sie hindern uns nicht, eine Kategorie als offenliegend zu klassifizieren. Bei den verdeckten Kategorien sind die ungekennzeichneten Formen oft in der Überzahl, immer aber relativ zahlreich, und sie sind selbst durch den Kontext nicht unterschieden.

4 Auch: Pah-Utah = Indianersprache in der südlichen Dreistaatenecke von Nevada mit Arizona und Californien. – PK.

5 Für die genaue Übersetzung dieses Begriffes siehe oben S. 116; vgl. auch meine Anmerkung 22 auf S. 127. – PK.

ven und kausativen Formen gekennzeichnet ist; die Verben dieser Klasse, ‹go, lie, sit, rise, gleam, sleep, arrive, appear, rejoice› usw. (gehen, liegen, sitzen, aufstehen, glänzen, schlafen, ankommen, erscheinen, sich freuen), können nicht in solche Sätze wie ‹It was cooked, It was being cooked, I had it cooked to order› (es war gekocht, es wurde gerade gekocht, ich ließ es nach meiner Anweisung kochen) substituiert werden. Eine in dieser Weise konfigurativ bestimmte Klasse der intransitiven Verben ist etwas ganz anderes als die in der traditionellen englischen Grammatik errichtete ‹Attrappe› dieser Klasse. Es ist eine echte grammatikalische Klasse, die auch noch weitere konstante grammatische Züge aufweist. So kommen zum Beispiel nach ihren Verben keine Substantive oder Pronomen vor; man kann nicht ‹I gleamed it› oder ‹I appeared the table› sagen. Natürlich können zusammengesetzte Bildungen mit den gleichen Wörtern transitiv sein wie ‹sleep (it) off, go (him) one better› etc. In den amerikanischen umgangssprachlichen Formen ‹go haywire, go South Sea Islander› usw. ist das Wort oder die Wortgruppe hinter dem Verb ein verdecktes Adjektiv, vgl. ‹go completely haywire›. [Slang! Dt. etwa: völlig aus dem Häuschen sein. – PK.]

Einen anderen Typ verdeckter Kategorien repräsentiert die Geschlechtsgattung im Englischen. Jeder Klassenname und jeder Eigenname gehört zu einer Geschlechtsklasse. Ein äußeres Kennzeichen dafür erscheint aber nur, wenn für das Substantiv ein Personalpronomen im Singular eintritt. Beim Neutrum kann die Kennzeichnung auch durch die Interrogativ- und Relativ-Pronomen ‹what, which› geschehen. Die grammatische Zuordnung ist dabei nicht weniger streng als bei offenliegenden Geschlechtsdifferenzierungen wie im Lateinischen, wo die meisten Substantive ihr Geschlechtszeichen haben. Bei vielen englischen Klassennamen könnten Kenntnisse über das tatsächliche Geschlecht oder die wissenschaftliche biologische und physikalische Klassifikation der Objekte einem Fremden zweifellos die Kenntnis der grammatikalischen Klassen ersetzen. Letztlich wären aber jene Kenntnisse nur von begrenztem Nutzen. Der größere Teil der Klassen der Maskulina und Feminina besteht aus Tausenden von Eigennamen. Ein Fremder, der nichts über den kulturellen Hintergrund der westeuropäischen christlichen Namen weiß, muß einfach lernen – also erfahren –, daß ‹Jane› zur ‹she›(sie)-Gruppe und ‹John› zur ‹he›(er)-Gruppe gehört. Es gibt eine Fülle von äußerlich ähnlichen Namen, die zu entgegengesetzten Geschlechtsklassen gehören: ‹Alice : Ellis, Alison : Addison, Audrey : Aubrey, Winifred : Wilfred, Myra : Ira, Esther : Lester› etc.[6]. Kein Wissen um irgendwelche ‹natürlichen› Eigenschaften könnte einem Fremden sagen,

---

6 Es gibt einige wenige Namen von unbestimmtem oder doppeltem Geschlecht: ‹Frances (Francis), Jessie (Jesse oder Jess), Jean (Gene), Jocelyn, Sidney, Wynne› und vielleicht noch einige andere. Ihre Zahl ist größer, wenn man auch Spitznamen wie ‹Bobby, Jerry› usw. hinzunimmt. Alles in allem sind es dennoch relativ so wenige, daß sie die obigen Feststellungen nicht umstoßen.

daß die Namen biologischer Klassen (Tier, Vogel, Fisch etc.) zur ‹it›(es)-Gruppe gehören, daß von kleineren Tieren gewöhnlich als ‹it›, von größeren oft als ‹he› gesprochen wird, daß Hunde, Adler und Truthühner gewöhnlich ‹he›, Katzen und Zaunkönige gewöhnlich ‹she›, Körperteile und die ganze botanische Welt ‹it›, Länder und Staaten als fiktive Personen (jedoch nicht als Gebiete) ‹she›, Städte, Gesellschaften und Körperschaften als fiktive Personen ‹it›, der menschliche Körper ‹it›, ein Geist ‹it›, die Natur ‹she›, Schiffe mit Segel- oder Kraftantrieb und kleine Schiffe mit Namen ‹she›, Ruderboote ohne Namen, Kanus und Flöße ‹it› sind usw. usw. Wir brauchen nur an die Fehler in der Geschlechtseinteilung zu denken, die Fremde (einschließlich solcher, deren eigene Muttersprache keine Geschlechtsunterscheidungen kennt) während des Erlernens der englischen Sprache machen. Diese Fehler allein zeigen schon, daß wir es hier mit verdeckten grammatischen Kategorien zu tun haben und nicht mit Sprachformen, die natürlichen oder nichtkulturellen Unterschieden entsprechen.

In verschiedenen amerikanischen Sprachen gibt es Klassen von Substantiven, die tatsächlich oder dem Anschein nach auf der Gestalt basieren. Diese Klassen können entweder offenliegende oder verdeckte sein. In der Navahosprache sind sie verdeckt. Einige Substantive gehören zur Klasse der runden (oder rundlichen) Objekte, andere zur Klasse der langen Objekte und wieder andere zu Klassen, die nicht von der Gestalt abhängig sind. Kein äußerliches Merkmal gibt die Klassen in jedem Satz zu erkennen. Wie beim Geschlecht im Englischen ist das Klassenmerkmal ein Rapportsystem (reactance). Allerdings ist dieses hier nicht an Pronomen faßbar. Es ist in einer Auswahl zwischen gewissen Verbstämmen gegeben, die jeweils mit einer Klasse und keiner anderen gebraucht werden, obwohl es auch viele Verbstämme gibt, die ein indifferentes Verhältnis zu den Klassen haben. Ich möchte (zumindest für die Navahosprache) bezweifeln, daß solche Unterscheidungen einfach sprachliche Reflexe nichtsprachlicher, objektiver Unterschiede sind, die allen Menschen gleicherweise durch die Erfahrung gegeben werden. Sie scheinen mir vielmehr – genau wie die Geschlechtsklassifikation im Englischen – verdeckte grammatische Kategorien zu sein. Daher muß man, wenn man die Navahosprache erlernt, eben einfach lernen, daß ‹Kummer› zur Klasse des ‹Runden› gehört. Der erste Eindruck des sogenannten ‹gesunden Menschenverstandes› bei verdeckten Kategorien wie dem Geschlecht im Englischen und der Gestalt-Klasse im Navaho ist, es handele sich einfach um Unterscheidungen zwischen verschiedenen Arten der Erfahrung oder des Wissens: wir sagen ‹Jane ging zu ihrem Haus›, weil wir wissen, daß sie ein weibliches Wesen ist. In Wirklichkeit brauchen wir aber über Jane gar nichts zu wissen. Jane ist vielleicht nichts weiter als ein Name für uns. Hören wir aber diesen Namen am Telephon, so sagen wir ‹Was ist mit ihr?›. Der gesunde Menschenverstand wird nun vielleicht einen Schritt weichen und meinen, wir wüßten eben, daß der Name ‹Jane› nur weiblichen Wesen gegeben wird. Diese Erfahrung ist aber eine sprachliche; wir lernen Englisch durch Beobachtung des Sprachgebrauchs. Überdies ist leicht zu sehen, wie das Pronomen nur zu dem Namen paßt, nicht aber zu der gegenständlichen Erfahrung. Mit dem Namen ‹Jane› kann ich nämlich auch ein Auto, ein Skelett oder eine Kanone belegen, und er verlangt dann immer noch in der pronominalen Rede ein ‹she› (sie). Ich habe zwei Goldfische. Den einen nenne ich ‹Jane›, den anderen ‹Dick›. Dann kann ich sagen ‹Each goldfish likes its food› (Jedem der Goldfische gefällt sein Futter), aber ich kann nicht sagen ‹Jane likes its food better than Dick› (Jane mag sein Futter lieber als Dick). In diesem Fall muß ich sagen ‹Jane likes her food› (Jane mag ihr Futter). Das Wort ‹dog› (Hund) gehört im Englischen zu einer Klasse mit gemeinschaftlichem Geschlecht, für die vornehmlich die Pronomen ‹he› (er) und ‹it› (es) verwendet werden. Der Eigenname eines Hundes ist jedoch nach dem Geschlecht klassifiziert und bestimmt sein zugehöriges Pronomen. Wir sagen nicht ‹Tom came out of its kennel›, sondern ‹Tom came out of his kennel› (Tom kam aus seiner Hütte), ‹Lady came out of her kennel, The female dog came out of its (or her) kennel›. ‹Hundeartige› Namen wie ‹Fido› gehören zur ‹he›-Klasse: ‹Towser came out of his kennel›. Wir sagen ‹See the cat chase her tail› (Sieh, wie die Katze ihren Schwanz jagt), aber niemals ‹See Dick chase her tail›. Die Wörter ‹child, baby, infant› gehören zur Klasse mit gemeinschaftlichem Geschlecht und erlauben das Pronomen ‹it›. Die Eigennamen von Kindern aber verlangen entweder ‹he› oder ‹she›. Ich kann zwar sagen ‹My baby enjoys its food›, es wäre aber falsch zu sagen, ‹My baby's name is Helen – see how Helen enjoys its food›. Ebensowenig kann ich sagen ‹My little daughter enjoys its food›, denn ‹daughter› (Tochter) gehört anders als ‹baby› grammatikalisch in die Klasse des Weiblichen.

Kryptotypen und Phänotypen

Mit verschiedenen verdeckten Kategorien exotischer Sprachen verhält es sich ganz ebenso. Wo man in ihnen Erkenntnisse objektiver Unterschiede zu finden glaubte, lag vielleicht nicht mehr vor als eine gewisse Vereinbarkeit der grammatischen Kategorie mit der objektiven Erfahrung. Allerdings können solche Kategorien Erfahrungen darstellen, aber Erfahrungen, die durch die Brille eines bestimmten sprachlichen Schemas gesehen sind, nicht Erfahrungen, die für alle Menschen gleich sind. Die Unterscheidungen zwischen gegenwärtig und abwesend, sichtbar und unsichtbar, die in vielen amerikanischen Sprachen gemacht werden, bieten andererseits ein Beispiel dafür, daß Kategorien sich doch auch auf allgemein in der menschlichen Erfahrung gegebene Unterschiede beziehen können. Schließlich ist es noch möglich, daß sich solche erfahrungsmäßigen Unterschiede rein grammatischen Klassifikationen einlagern. Das ergibt dann gemischte Klassen wie z. B. ‹erfahrungsmäßig-gegenwärtig plus grammatikalisch-weiblich›.

Eine verdeckte Kategorie kann man auch als einen KRYPTOTYP bezeichnen. Dieser Name lenkt die Aufmerksamkeit auf die verborgene, kryptische Natur solcher Wortgruppen, die besonders dann ausgeprägt ist, wenn sie sich weder vorstellungsmäßig stark abheben noch durch häufig erscheinende Reaktions- oder Rapport-Zeichen (wie z. B. Pronomina) kenntlich sind. Sie bleiben leicht unbemerkt; sie können schwer zu definieren sein, und sie können dennoch einen tiefgreifenden Einfluß auf das sprachliche Verhalten haben. Die englischen intransitiven Verben sind – so wie sie oben konfigurativ definiert wurden – ein Kryptotyp. Ein ähnlicher Kryptotyp umfaßt die Verben ‹kopulativer Resolution› (‹be, become, seem, stay, remain› etc. = sein, werden, scheinen, [ver]harren, bleiben), denen ebenfalls die passiven und kausativen Formen fehlen, die aber von Substantiven, Pronomen und Adjektiven gefolgt sein können. Die transitiven Verben (ein Kryptotyp, zu dem ‹run, walk, return› = rennen, gehen, wiederkehren und die meisten englischen Verben gehören) haben passive und kausative Formen, und sie können von Substantiven und Pronomen, jedoch nicht von Adjektiven allein gefolgt sein. Die Namen von Städten und Ländern bilden im Englischen einen Kryptotyp, der es verbietet, sich mit Personalpronomen auf sie zu beziehen und diese zugleich zu Objekten der Präpositionen ‹in, at, to, from› (in, bei, zu, von) zu machen: Wir können sagen ‹I live in Boston›, aber nicht ‹That's Boston – I live in it›. Auf die Gegenstände der Wörter dieses Kryptotyps bezieht man sich mit ‹there› (dort) oder ‹here› (hier) statt mit ‹in it, at it, to it› und mit ‹from there/here› (von dort/hier) statt mit ‹from it›. In verschiedenen amerikanischen Sprachen bilden solche Orts- und Gebietsnamen eine grammatische Klasse; in der Hopisprache fehlen ihnen die nominativen und objektiven Fälle, da sie nur in lokalisierendem Sinne gebraucht werden; in der Sprache der Azteken haben sie charakteristische Endungen und schließen den Gebrauch gewisser Präpositionen aus.

Die englischen Adjektive bilden zwei Kryptotypen mit Unterklassen. Der eine Kryptotyp umfaßt die Wörter für ‹inhärente› Qualitäten – Farbe, materialen und physikalischen Zustand (fest, flüssig, porös, hart etc.), Ursprung, Art (der Lebewesen), Nationalität, Funktion und Gebrauch. Er ist dadurch charakterisiert, daß seine Wörter näher am Substantiv stehen als die des anderen Kryptotyps, den wir als den der nicht-inhärenten Qualitäten bezeichnen können, obwohl er einfach das umfaßt, was nicht zu dem ersten Kryptotyp gehört – die Adjektive der Gestalt, Größe, Lage und Bewertung (der ethischen, ästhetischen und ökonomischen Bewertung). Im Satz kommen diese Adjektive vor denen der inhärenten Qualitäten. Es heißt ‹large red house› (großes rotes Haus), nicht ‹red large house›, und es heißt ‹nice smooth floor› (schöner glatter Fußboden) etc. Zur Herstellung eines ausbalancierten Gegenstandes kann die Ordnung umgedreht werden. Das verlangt aber eine Änderung des normalen Betonungsschemas, und die sich ergebende Form wird sogleich als umgekehrt und eigentümlich empfunden. Das normale Schema legt die primäre Betonung entweder auf das Substantiv (‹steep rocky hi'll›) oder auf das inhärente Adjektiv (‹pretty Fre'nch girl› = hübsches französisches Mädchen). Diese Folge der Adjektive kann man nicht einfach umkehren und ‹French pre'tty girl› sagen, denn diese Form verweist auf den Gegensatz ‹French plai'n girl›. Es ist aber ganz unenglisch, Adjektive in dieser Weise einander entgegenzusetzen. Der richtige Gegensatz lautet ‹plai'n French girl›. Die Umkehrung der Folge der Adjektive mit Änderung des Betonungsschemas – also eine Bildung wie ‹Fre'nch pretty girl› – ist aber dann möglich, wenn sie etwa im Kontrast zu ‹Spa'nish pretty girl› geschieht. Solche Formen sind jedoch eindeutig Ausnahmen.

Dem Begriff des KRYPTOTYPS kann der des PHÄNOTYPS für die offenliegende Kategorie gegenübergestellt werden. In Fällen, wo keine Mehrdeutigkeit zu befürchten ist, kann dieser Begriff auch auf das Merkmal angewendet werden, das die offenliegende Kategorie im Satz bei sich führt.

Enzyklopädisches Stichwort

‹Metalinguistik und Sprachphilosophie›

Der Terminus ‹Metalinguistik› ist amerikanischer Prägung. Er wird in zweierlei Sinn verwendet. In der formalen Logik unterscheidet man sogenannte ‹semantische Stufen›. Es wird unterschieden zwischen der Sprache über Dinge und der Sprache über die Sprache selbst. Die erste Sprache nennt man ‹Objektsprache›, die zweite ‹Metasprache›. Demgemäß spricht man von Sätzen, die nicht etwas über Dinge oder Sachverhalte, sondern etwas über andere Sätze oder über eine ganze Sprache aussagen, als von ‹metasprachlichen Sätzen oder Aussagen›. Zu dem Substantiv ‹Sprache› = *language* gibt es kein dem deutschen Wort ‹sprachlich› paralleles englisches Adjektiv und Adverb. Für ‹metasprachliche Aussage› steht daher im Englischen oft *‹metalinguistic statement›*.

Offenbar kann dies nicht der Sinn sein, den das Wort ‹Metalinguistik› im Zusammenhang dieses Buches hat, denn sonst wären schon alle Aussagen der Linguistik metalinguistische Aussagen. In unserem Zusammenhang kann vielmehr der Titel des fünften hier abgedruckten Artikels von Whorf zugleich als Thema der Metalinguistik betrachtet werden. Ihr Gegenstand sind die Beziehungen zwischen einer Sprache und dem Sprechen und sonstigen Verhalten derjenigen Menschen, die die betreffende Sprache als ihre Muttersprache sprechen.

Es handelt sich um ein sehr junges Wissenschaftsgebiet, denn es setzt für seine kritische Durchführung in jedem Fall die gründliche *formale* Analyse einer Sprache, also ihre strikt linguistische Erforschung voraus. Und es fordert ferner möglichst gründliche Analysen aller nicht biologisch-physiologischen, sondern geschichtlich tradierten und vom Individuum lernend übernommenen menschlichen Verhaltensweisen, einschließlich ihrer Gegenstände, Produkte, Relationen und Institutionen. Darunter sind nicht nur äußerliche körperliche Tätigkeiten wie Landbau, Jagd, Fischfang, Gewerbe, Handel, Technik etc. und die besonderen Weisen, in denen sie betrieben werden, zu verstehen. Vielmehr gehören hierher auch Brauchtum, Sitten, Recht, gesellschaftliche Ordnungen etc. und ferner Mythen, religiöse, moralische und philosophische Überzeugungen und die Ausformungen der Wissenschaften etc. Kurz: *das Thema der Metalinguistik sind letztlich die Beziehungen zwischen einer Sprache und der gesamten übrigen Kultur der Gesellschaft, die diese Sprache spricht.* Die Metalinguistik hat demgemäß auch selbst Beziehungen zu allen übrigen Wissenschaften und der Philosophie. Diese alle müssen sich einerseits einer Sprache bedienen und so vielleicht von dieser mitformen lassen; andererseits ist die ganze Geschichte der Philosophie und der Wissenschaften die Geschichte eines dauernden harten Ringens mit den Beschränkungen der gegebenen Sprachen. Bedeutende Fortschritte konnten wieder und wieder nur ‹gegen› die Sprache gewonnen werden, und das heißt immer auch: durch eine gewisse Veränderung der Sprache (im weitesten Sinne dieses Wortes). Als hervorragendes Beispiel dafür kann die Aufstellung der Relativitätstheorie in der modernen Physik betrachtet werden. Ein Freund ALBERT EINSTEINS, der bedeutende Physiker und Philosoph PHILIPP FRANK, schrieb einmal, ‹Einsteins Relativität der Zeit ist eine Reform in der Semantik, nicht in der Metaphysik.› Solche Ereignisse in den Wissenschaften verändern nicht nur etwas an der Sprache, sie lassen dadurch auch immer etwas an ihr hervortreten und erkennen. Darum sind sie in mehrfacher Hinsicht Gegenstand der Metalinguistik.

Eine überzeugende systematische Einordnung der Metalinguistik und Linguistik gibt es bis heute nicht. In den angelsächsischen Ländern sieht sie zur· Zeit ungefähr folgendermaßen aus: Die Wissenschaften vom Menschen werden unter dem Obertitel der *Anthropology* zusammengefaßt. Diese gliedert sich sodann in *Physical Anthropology* (die Humanbiologie oder ‹Anthropologie› im engen deutschen Sinne) einerseits und die *Cultural Anthropology* andererseits, für die wir hier Kultur-Anthropologie sagen wollen. Was die Amerikaner Kultur-Anthropologie nennen, entspricht am ehesten unserer Ethnologie oder Völkerkunde. Der amerikanische Begriff ist jedoch weiter als die genannten beiden Termini. Auf die Seite der Kultur-Anthropologie gehören ferner — mit nicht eindeutigen Zu- oder Einordnungsverhältnissen — die Archäologie, die *Social Anthropology* (= Ethnosoziologie), die Völkerpsychologie *(Personality and Culture)* und die Linguistik mit ihrem Zweig der Metalinguistik.

Die Linguistik ihrerseits wird beinahe von jedem Autor etwas anders gesehen und eingeteilt. Wir halten uns daher hier an die Einteilung, die WHORFS Auffassung impliziert ist. Sie sieht, in ein grobes, aber übersichtliches Schema gebracht, etwa wie folgt aus (vgl. Übersicht rechts).

Arbeiten, die mehr oder weniger in das Gebiet fallen, das hier als Metalinguistik bezeichnet wird, hat es natürlich schon früher und auch außerhalb Amerikas gegeben. Von deutscher Seite sind da besonders WILHELM V. HUMBOLDTS Einleitung zu seinem Werk über die Kawi-Sprache auf der Insel Java mit dem Titel ‹Über die Verschiedenheit des menschlichen Sprachbaues und ihren Einfluß auf die geistige Entwicklung des Menschengeschlechts› zu nennen und in der Gegenwart die Arbeiten von JOHANNES LEO WEISGERBER über ‹Die Kräfte der deutschen Sprache› (4 Bde.). WEISGERBERS und WHORFS Arbeiten sind im wesentlichen unabhängig voneinander entstanden. Die Konvergenz der von verschiedenem Material ausgehenden Gedanken ist daher erstaunlich und sicherlich bedeutsam.

In der so sehr in Richtungen zersplitterten Linguistik gibt es neuerdings noch eine weitere internationale Konvergenz auf dem Gebiet der *macrolinguistics* = Linguistik im weiteren Sinne

prelinguistics:	*microlinguistics* = Linguistik i. e. S.:		*meta-linguistics:*
a) Akustik b) Physik, Anatomie u. Physiologie der Kommunikationsorgane des Menschen	**Phonologie:** (Analyse der Sprachlaute) a) Phonetik: Beschreibung u. Klassifikation d. Laute u. ihrer physiolog. Strukturen b) Phonemik: Beschreibung d. Strukturen, die für eine Sprache eine systematische Gruppe von Konsonanten, Vokalen, Akzenten, Tönungen etc. determinieren	**Morphologie:** (Analyse der grammat. Formen) a) Morphophonemik: Beschreibung d. Strukturen, nach denen die Phoneme zu Morphemen (= Wortteilen wie Affixen u. Infixen od. Worten wie relationalen Adverbien u. kopulativen Verben etc.) kombiniert sind b) Morphemik: Beschreibung d. Strukturen d. Flexionen u. Ableitungen c) Syntax: 1) Registrierung, Beschreibung u. Analyse d. Kategorien (Substantiv, Verb. etc.) 2) Beschreibung d. Strukturen von Phrasen, Sätzen u. Satzkomplexen (Phrase = jede Gruppe v. zwei oder mehr Worten, die eine Sinneinheit bilden, z.B.: ‹die Nacht hindurch›)	a) Semantische Analyse = Bedeutungsanalyse b) Analyse d. Wechselbeziehungen zw. d. Sprache u. den anderen Kultursystemen

allgemeinen theoretischen Linguistik oder Sprachtheorie. Alle Programme konvergieren da in Richtung einer immer klarer sich herausarbeitenden, von außersprachlichen Gesichtspunkten mehr und mehr gereinigten *systematischen* Beschreibung und Theorie der Sprachen und vielleicht einmal der SprachE (nicht DER Sprache). Dieser sogenannte ‹Strukturalismus› hat *eine* seiner Wurzeln in der amerikanischen Linguistik bei WHORFS Lehrer, EDWARD SAPIR. Das ist kein Zufall, wie schon ein flüchtiger Blick in die Geschichte lehrt.

In Europa war die Linguistik im neunzehnten Jahrhundert überwiegend eine historische und vergleichende Wissenschaft. In Amerika dagegen waren die Geschichte und die Beziehungen der dort einheimischen

Indianer-Sprachen natürlich unbekannt und unzugänglich. Infolgedessen entwickelte sich die Linguistik dort sozusagen zwangsweise unter mehr systematisch-deskriptiven Gesichtspunkten.

1842 wurde die Amerikanische Ethnologische Gesellschaft gegründet, und sie machte die Erforschung der Indianersprachen zu einer ihrer Hauptaufgaben. Der entscheidende Anstoß kam wohl dann, als in den 80er Jahren der aus Minden in Westfalen gebürtige und an deutschen Universitäten als naturwissenschaftlicher Anthropologe ausgebildete FRANZ BOAS an der Columbia University in New York zu lehren begann. Er interessierte sich für alle Sprachen und gab der amerikanischen Linguistik praktisch (durch Anleitung zahlreicher Schüler) und theoretisch (durch Betonung der strikt deskriptiven Methode) starke Impulse. Sein bedeutendster Schüler war der 1884 in Lauenburg in Pommern geborene EDWARD SAPIR (gest. 1939). Er wurde zum führenden Kopf der theoretischen Linguistik und der Linguistik der Indianersprachen. Neben SAPIR muß noch LEONARD BLOOMFIELD erwähnt werden, der stark unter dem Einfluß J. B. WATSONS (1878—1950) und des von diesem begründeten amerikanischen Behaviorismus[1] stand.

In allerneuester Zeit gewinnt die moderne mathematische Informationstheorie Bedeutung für die Linguistik. Unmittelbar deutlich wird das z. B. bei den Bestrebungen zur Entwicklung von automatischen, elektronischen Übersetzungsmaschinen, die eine Mathematisierung der Grammatiken voraussetzen. Sollte sich in Zukunft die mathematische Beschreibung einer Grammatik als vollständig durchführbar erweisen, so wird das zur weiteren Mathematisierung der theoretischen Linguistik sicher beitragen und übrigens an dieser Stelle die traditionelle Trennung von Natur- und Geisteswissenschaften unübersehbar aufheben.

Wenden wir uns nun dem Stichwort ‹Sprachphilosophie› zu, so stehen wir mit seiner systematischen Abgrenzung einer gänzlich unerfüllbaren Aufgabe gegenüber. Es kann nur andeutungsweise auf die vielfältigen Verflechtungen hingewiesen werden, wobei wir überall einen oder wenige weiterführende Namen nennen, ohne Vollständigkeit und Unanfechtbarkeit der Auswahl zu erstreben.

Zunächst ist Sprachphilosophie schon immer in fast allen großen Werken der Sprachwissenschaft selbst integrierend enthalten. Zweitens ist sie auch in Werken aus allen anderen mit der Sprache befaßten Wissenschaftsgebieten zu finden. Dazu gehören mindestens: (a) Sprachbiologie (BOAS, JESPERSEN), (b) Sprachsoziologie (MALINOWSKI, G. H. MEAD, SAPIR, SEGERSTEDT), (c) Sprachpsychologie (K. BÜHLER, F. KAINZ),

---

1 Behaviorismus = eine Richtung in der Psychologie, die sich ausschließlich an den intersubjektiv faßbaren und nachprüfbaren äußeren und physiologischen Verhaltens- und Reaktionsweisen orientiert und alles auf sie reduzieren will.

(d) Angewandte Sprachwissenschaft (G. KANDLER), (e) *General Semantics* (A. KORZYBSKI, S. I. HAYAKAWA), (f) Informations- u. Kommunikationstheorie und Kybernetik (ASHBY, G. A. MILLER, C. E. SHANNON, N. WIENER). Drittens ist die Sprachphilosophie ein Zweig der Philosophie, der sich nicht scharf abgrenzen läßt. Viele Zweige der Philosophie sind intensiv mit der Sprache beschäftigt. Hier sind mindestens zu nennen (a) die moderne allgemeine Semiotik oder Zeichentheorie (erstmals breit ausgearbeitet von dem amerikanischen Philosophen CHARLES S. PEIRCE, dessen Grundgedanken sich seither bei allen späteren Autoren wiederfinden. Wir nennen noch: CH. MORRIS); (b) die mathematische Logik (R. CARNAP, B. RUSSELL); (c) die Phänomenologie (HUSSERL); (d) die Erkenntnistheorie (J. LOCKE, C. S. PEIRCE, B. RUSSELL); (e) die philosophische Anthropologie (E. CASSIRER, H. LIPPS, TH. LITT, F. NIETZSCHE, H. PLESSNER, E. ROTHACKER, M. SCHELER, H. WEIN). Bei all dem bleibt immer noch eine Reihe sehr origineller philosophischer Bemühungen um die Sprache übrig, so z. B. die von MARTIN HEIDEGGER und die von LUDWIG WITTGENSTEIN. Viertens schließlich finden sich bedeutende sprachphilosophische Überlegungen auch in zahlreichen theologischen Werken, ja, man könnte sagen, es gebe auch eine Sprachtheologie (z. B. H. R. MÜLLER-SCHWEFE, ‹Die Sprache und das Wort. Grundlagen der Verkündigung›. Hamburg 1961).

Es ist sicher kein Zufall und kein bloß historisch bedingter, beklagenswerter Zustand der Dinge, daß an der Sprache und in der Sprache sich alles mit allem so zäh verflicht. Vielmehr stehen wir hier einem eminenten Anthropologikum gegenüber. Es ist dies, daß der Mensch selbst — was immer er auch sonst sei — jedenfalls ein dynamisch stabiles (und das heißt zugleich: immer auch labiles, immer gefährdetes) Zeichensystem *ist*; daß die menschliche Situation, was immer es für eine Situation sei, jedenfalls und wesentlich eine Zeichen-Situation ist, eine Situation, in der Zeichen und Zeichensysteme die unabdingbare Vermittlung sind zwischen

$$\begin{array}{c}\text{Kultur}\\|\\\text{Mensch} \text{——} \text{Zeichen} \text{——} \text{Mensch}\\|\\\text{Natur}\end{array}$$

Die dritte, geheimnisvollste Seite dieses Anthropologikums bildet die Tatsache, daß die ‹lebenden› Sprachen selbst wiederum nicht absolut, weder naturgegeben noch apriorische Setzung, sondern geschichtlich ‹gelebte›, entwickelte und sich entwickelnde sind. —

Die hier von uns ausgewählten und zusammengestellten Arbeiten WHORFS kreisen alle um die inzwischen vieldiskutierte sogenannte *Sapir-Whorf-Hypothese*, das ‹linguistische Relativitätsprinzip›, welches sich

145

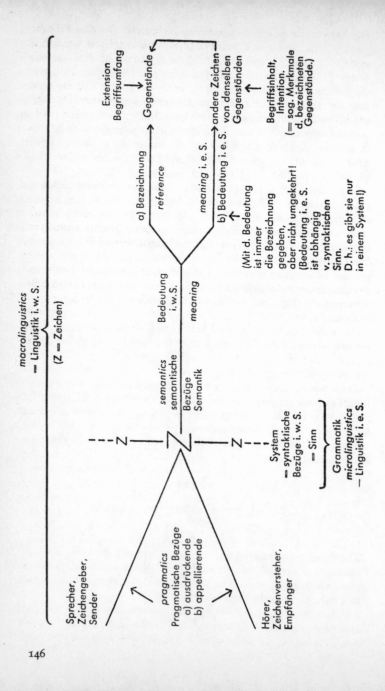

eben wesentlich auf die Beziehungen von Sprache, Denken, Verhalten, Weltbild und Wirklichkeit bezieht. Eine Ausnahme bildet lediglich der letzte Artikel über ‹grammatikalische Kategorien›. Von diesem Artikel haben wir ausnahmsweise einen Teil – den rein linguistischen Teil über ‹Selektive und Modulus-Kategorien›, über ‹Verbationen und Stativationen› und über ‹Isosemantische Wortklassen› – weggelassen. Den abgedruckten ersten Teil aber haben wir hier nicht fortlassen wollen, weil er den originellen und, wie uns scheint, sehr wichtigen Whorfschen Gedanken der ‹Kryptotypen› deutlicher entwickelt, der in dem siebenten Artikel nur kurz zur Sprache kommt, dort aber eine bedeutende Rolle spielt.

Es ist vielleicht für alle die, die sich hier an der geschickten Hand des genialen Whorf zum erstenmal den Problemen des Zusammenhanges von Denken, Sprache, Verhalten und Wirklichkeit zuwenden, eine praktische Orientierungshilfe, wenn wir die Grundstruktur der Zeichensituation mit besonderer Berücksichtigung der Sprache einmal übersichtlich skizzieren. Diese Skizze wird dem Leser zugleich die Möglichkeit geben, sich immer wieder anschaulich über die wichtigsten linguistischen Grundbegriffe und ihre Zuordnungsverhältnisse zu orientieren. Sie verdeutlicht die vier Beziehungen, die jedes Zeichen (Z) hat und die es, was immer es sonst sei, erst zu einem Zeichen machen. Man denkt sich zweckmäßig hier an der Stelle des Z ein Wort oder einen Satz unserer Sprache. Dann gilt:

1. Jemand muß das Wort sprechen, schreiben oder auf andere Weise äußern.

2. Jemand muß es als Zeichen verstehen.

(Diese beiden Beziehungen nennt man die *pragmatischen* Beziehungen, manchmal auch zusammen die ‹pragmatische Dimension› des Zeichens. In ihnen oder in ihr spielen die ausdrückenden und appellierenden Funktionen des Zeichens – Anruf, Bitte, Befehl etc.)

3. Es muß ein Zeichen *von* etwas sein oder als Zeichen *für* etwas gebraucht und verstanden werden. Sprecher und Hörer beziehen sich durch das Zeichen auf einen Gegenstand oder Gegenstände (Dinge, Ereignisse, Sachverhalte etc.) fiktiver (angenommener) oder wirklicher Art.

a) Auf einen individuellen, konkreten, räumlich-zeitlichen Gegenstand (ein Ding) kann ein Zeichen im Kontext einer Situation rein *bezeichnend* hinweisen, ohne eine Bedeutung im engeren Sinne zu haben. In diesem Fall können die Zusammenhänge in der Situation an die Stelle der syntaktischen Zusammenhänge (4) treten.

b) Wird mit dem Zeichen irgend etwas *über* einen Gegenstand gesagt, so hat es eine *Bedeutung* im engeren Sinne dieses Wortes. Hat es eine Bedeutung, dann bezeichnet es dadurch zugleich *immer* auch den Gegenstand, über den es etwas sagt. Die Bedeutung eines Wortes (Zeichen) kann immer nur durch andere Worte (andere Zeichen) angegeben werden, genauer: durch mindestens einen Satz, der diese anderen Zeichen

147

(Worte) mit dem ersten Wort in einer *regelmäßigen* (Syntax!) Weise verknüpft.

(Die Beziehungen 3a und b nennt man die *semantischen* Beziehungen des Zeichens.)

4. Ein Zeichen kann nur dann sinnvoll gebraucht werden, wenn es systematisch geordnete Beziehungen zu anderen Zeichen hat. Diese geordneten Beziehungen und Beziehungskomplexe (Strukturen) in einer Sprache bilden insgesamt das *System der Sprache*, die Grammatik oder Syntax im weitesten Sinne (Über Syntax im engeren Sinne siehe Seite 143). Sie sind Gegenstand der Linguistik im Sinne des angelsächsischen Begriffs der *microlinguistics*.

Es muß nun noch kurz auf einen Punkt eingegangen werden, um einem möglichen radikalen Mißverständnis der Meinung WHORFS vorzubeugen. WHORF bedient sich nicht selten solcher Begriffe, die uns vor allem aus der Psychologie bekannt sind. Er zieht gern aus seinen Befunden weitreichende psychologische Schlußfolgerungen, und er spricht gelegentlich von der metalinguistischen Forschung als einer psycholinguistischen Forschung. All das sollte keinen Leser dazu verführen, vorschnell bei WHORF einen Psychologismus zu vermuten. Es liegt hier sozusagen eher das genaue Gegenteil eines Psychologismus vor. WHORF ist überzeugt, daß die linguistische und metalinguistische Forschung zu Ergebnissen führen kann und führt, die auch psychologisch bedeutsam sind. Er ist jedoch keineswegs geneigt, geistige Phänomene – als solche bezeichnet er ausdrücklich die Phänomene der sprachlichen Ordnung – aus psychischen abzuleiten oder auf sie zu reduzieren. Seine ‹Psycho-Linguistik› ist also eine linguistische Psychologie, nicht eine psychologische Linguistik.

Peter Krausser

Literaturhinweise

1. Ausgewählte Werke, die sich auf WHORFS Schriften beziehen. (Für Arbeiten zu spezielleren Punkten siehe auch die hier zugrunde gelegte amerikanische Ausgabe von J. B. CARROLL.)

a) Amerikanische und englische Autoren

BROWN, ROGER W., u. E. H. LENNEBERG, A study in language and cognition. Journal of Abnormal and Social Psychology, 49, 1954, S. 454–462

CARROLL, J. B., The study of language. Cambridge, Mass., 1953

CHASE, STUART, How language shapes our thoughts. Harpers Mag., Apr. 1954, S. 76–82

–, The power of words. New York 1954

DOOB, L. W., Social psychology. New York 1952

FEUER, L. S., Sociological Aspects of the relation between language and philosophy. Philos. of Science, 20, 1953, S. 20–85

HACKETT, H., Benjamin Lee Whorf. Word Study, 29, 1954

HAYAKAWA, S. I., Language in thought and action. New York 1949

HENLE, P. (Hg.), Language, thought and culture. Univ. of Michigan Press 1958 (= Sammlung von Arbeiten einer einjährigen Arbeitsgemeinschaft führender Vertreter verschiedener Fächer über die WHORF-Hypothese.)

HOIJER, H. (Hg.), Language in Culture; conference on the interrelations of language and other aspects of culture. Chicago 1954

–, The relation of language to culture. In: Kroeber, A. L. (ed.), Anthropology today. Chicago 1953

KLUCKHOHN, C., Culture and behavior. Handbook of social psychology, Cambridge, Mass., 1954, S. 921–976

LENNEBERG, E. H., Cognition in ethnolinguistics. Language, 29, 1953, S. 463–471

OSGOOD, C. E., u. T. A. SEBEOK (Hg.), Psycholinguistics: a survey of theory and research problems. Indiana Univ. Public. i. Anthropol. a. Linguistics, 10, 1954; auch als Suppl. zu Bd. 49 des Journ. of Abnormal a. Social Psych., 1954

b) Deutsche Autoren

FISCHER, H., Die ‹Allgemeine Semantik›. Eine nichtaristotelische Wertungslehre Alfred Korzybskis. Studium Generale VI, 1953, S. 361 ff

KRAUSSER, P., Unters. über d. grundsätzl. Anspruch d. Wahrnehmung, Wahrnehmung zu sein. (Beiträge z. Deskription u. ‹Ontologie› d. Erkenntnis) Meisenheim / Glan 1959

WEIN, HERM., Toward philosophical anthropology? Etc. A Rev. of General Semantics. Chicago 1954

–, Aktives und passives Weltverhältnis in der Sprache. Philos. Konsequenzen d. Meta-Linguistik. Merkur XI / 6, 1957, S. 520–534

–, Ein Briefwechsel über Metalinguistik. Arch. f. Rechts- u. Sozialphilosophie 43 / 2, 1957, S. 239–259

–, Beiträge z. philosophischen Anthropologie. Tarih Insan ve Dil Felsefesi Üzerine Alti Konferans, Istanbul 1959

–, Die Sprache im Zeitalter des Berichts. Merkur XIII, 1959

–, Philosophie u. Sprache. Deutsche Univ. Ztg. 14. Göttingen 1959

–, Sprache und Wissenschaft. Überlegungen über die Menschlichkeit d. Wissenschaften. Vorträge auf d. Tagung d. Joachim Jungius Ges. d. Wiss. i. Hamburg 1959, Göttingen 1960, S. 13–41

–, Les catégories et le langage. Rev. de Métaphysique et de Morale, Paris 1960

–, Le monde du pensable et le langage. Rev. de Métaphysique et de Morale, Paris 1961

–, Über die Grenzen der Sprachphilosophie. Ztschr. f. philos. Forschung XV / 1, 1961

WEISGERBER, J. L., Vom Weltbild der deutschen Sprache. 2. Die sprachliche Erschließung der Welt. (Von den Kräften d. deutschen Sprache, Bd. II/2) Düsseldorf ²1954

–, Die Muttersprache i. Aufbau unserer Kultur. (Von den Kräften d. deutschen Sprache, Bd. III) Düsseldorf ²1957

2. Ausgewählte Literatur zu den hier von WHORF angesprochenen oder berührten Themenkreisen. (Literatur, die als ergänzende Lektüre empfohlen werden kann.)

a) Geschichte der Sprachwissenschaft und Sprachphilosophie

ARENS, H., Sprachwissenschaft. Der Gang ihrer Entwicklung von der Antike bis zur Gegenwart. Orbis Academicus (Problemgeschichten d. Wiss. i. Dokumenten u. Darstellungen) Mü. 1955

STENZEL, J., Philosophie der Sprache. Handbuch d. Philosophie IV, 1934 s. a. Abschn. 2 c: CASSIRER, E.!

b) Zeitschriften

ETC. A Review of General Semantics. I ff. Chic. 1942 ff

Lexis. Studien z. Sprachphilos., Sprachgesch. u. Begriffsforschg. 1948 ff

Die Sprache. Ztschr. f. Sprachwissenschaft. Wien 1949 ff

Sprachforum. Ztschr. f. angewandte Sprachwissenschaft I ff. Köln / Graz 1955 ff

Wörter und Sachen. Kulturhistorische Zeitschr. f. Sprach- und Sachforschung. 1909 ff

c) Bücher u. Artikel

BASILIUS, H., Neo-Humboldtian ethnolinguistics. Word VIII, 1952, S. 95 ff

CASSIRER, E., Philosophie der symbolischen Formen. I. Die Sprache. 1923; II. Das mythische Denken. 1925; III. Phänomenologie der Erkenntnis. 1929; 2. Aufl. 1953 f. (Nur die 2. Aufl. mit Index!) Siehe zur Ergänzung auch:

–, Was ist der Mensch? Versuch einer Philosophie der menschlichen Kultur. Stuttgart 1960

–, Sprache und Mythos. 1925

–, The influence of language upon the development of scientific thought. Journ. of Philos. 39, 1942, S. 309–327; = L'influence du langage sur le développement de la pensée dans les sciences de la nature. Journ. de Psychol., 1946, S. 129 ff

–, Zur Logik der Kulturwissenschaften. Göteborg Univ. Årskrift 1942

FREYTAG-LÖRINGHOFF, B. v., Über einige Wesenszüge des Gesprächs. Studium Generale 8/9

GERLACH, W., Physik und Sprache. 1953

HARRIS, Z. S., Methods in structural linguistics. Chicago 1951

HARTMANN, H., Das Passiv. 1954

HARTMANN, P., Einige Grundzüge des japanischen Sprachbaues. 1952

HJELMSLEV, L., Prolegomena to a theory of language. (Übers. a. d. Dänischen v. F. J. Whitfield) Univ. of Wisconsin Press. 2. durchges. Aufl. 1961

HÖNIGSWALD, R., Philosophie und Sprache. Basel 1937

HUMBOLDT, W. v., Über das vergleichende Sprachstudium in Beziehung auf die verschiedenen Epochen der Sprachentwicklung. 1820, Ges. Werke IV

–, Über den Einfluß des verschiedenen Charakters der Sprachen auf Literatur und Geistesbildung. 1821 (Fragment), Ges. Werke VII

–, Inwiefern läßt sich der ehemalige Kulturzustand der eingeborenen Völker Amerikas aus den Überresten ihrer Sprache beurteilen? 1823, Ges. Werke V

–, Über die Verschiedenheit des menschlichen Sprachbaues und ihren Einfluß auf die geistige Entwicklung des Menschengeschlechts 1830–1835, Ges. Werke VII und separat

JENSEN, H., Sprachlicher Ausdruck f. Zeitauffassungen. Arch. f. d. ges. Psychol. 1938

JOHNSON, A. B., A Treatise on Language, or The Relation which Words Bear to Things. 1836, ²1947

–, The Meaning of Words: Analyzed into Words and Unverbal Things 1854, ²1948

KAINZ, F., Psychologie der Sprache. 5 Bde. 1941–1956

–, Die Sprachtheorie als Verbindung von Geistes- u. Naturwissenschaft. Studium Generale 11/5

KANDLER, G., Angewandte Sprachwissenschaft. Wirkendes Wort 3, 1953, S. 257 ff

–, Zum Aufbau der angewandten Sprachwissenschaft und den Aufgaben des Sprachforums. Sprachforum 1, 1955, S. 3 ff

–, Angewandte Sprachwissenschaft. Moderna Sprak 51, 1957 S. 46 ff

LANGER, S. K., Philosophy in a new key. Cambridge, Mass., 1942

LEISI, E., Der Wortinhalt. Seine Struktur im Deutschen und Englischen. 1953

LEWY, E., Der Bau der europäischen Sprachen. 1942

LINTON, R. (Hg.), The science of man in the world crisis. New York 1945

LIPPS, H., Die Verbindlichkeit der Sprache. Frankfurt/M. ²1958

LITT, TH., Mensch und Welt. München 1948

LUTHER, W., Weltansicht und Geistesleben. 1954

MANDELBROT, B., L. APOSTEL u. A. MORF, Logique, langage et théorie de l'information. Paris 1957

MARTINI, F., Das Wagnis der Sprache. 1955

MAUTHNER, F., Beiträge zu einer Kritik der Sprache. ³1923

MEAD, G. H., Mind, Self, and Society. Chicago 1934

MORRIS, CH., Signs, Language, and Behavior. Chicago 1946

–, Foundations of the theory of signs. Intern. Encyclopedia of Unified Science I/2, Chicago 1947

MÜLLER, K., Raum und Zeit in der Sprache. Wiss. Beih. Zeitschr. d. Dt. Sprachvereins 50

NIETZSCHE, F., Werke (Beliebige Ausg. Die einschl. Aphorismen findet man leicht unter den Stichworten ‹Sprache›, ‹Grammatik›, ‹Volks-Metaphysik›, ‹Denken›, ‹Logik› u. ‹Wissenschaft› in Rich. Oehlers Nietzsche-Register. 1943)

ÖHMAN, S., Wortinhalt und Weltbild. 1951

–, Theories of the linguistic field. Word 9, 1953, S. 123 ff

OGDEN, C. K., u. I. A. RICHARDS, The Meaning of Meaning. New York 1923, ²1927

PESTALOZZI, J. H., Die Sprache als Fundament der Kultur. 1799; Sämtl. Werke XIII

PEIRCE, C. S., Collected Papers. 8 Bde. Hg. v. Ch. Hartshorne u. P. Weiss. Cambridge, Mass., 1931–1958. Siehe insbesondere die ‹Theory of Signs› in Bd. II, §§ 219–442 und dazu Bd. III, §§ 571–608

ROTHACKER, E., Probleme der Kulturanthropologie. 1948

SAPIR, E., Die Sprache. Bearbeitet u. übersetzt v. C. P. Homberger. München 1961

–, Selected writings. Ed. by D. G. Mandelbaum. 1949

DE SAUSSURE, F., Cours de linguistique générale. Paris 1916, ³1949. Deutsch: Grundlagen der allgemeinen Sprachwissenschaft. Bln. u. Leipzig 1931

SEGERSTEDT, T. T., Die Macht des Wortes. Zürich 1947

PORZIG, W., Das Wunder der Sprache. 1950, ²1957

TRAGER, G. L., The field of linguistic. 1949

TRIER, J., Sprachliche Felder. Zs. f. d. Bedeutungslehre, 8, 1932, S. 417–427

–, Das sprachliche Feld. Neue Jhb. f. Wiss. u. Jugendbild. 1934

–, Deutsche Bedeutungsforschung. Festschr. Behaghel 1934

URBAN, W. M., Language and Reality. ²1951

VOEGELIN, C. F., Culture, language, and the human organism. Southw. Journ. of Anthropology VII, 1951, S. 357 ff

VOSSLER, K., Geist und Kultur in der Sprache. 1925

–, Frankreichs Kultur im Spiegel seiner Sprachentwicklung. ³1929

WARTBURG, W. v., Einführung in Problematik u. Methodik der Sprachwissenschaft. 1943

WEISGERBER, J. L., Die Zusammenhänge zwischen Muttersprache, Denken und Handeln. Ztschr. f. dt. Bildg. 6, 1930

–, Sprachwissenschaft und Philosophie zum Bedeutungsproblem. Bl. f. dt. Philos. 4, 1930, S. 17 ff
–, Die Stellung der Sprache im Aufbau der Gesamtkultur. 1933 f
–, Die Sprachfelder in der geistigen Erschließung der Welt. 1954
–, Die Ordnung der Sprache im persönlichen und öffentlichen Leben. 1954
–, Sprachwissenschaftl. Methodenlehre. Dt. Philol. i. Aufriß, hg. v. W. Stammler, Berlin 1952 ff, Bd. 1, Sp. 1–38   *Peter Krausser*

Nachtrag

ALBRECHT, E., Bestimmt die Sprache unser Weltbild? Zur Kritik der gegenwärtigen bürgerlichen Sprachphilosophie. Berlin 1972
BOYLE, D. G., Language and thinking in human development. London 1971
CARNES, R. L., The Sapir-Whorf hypothesis. An analysis. Emory Univ. diss. 1965
CARROLL, J. B., Language and thought. Englewood Cliffs 1964
CHOMSKY, N., Language and mind. New York 1968
DÜRBECK, H., Neuere Untersuchungen zur Sapir-Whorf-Hypothese. Linguistics 145, 1975, S. 5–45
ERCKENBRECHT, U., Sprachdenken. Anregungen zu einer emanzipatorischen Sprachtheorie. Kronberg (Ts.) 1974
FREY, G., Sprache. Ausdruck des Bewußtseins. Stuttgart 1965
FURTH, H. G., Denkprozesse ohne Sprache. Düsseldorf 1972
GIPPER, H., Denken ohne Sprache. Düsseldorf 1971
–, Gibt es ein sprachliches Relativitätsprinzip? Untersuchungen zur Sapir-Whorf-Hypothese. Frankfurt a. M. 1972
–, Die Sapir-Whorf-Hypothese. Verbalismus oder Wissenschaft? Eine Entgegnung auf die Kritik Helmut Dürbecks. Linguistics 178, 1976, S. 25–46
HÖRMANN, H., Meinen und Verstehen. Grundzüge einer psychologischen Semantik. Frankfurt a. M. 1976
–, Psychologie der Sprache. Berlin, Heidelberg, New York 1967
HOLZ, H. H., Sprache und Welt. Probleme der Sprachphilosophie. Frankfurt a. M. 1963
JÜNGER, F. G., Sprache und Denken. Frankfurt a. M. 1962
KAINZ, F., Über die Sprachverführung des Denkens. Berlin 1972
KATZ, J. J., The philosophy of language. New York, London 1966
KÜHNERT, W., Die Aneignung sprachlicher Begriffe und das Erfassen der Wirklichkeit. Psycholinguistische Untersuchungen zur Bildung und Verwendung von Alltagsbegriffen. Frankfurt a. M., Bern 1983
LANGACKER, R. W., Semantic representations and the Linguistic Relativity Hypothesis. Foundations of Language 14, 1976, S. 307–357
Language, mind, and knowledge. Ed. by K. GUNDERSON. Minneapolis 1975
Language, thought and culture. Ed. by P. HENLE. Ann Arbor 1965
Language and thought. Anthropological issues. Ed. by W. C. MCCORMACK & S. A. WURM. The Hague 1977
LIEBRUCKS, B., Sprache und Bewußtsein. Bd. 1–5. Frankfurt a. M. 1964–1970. Bd. 6. Frankfurt a. M., Bern 1974
Logik und Sprache. Hg. v. A. MENNE u. G. FREY. Bern 1974
MESTHENE, E. C., How language makes us know. Some views about the nature of intelligibility. The Hague 1964
Mind and language. Ed. by S. GUTTENPLAN. Oxford 1975
MITTERER, S., Sprache und Wirklichkeit. Eine erkenntnistheoretische Abhandlung. Diss. Graz 1978
MÜLLER, H., u. PALLUS, H., Der Marxismus-Leninismus und das Problem der Sprache im Erkenntnisprozeß. Dt. Zs. f. Philosophie 15, 1967, S. 527–577

MYNAREK, H., Mensch und Sprache. Über Ursprung und Wesen der Sprache in ihrer anthropologischen Valenz. Freiburg, Basel, Wien 1967

NTUMBA, T., Denken und Sprechen. Ein Beitrag zum ‹linguistischen Relativitätsprinzip› am Beispiel einer Bantusprache (Ciluba). Diss. Frankfurt a. M. 1980

PANFILOV, V. Z., wechselbeziehungen zwischen sprache und denken. München 1974

PATZIG, G., Sprache und Logik. Göttingen 1970

PUTNAM, H., Mind, language and reality. London 1975

RÜSCHENBAUM, H. W., Zum Verhältnis von Sprechen, Denken und Interaktion. Frankfurt a. M., Bern, Las Vegas 1979

SCHAFF, A., Sprache und Erkenntnis. Wien, Frankfurt a. M., Zürich 1965

SCHEPPER, E., Sprachlich verfahrenes Denken. Kritische Diskussionsbeiträge zum Problemkomplex Sprechen, Denken, Dissens-Diskurs, Lügen. München 1977

SCHMIDT, S. J., Sprache und Denken als sprachphilosophisches Problem von Locke bis Wittgenstein. Den Haag 1968

SEEBASS, G., Das Problem von Sprache und Denken. Frankfurt a. M. 1981

SIMON, J., Verführt die Sprache das Denken? Zur Metakritik gängiger sprachkritischer Ansätze. Philosophisches Jahrbuch (Freiburg i. Br.) 83, 1976, S. 98–119

Sprechen, Denken, Praxis. Zur Diskussion neuer Antworten auf eine alte Frage in Praxis, Wissenschaft und Philosophie. Hg. v. G. SIMON u. E. STRASSNER. Weinheim, Basel 1979

Universalism versus relativism in language and thought. Proceedings of a colloquium on the Sapir-Whorf hypotheses. Ed. by R. PINXTEN. The Hague 1976

WAISMANN, F., Logik, Sprache, Philosophie. Stuttgart 1976

WEINBERG, K., Sprache und Realität. Sprache im technischen Zeitalter 28, 1968, S. 291–315; 29, 1969, S. 59–91

WEISGERBER, L., Die vier Stufen in der Erforschung der Sprachen. Düsseldorf 1963
–, Zur Grundlegung der ganzheitlichen Sprachauffassung. Aufsätze 1925–1933. Düsseldorf 1964

WYGOTSKI, L. S., Denken und Sprechen. Berlin 1964   *Rainer Schaude*

Personen- und Sachregister

Personenregister

Sachregister

Eine Auswahl